리스크
관리론

PRINCIPLES OF RISK MANAGEMENT

李洪茂(Hongmu Lee) 지음
최아름 옮김
정홍주 감수

PRINCIPLES OF RISK MANAGEMENT

박영사

추 · 천 · 사

　오랜 동료이자 존경하는 학자인 이홍무 교수님의 출간을 진심으로 축하하고 매우 기쁜 마음으로 추천사를 씁니다. 본서의 저자는 일본에서 유학 및 박사학위 취득 후 10여 명의 일본인과의 경쟁을 뚫고 스승인 스즈키 교수의 후임으로 명문 와세다 대학의 교수가 되어 손해보험과 리스크관리를 담당해 왔습니다. 그간 이 교수님은 일본은 물론 모국 한국을 위해 많은 리스크관리와 보험 관련 논문발표를 했고, 드디어 저서 번역본을 국내에서 내게 되었습니다. 정말 축하합니다.

　리스크관리에 관한 영어 서적은 아마존에 많이 있습니다만 제대로 정리된 국문 서적이 귀한 실정인 것은 리스크관리 학문의 다양한 성장통 때문인 듯합니다. 즉, 리스크관리 개념은 사실상 기업의 역사와 더불어 1천 년 이상 서서히 발전해 왔을 것으로 생각됩니다만 본격적인 발전은 20세기 중반 이후 보험학의 발전과 더불어 이루어지고 있습니다. 관련 학문인 재무학도 1980년대 세계금융시장 자유화 이후 본격적으로 금융리스크관리와 더불어 발전해 왔습니다. 한편 경영학은 기업의 3대 이해관계자인 소비자(마케팅관리), 주주/채권자(재무관리), 임직원(인적자원관리)의 의사결정과 관리방식에 대한 학문으로 20세기에 발전과 분화를 거듭하여 기업 리스크관리학이 태동했습니다. 또한 사회학이나 언론학에서도 리스크관리 또는 Risk Communication이 중요시됩니다.

　이런 학문적 다양성과 성장통 가운데 아직 제대로 체계화되지 않아서 대학교재나 교양서로 읽을 만한 리스크관리 서적이 없던 차에 이번 이홍무 교수님의 저서는 군계일학인 역저입니다. 또한 리스크관리의 이론과 더불어 여러 나라의 경험과 사례를 일목요연하게 정리한 본서의 일본어 원저에 대해서 성실하고 유능한 최아름 박사께서 정확한 일한번역을 위해 정성을 많이 쏟았습니다.

   아무쪼록 보험과 리스크관리를 연구하는 학자와 학생들은 물론 경영학이나 사회학 분야 연구자에게도 이 책이 두루 읽혀지기 바랍니다. 오늘날 소위 리스크사회(Risk Society)에서 리스크관리는 개인, 가계, 기업, 지역사회, 정부, 정당, 국제기구에 이르기까지 각 방면이 알아야 할 개념입니다. 부디 새로운 저서의 출간과 더불어 리스크가 적절히 관리되어 한국과 세계가 두루 편안하고 행복해지기를 기원해 봅니다. 저자 이홍무 교수님과 번역자 최아름 박사의 노고에 감사드리고 건승을 기원합니다.

2019년 10월 정홍주 배
성균관대학교 글로벌보험연금대학원장, 한국보험학회 제31대 회장
국제금융소비자학회(IAFICO) 초대 이사장

기업리스크관리(ERM: Enterprise Risk Management)의 도입 이유는 환경 변화에의 대응으로부터, 경쟁우위에 서기 위한 합리적인 경영을 위해서까지 다방면에 걸친다. 2001년 9월 11일에 발생한 미국의 동시다발 테러는 ERM의 도입 필요성을 강하게 인식시키는 계기가 되었다.

또한 2001년 12월의 엔론과 2002년 6월의 월드컴 등의 회계부정 사건을 배경으로 기업의 회계부정을 막기 위해 미국의 SOX법, 일본의 금융상품거래법 · 회사법 등의 법률이 각국에서 제정 또는 개정되어 급속한 기업리스크관리의 보급으로 이어졌다. 이러한 점이 배경이 되어, COSO의 ERM 프레임워크나 국제표준기구(ISO)에 의한 RM의 프레임워크가 발표되었다. 필자는 이 RM의 프레임워크 논쟁은 리스크관리론을 체계화할 가능성을 나타내는 것으로, 학문으로서의 리스크관리론을 비약적으로 발전시키는 계기로 인식했다.

한편, 2011년 3월 11일에 발생한 '동일본 대지진'은 막대한 손실을 가져왔다. 지진에 대한 대책으로서 정부의 재보험에 의한 지진보험이 있지만, 그것은 지진재해에 의한 손실 회복이 목적이 아니라 이재민에 대한 생활 안정을 위해서 주거와 가재에 대해서 제한된 금액의 보상이 제공되는 것이다. 정부의 재보험에 의한 지진보험은 상업물건을 대상으로 하지 않으며, 기업의 지진대책으로서 제공되는 것이 아니다.

최근, 지진뿐만 아니라 홍수 · 태풍 등의 자연재해는 기후 변화와 함께 증가하고 있다. 기업은 그 기업활동을 둘러싼 자연재해에 대한 종합적이고 체계적인 대책을 마련해야 한다. 환경변화와 불확실성의 증가에 의해 기업리스크관리의 중요성이 높아지고 있으며, 빈발하는 기업불상사나 사고 등을 배경으로 기업리스크관리의 개선 및 견고성의 필요성이 사회적으로도 강하게 요구되고 있다.

　　기업리스크관리는 그 입장에 따라 이해가 다르다. 회계담당자는 적정한 회계처리를 위한 내부통제의 수단으로서 이해하는 경향이 있으며, 금융기관 등에서는 감독기준을 충족시키기 위해 행정당국이 요구하는 리스크의 수치화로서 이해한다. 따라서 기업리스크관리의 개설서의 내용도 그 용도별 또는 리스크파이낸싱 등의 주제별로 쓰인 것이 대부분이며, 리스크관리론의 체계적인 설명을 한 것은 별로 찾아볼 수 없다.

　　본서는 이러한 상황에서 필자가 리스크관리론의 체계적인 틀을 의식하면서 정리해 온 강의 노트를 토대로 집필한 것이다. 본서가 다양한 입장에서 기업리스크관리의 체계적인 기초지식을 이해하기 위한 개설서로 활용되기를 바란다.

2018年 11月 24日

李洪茂(Hongmu Lee)

‖ 제1부 ‖ 리스크관리 총론

제1장　리스크의 개념과 기업리스크

제5장   ISO RM 프레임워크

제6장   리스크어세스먼트

제7장　VaR(Value at Risk)

‖ 제2부 ‖ 리스크파이낸싱

제8장 리스크대응과 ART

제9장 리스크파이낸싱 수단으로서 보험의 한계

제13장　보험연계증권의 종류

제14장　파생상품과 보험파생상품

제1부
리스크관리 총론

제1장
리스크의 개념과 기업리스크

위험이란 일반적으로 위해 또는 손해가 발생할 우려가 있는 것이라고 설명된다. 그러나, 「리스크(Risk)」는 일반적으로 통일된 정의가 존재하지 않고, 그 개념도 다양하다. 본 장에서는 리스크의 개념과 종류에 대해 개설한다.

1. 리스크의 개념

(1) 보험의 리스크

리스크는 전통적으로 보험에 의해 대응해 왔지만, 손해발생 또는 사고발생가능성을 의미하고, 이 가능성은 금전적으로 평가할 수 있는 손해에 한정되었다. 보험에서 생각하는 리스크는 다음과 같다.

첫째, 리스크는 위험요인으로도 번역되는 해저드(Hazard)의 결합이라고 설명할 수 있다. 이 해저드란 손해발생의 잠재적 요인 또는 확대 요인으로 손해발생 횟수를 의미하는 빈도(Frequency), 손해의 크기를 의미하는 강도(Severity) 또는 규모(Size) 중 하나를 증대시키는 조건이다. 예를 들어, 창고 안에 화물과 가솔린이 함께 보관되어 있는 경우, 가솔린 자체는 손해를 발생시키지 않지만 화재 발생 빈도와 이로 인한 손해의 강도를 증대시키는 요인이 됨으로써 이 경우의 가솔린은 해저드가 된다. 이 해저드에는 노면 동결, 급커브 등과 같은 물리적 해저드, 부주의 등의 심리적 해저드가 있으며 이들 해저드의 결합이 리스크로 설명된다. 둘째, 리스크는 페릴(Peril)을 가리키기도 하는데 여기에서 페릴(사고)이란 화재·폭발·충돌 등과 같은 사고 자체를 의미한다. 셋째, 페릴(사고)의 결과로 손해(Loss or

Damage)가 발생하며 이 손해의 가능성을 리스크로 이해하는 것이다.

그림 1　해저드와 페릴(사고)의 관계

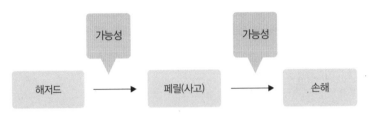

(출처) 각종 자료를 참고하여 작성

<그림 1>에서 보는 바와 같이, 해저드, 페릴(사고), 손해 사이에는 가능성이 개재되어 있다. 또한 보험에서의 리스크는 페릴(사고) 즉, 사고의 발생확률(빈도)과 손해의 크기(강도)를 곱한 값이 손해의 기대치인 리스크값(Risk Value)이 되며 리스크의 크기를 나타낸다.

$$리스크값(Risk\ Value) = 사고\ 발생확률 \times 손해의\ 크기$$

이 리스크값에는 사고 발생확률과 손해 크기의 양면이 포함되어 있으며 리스크가 하나의 지표로 나타나 있다.

「손해」라는 용어는 물체의 손괴 또는 인신상해에 대해 사용되는 경우가 많고, 「손실」이라는 용어는 이익과 손실처럼 금전에 대해 사용되는 경우가 많다. 보험에서는 「손해」라는 용어가 많이 사용되고 있으며, 본서의 제2부에서 개설하는 리스크파이낸싱에서는 「손실」이라는 용어가 많이 사용되고 있다. 본서에서는 이 두개의 용어를 혼용하게 된다.

(2) 기대치와의 괴리

리스크를 기대치로부터의 괴리로 정의하는 것으로 리스크는 기대치를 예측하는 힘에 반비례한다. 이러한 리스크란 현실의 결과가 기대한 결과와 다른 확률이며 결과가 흩어진 상태를 나타내는 「분산」 또는 「표준편차」로 나타낸다.

또한, 「리스크(Risk)는 여러 목적에 대한 불확실성의 영향(Effect of Uncertainty on Objectives)이다」라고도 정의된다(ISO 31000).[1] 여기서 영향이란 기대했던 목표에서 좋은 방향과 나쁜 방향 양쪽의 일탈을 의미한다. 이 리스크의 정의에는 손해뿐만 아니라, 이익을 발생시키는 현상도 리스크에 포함된다. 예를 들어, 5억 엔의 이익이 목표일 경우에 3억 엔의 이익 가능성도, 7억 엔의 이익 가능성도 같은 크기의 리스크로 인식된다. 금융공학이나 경영전략리스크에서 이 정의는 플러스와 마이너스가 불가분인 것을 배경으로 하고 있다.

(3) 블랙 스완

서양에서 백조(Swan)는 하얗다고 믿고 있었다. 그러나 1697년 실제로 호주 대륙에서 「검은 백조」 즉, 흑고니가 발견되어 당시 사람들을 놀라게 함으로써 백조는 하얗다는 상식이 깨지게 되었다. 이로부터 블랙 스완(Black Swan: 검은 백조)은 과거의 경험이나 지식으로는 예측할 수 없는 현상이 발생하여, 그로 인해 큰 영향을 가져오는 것을 의미하게 되었다.

나심 니콜라스 탈레브(Nassim Nicholas Taleb)는 2006년에 간행한 저서 『블랙 스완(The Black Swan)』에서 「블랙 스완」의 특징에 대해 다음과 같이 설명한다. 첫째, 예측할 수 없다. 둘째, 매우 큰 영향을 미친다. 셋째, 발생한 현상은 우연으로는 보이지 않고 처음부터 예정된 것처럼 보인다.

2. 보험의 가능성에 의한 분류

전통적으로 보험의 가능성을 기준으로 리스크(위험)가 분류되어왔다. 즉, 리스크 중에는 보험으로 대응할 수 없는 것이 있다.

(1) 순수리스크와 투기적리스크

이 분류는 손익의 발생가능성 여부에 의한 분류로, Mowbray(1969)에 의해 제창되었다.[2] 순수리스크(Pure Risk)는 이익의 발생가능성은 없으며 손해의 발생가

---

1 상세한 내용은 제5장을 참조.

능성만이 존재하는 리스크이며, 뒤에서 서술하는 정태적리스크라고도 한다. 예를 들면, 화재, 교통사고, 자연재해 등이다. 인적리스크(Personal Risk), 물적리스크 (Property Risk), 책임리스크(Liability Risk) 등은 리스크를 대상별로 분류한 것이 지만, 모두 순수리스크로 분류된다.

투기적리스크(Speculative Risk)란 이익 또는 손실을 발생시키는 리스크로 가 격변동리스크, 환리스크 등이 그 사례이다. 투기적리스크는 후술하는 동태적리스 크이기도 하다. 투기적리스크는 발생확률의 통계적 측정이 어렵기 때문에 보험으 로 대응할 수 없다. 순수리스크는 발생확률의 통계적인 측정이 가능하기 때문에 보험으로 대응할 수 있는 리스크이다.

(2) 정태적리스크와 동태적리스크

이 분류는 Willet(1951)이 『The Economic Theory of Risk and Insurance』에 서 제창한 분류이다. 정태적리스크(Static Risk)란 변동하지 않는 사회나 경제에서 발생하는 리스크이다. 즉, 정태적리스크는 경제적 정세·정치적 정세·법적 규제· 기술적 정세, 경영전략, 소비자의 기호나 유행 등 리스크 발생의 전제조건과 같은 기반이 변화하지 않는 상태에서의 리스크이며, 낙뢰·화재·사망처럼 자연적, 인위 적인 리스크이다. 정태적리스크는 통계적인 파악이 용이하고, 따라서 보험으로 대 응하는 것이 적합하다.

한편, 동태적리스크(Dynamic Risk)는 사회나 경제가 변화·발전할 때 발생하 는 리스크이다. 동태적리스크는 경제적 정세·정치적 정세·법적 규제·기술적 정 세의 변화, 경영전략의 변화, 소비자의 기호 변화나 유행의 변화 등 리스크의 발생 의 전제조건과 같은 기반이 변화하는 상태인 리스크이며, 투기적리스크이기도 하 다. 동태적리스크는 규칙성이 없기 때문에 통계적 파악이 어렵고 보험으로 대응하 는 것은 적합하지 않다.

---

2 Insurance(6th ed) (1969)에서 제창했다.

3. 기업리스크의 종류

기업이 안고 있는 리스크의 분류는 다양하지만,[3] 본서에서는 시장리스크(금리·통화 등), 신용리스크, 운영리스크(Operational Risk)로 분류하기로 한다.

그림 2 기업리스크

(출처) 각종 자료를 참고하여 작성

(1) 시장리스크

시장리스크(Market Risk)란 금리·환율·주가 등의 가격변동에 의해서 손실을 입는 리스크를 의미한다. 한편, 비즈니스에서 시장리스크란 제품에 대한 수요 또는 가격이 변동하는 리스크 등을 의미한다. 기업이 보유하는 시장리스크는 업종 또는 기업에 따라 다르지만, 금융기관이 보유하는 시장리스크의 리스크요인(Risk Factor)의 예는 <표 1>과 같다(금융검사 매뉴얼).

---

3 미국 손해보험 계리사회(Casualty Actuarial Society)는 기업이 안고 있는 리스크를 다음 4가지로 분류하고 있다. ①해저드리스크로 배상책임, 재산손해, 자연재해 등이다. ②재무리스크로 가격리스크, 자산리스크, 통화리스크, 유동성리스크 등이다. ③운영리스크로 고객만족, 제품결함, 불성실(Integrity), 평판리스크 등이다. ④전략리스크로 경쟁, 사회적 경향, 자본 조달 가능성 등이다.

표 1 시장리스크의 요인

리스크	내용
금리리스크	금리의 변동에 따라 자산·부채(오프밸런스 포함)의 현재가치(또는 기간수익)에 영향을 미치는 리스크이다. 예를 들어, 예금, 대출금, 채권, 금융파생상품이 금리리스크를 보유한다.
환리스크	환율이 변동함으로써 자산·부채(오프밸런스 포함)의 현재가치(또는 기간수익)에 영향을 미치는 리스크이다. 예를 들어, 외화표시자산·부채, 외환 거래, 이들 파생상품(선도, 선물, 스왑, 옵션 등), 환율을 참조하여 캐시 플로우(cash flow)((상환금액, 쿠폰레이트(coupon rate) 등))가 정해지는 자산·부채는 환율리스크를 보유한다.
주식리스크	주가, 주가지수 등이 변동함으로써 자산·부채(오프밸런스 포함)의 현재가치(또는 기간수익)에 영향을 미치는 리스크이다. 예를 들어, 주식, 신주예약권부사채, 상기의 파생상품(선도, 선물, 스왑, 옵션 등), 주가, 주식지수 등을 참조해 캐시 플로우(cash flow)((상환금액, 쿠폰레이트(coupon rate) 등))가 정해지는 자산·부채는 주식리스크를 보유한다.
상품리스크	상품가격, 상품지수 등이 변동함으로써 자산·부채(오프밸런스 포함)의 현재가치(또는 기간수익)에 영향을 미치는 리스크이다. 예를 들어, 상품의 파생상품(선도, 선물, 스왑, 옵션 등), 상품가격, 상품지수 등을 참조해 캐시 플로우(cash flow)((상환금액, 쿠폰레이트(coupon rate) 등))가 정해지는 자산·부채는 상품리스크를 보유한다.
기타 시장리스크	캐시 플로우가 복수의 지표를 참조해 정해지는 자산·부채(오프밸런스 포함)에서 복수 지표 간의 상관관계가 있다.

(출처) 금융검사 매뉴얼에서 발췌하여 작성

(2) 신용리스크

신용(Credit)은 일반적으로 상품 등의 대금 후불을 가리키지만, 대출의 의미로도 사용된다. 신용리스크(Credit Risk)란 거래처에 대한 대손이나 거래처로부터의 대금 회수 지연, 구입처의 납품 지연 등이 발생할 가능성을 의미하는데, 대부처의 재무상황 악화 등에 의해서 대출채권 등의 가치가 감소 또는 소실되어 손실을 입는 리스크라고도 정의된다(금융청「금융검사 매뉴얼」). 특히 채권회수에 관한 리스크를 채무불이행 위험을 의미하는 디폴트리스크(Default Risk)라고도 한다. 현금거래의 경우에는 거래상대에「신용」을 제공하지 않기 때문에 신용위험은 존재하지 않는다. 그러나, 외상매출금, 융자나 채권투자 등의 경우는 거래 상대에게「신용」을 제공하고 있어, 장래에 그 채권을 회수할 수 없게 될 가능성이 있기 때문에 신용리스크가 존재한다.

채권투자의 경우, 투자자(채권자)는 그 채권을 발행한 나라나 기업 등의 발행체가 파산했을 때, 원리금의 회수불능 가능성인 신용리스크를 갖는다. 예금자는 은행 등이 파산했을 경우, 예금을 회수할 수 없게 되는 신용리스크를 갖는다. 주식투자의 경우도 기업이 파산했을 때 주가가 급락하기 때문에 투자자는 발행체(기업)의 신용위험을 떠안게 된다. 또한 금융기관은 주택융자나 카드론 등의 대출을 할 경우, 전액 또는 일부의 금액을 상환받지 못하게 될 가능성이 있으므로 신용리스크를 안고 있다. 신용리스크를 내재한 금융상품은 대출채권이나 국채·사채·금융채 등의 채권·주식이나 신용파생상품 등이다.

신용리스크의 개념도는 <그림 3>과 같다.

그림 3　신용리스크(개념도)

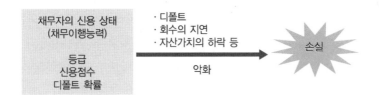

(출처) 각종 자료를 참고하여 작성

채권자 또는 투자자는 신용리스크가 발생하면 직접적 또는 간접적인 손실을 입는다. 여기서 직접적 손실이란 디폴트에 의해 채권 등의 원리금 전액 또는 그 일부가 회수불능되는 손실이다. 간접적인 손실은 디폴트 확률이 높아짐으로써 신용력이 약화되거나 이를 반영한 채권가격의 하락으로 인해 발생하는 손실이며, 디폴트 및 그 가능성의 증대에 기인하는 자산가치의 감소라고도 할 수 있다.

신용리스크를 파악하는 방법은 자산의 종류에 따라 다르다. 대출채권의 경우는 대출처의 디폴트 등에 따라 대출금이 상환되지 않는 신용리스크로 파악한다. 채권 또는 주식과 같이 시장에서 유통되는 금융상품의 경우는 발행처의 신용력 변화에 수반하는 시장가격의 하락도 신용리스크로서 파악한다. 채권은 금리에 신용리스크의 크기가 반영되고 있으며, 신용리스크가 큰 발행체의 채권은 그 신용리스크에 비례하여 금리가 높게 설정된다. 한편 신용리스크가 작은 발행체의 채권은 그만큼 금리가 낮게 설정된다. 따라서 어느 기업 또는 국가의 신용리스크가 높아지면, 그 기업의 사채 또는 그 나라의 국채 금리가 상승한다.

한편, 국가리스크(Country Risk)란 국가의 신용위험으로 해외투융자나 무역거래 상대국의 정치 및 경제상황의 변화에 의해 채무자인 그 상대국 또는 상대국 소재 거래상대가 채무불이행이 되어 채권을 회수할 수 없게 되는 것이다. 주변국과의 전쟁이나 내전, 혁명 등의 발발에 따른 정권 붕괴, 정권교체에 의한 진출, 민간기업의 재산 몰수 위험이나 상대국 내 민간기업에 대한 대출 제한 또는 환율 제한 등의 위험은 정치적리스크(Political Risk)로 불린다. 또한 트랜스퍼리스크(Transfer Risk)란 거래 상대국의 외환준비액이 부족해서 송금 등 대외지불이 제한 또는 금지되어 민간기업이 채무불이행에 빠지는 리스크이다. 정부나 정부 관계 기관 등 국가에 대한 투융자의 회수를 할 수 없게 되는 리스크는 소버린리스크(Sovereign Risk)라고 불린다. 이러한 리스크의 총칭이 국가리스크이다.

금융거래에 있어서 거래상대를 「카운터파티(Counterparty)」라고 하며, 그 거래상대에 대한 신용리스크를 「카운터파티리스크(Counterparty Risk)」 또는 「카운터파티신용리스크(Counterparty Credit Risk)」라고도 칭한다. 금융상품의 거래소 거래의 경우, 거래소가 직접 거래상대를 대신하여 결제대금의 지급채무를 인수하는 청산기관이 정비되어 있기 때문에 거래당사자에게는 원칙적으로 카운터파티리스크가 존재하지 않는다. 청산기관(Clearing House)은 거래소의 매매거래 결제처리를 행하는 기관으로, 복수 거래의 지불액·수취액의 조정·결제의 이행을 실시한다. 그러나 장외거래(점두거래)의 경우에는 청산기관이 없고 거래당사자 간 1대 1의 상대거래(相對去來)가 되기 때문에 거래상대가 경영파탄한 경우에는 결제대금이 지불되지 않는 등 계약이 이행되지 못하는 카운터파티리스크가 존재한다.

한편, 신용평가는 채권 등 금융상품에 대한 신용위험의 지표인데 그 등급은 기업 및 정부 자치단체 등의 채권이나 주식의 발행체가 파산하는 리스크를 평가한 지표이다. 특히, 국가 신용리스크의 등급설정을 소버린 등급이라 칭한다. 이 등급은 「신용평가회사(Rating Firm)」 또는 「신용평가기관(Rating Agency)」이라고 불리는 기업이 실시하고 있으며, 미국계 신용평가회사로서 Moody's(무디스), Standard & Poor's(스탠더드 & 푸어스)가 있으며, 미영계의 신용평가회사로서 Fitch Ratings(피치)가 있다. 일본의 신용평가회사로서 신용평가투자정보센터(R&I), 일본신용평가연구소(JCR)가 있다. 이 같은 신용평가회사들은 기업과 국가, 지방자치단체 등을 「A」에서 「D」의 알파벳으로 평가하고 있다.

신용평가회사별 등급평가기호의 체계는 <표 2>와 같다.

표 2   신용평가회사별 등급평가기호의 체계

구분	종류	S&P	Moodys	R & I	JCR	Fitch
투자적격	1	A A A	A a a	A A A	A A A	A A A
	2	A A +	A a 1	A A +	A A +	A A +
	3	A A	A a 2	A A	A A	A A
	4	A A −	A a 3	A A −	A A −	A A −
	5	A +	A 1	A +	A +	A +
	6	A	A 2	A	A	A
	7	A −	A 3	A −	A −	A −
	8	B B B +	B a a 1	B B B +	B B B +	B B B +
	9	B B B	B a a 2	B B B	B B B	B B B
	10	B B B −	B a a 3	B B B −	B B B −	B B B −
투자부적격	11	B B +	B a 1	B B +	B B +	B B +
	12	B B	B a 2	B B	B B	B B
	13	B B −	B a 3	B B −	B B −	B B −
	14	B +	B 1	B +	B +	B +
	15	B	B 2	B	B	B
	16	B −	B 3	B −	B −	B −
	17	C C C +	C a a 1	C C C +	C C C	C C C +
	18	C C C	C a a 2	C C C	C C	C C C
	19	C C C −	C a a 3	C C C −	C	C C C −
	20	C C	C a	C C	D	C C
	21	C	C	C		C
	22	D		D		D D D
	23					D D
	24					D

(출처) 각종 자료를 참고하여 작성

투자부적격등급은 무디스(Moodys)나 스탠더드 앤드 푸어스(S&P) 등 신용평가
회사에 의해 Ba 이하나 BB 이하로 등급이 매겨진 채권으로, 고위험·고수익의 금

융상품인「정크본드」라고도 불린다. 신용력이 낮고 원금상환이나 이자지불이 불확실한 채권을 말한다. 이에 대해 신용평가회사에서 Baa 이상 및 BB 이상 등급을 매기고 있다.

신용평가회사는 채권 등의 자금 회수 가능성을 판단하여 투자자에게 정보를 제공하고 채권 등 발행체(Issuer)로부터 평가 수수료를 받는다.

여기서 신용평가회사와 투자자 사이에는 이익 상충이 있다는 지적을 받지만 애널리스트와 영업 부문 사이의 교류가 없도록 조치하고 있다.

(3) 운영리스크

「운영(Operation)」은 업무 또는 운영을 의미한다. 운영리스크(Operational Risk)는 글자 그대로 해석하면 업무 또는 운영에 따른 손실가능성을 의미한다. 운영리스크는 일상 업무 수행 과정에서 일어나는 리스크의 총칭으로, 신용리스크와 시장리스크 이외에 기업이 안고 있는 모든 리스크를 의미하는 경우도 있다. 운영리스크의 정의와 그 범위에 대해서 현재로서 충분한 합의를 얻지 못하고 있다.

한편, 최근 특히 은행을 중심으로 운영리스크관리가 강화되고 있다. 2006년도 말부터 이행된 바젤 은행감독위원회(Basel Committee)에 의한 바젤II에서는 기존의 신용위험과 시장리스크에 운영리스크의 관리가 추가되었다. 이는 IT화의 진전에 수반되는 시스템장애 또는 종업원의 사무 실수 등 은행의 업무 변화에 의한 리스크에 대응하기 위해서이다.

바젤II는 리스크의 원인에 주목하여 금융기관의 운영리스크를「내부 프로세스, 사람, 시스템이 부적절하거나 기능하지 않는 것, 또는 외생적 현상이 발생함으로써 발생하는 직접적 또는 간접적 손실과 관련된 리스크」로 정의하고 있다.[4] 바젤 은행감독위원회가 정의하는 운영리스크의 정의는 <그림 4>와 같다.

---

4 The risk of direct or indirect loss resulting from inadequate or failed internal processes, people and systems or from external events.

그림 4 운영리스크(바젤은행감독위원회(Basel Committee))

원인(4가지)	현상(7가지)	손실발생
내부 프로세스(규정 · 절차 등) 사람(미숙 · 부정행위 등) 시스템(기기 등) 외생적 현상 (자연재해 · 외부범죄 등)	내부의 부정행위 외부로부터의 부정행위 노무 관행 및 직장의 안전 고객, 상품 및 거래 관행 유형 재산에 대한 손상 사업활동 중단 및 시스템 장애 주문 등의 집행, 송달 및 프로세스 관리	직접 손실 간접 손실 기회 손실 일실 이익

(출처) 바젤은행감독위원회

이 정의에서 법무리스크는 운영리스크에 포함되지만 전략리스크, 평판리스크, 시스템리스크는 포함되지 않는다. 시스템리스크는 개별 기업 및 그룹의 리스크와 대비하여 사용되는 용어로 하나의 금융기관의 도산 또는 시스템의 붕괴가 다른 금융기관 또는 시장에 연쇄적으로 파급되어 금융시스템 전체의 기능에 영향을 미치는 리스크이다. 「Systemic」에는 「전신의」라고 하는 의미도 있어, 금융시스템 전체에 영향을 주는 리스크를 의미한다. 또한 보충해야 할 손실의 종류로서 직접손실은 확실히 보충하도록 요구되었지만, 간접손실 · 기회손실 · 일실이익에 대해서는 필수로 되지 않았다.

바젤II의 운영리스크를 그 원인을 기준으로 <표 3>과 같이 4종류로 분류하고 있다.

표 3   운영리스크의 분류(원인)(바젤II)

분류	개요
프로세스리스크	업무 프로세스가 복잡하거나 표준화, 시스템화되어 있지 않은 것에 기인하여 손실을 입는 리스크
인적리스크	임직원이 사무를 소홀히 하는 것, 혹은 고의·과실로 인해 손실을 입는 리스크
시스템리스크	시스템의 다운 또는 기능 저하에 의해서 손실을 입는 리스크
외적요인리스크	외부로부터의 범죄나 천재 등에 의해서 손실을 입는 리스크

(출처) 바젤은행감독위원회

또한 국제통일기준으로 금융기관을 감독하기 위한 금융청의 고시는 각 금융기관이 내부관리상 리스크로 특정해야 하는 운영리스크의 손실 현상을 <표 4>와 같이 정하고 있다.

표 4   운영리스크 손실 현상

손실 현상의 종류	운영리스크 손실
내부 부정	사기 혹은 재산의 횡령 또는 규제, 법령 또는 내규의 회피를 의도한 행위에 의한 손실이며, 은행 또는 그 자회사 등의 임직원이 최소한 한 명은 관여하는 것(차별 행위를 제외한다)
외부로부터의 부정	제3자에 의한 사기, 재산의 횡령 또는 탈법을 의도한 행위에 의한 손실
노무관행 및 직장의 안전	고용, 건강 또는 안전에 관한 법령이나 협정에 위반된 행위, 개인 상해에 대한 지불, 노동재해나 차별행위로 인한 손실
고객, 상품 및 거래 관행	특정 고객의 과실에 의한 직무상의 의무위반(수탁자 책임, 적합성 등) 또는 상품의 성질 또는 설계로부터 생기는 손실
유형자산에 대한 손상	자연재난과 기타 사건들의 유형성 손실
사업활동 중단 및 시스템장애	사업활동 중단 또는 시스템장애로 인한 손실
주문 등의 집행, 송달 및 프로세스의 관리	거래상대방이나 구입처와의 관계에서 발생하는 손실 또는 거래처리 혹은 프로세스 관리의 실패로 인한 손실

(출처) 2006년 3월 27일 금융청고시 제19호, 별표 제2

<표 4>와 같이 발생 컨트롤이 불가능한 자연재해도 운영리스크에 포함하고 있다.

운영리스크에 비즈니스리스크와 컴플라이언스리스크를 포함하는 경우가 많다. 비즈니스리스크(Business Risk)는 비즈니스를 영위하는 데 있어서 회피할 수 없는 리스크이며, 경영전략의 오류나 기업 간 경쟁, 제품시장의 동향 등이지만 그 범위에 대해 일반적으로 합의되어 있지 않다. 특히, 비즈니스리스크와 운영리스크의 경계는 명확하지 않다.

또한 컴플라이언스리스크(Compliance Risk)는 업무 수행이나 종업원의 행동이 법령 혹은 기업 규칙에 위반하는 것으로부터 생기는 손실가능성이지만 운영리스크에 포함되는 경우도 많다. 컴플라이언스는 단순히 법령 준수라는 내용을 넘어서 사내 또는 조직의 규칙 준수, 나아가 윤리적 행동 등에 이르는 넓은 의미로 이해된다. 재해리스크(Disaster Risk)에는 지진, 폭풍, 호우, 홍수, 분화, 기타 비정상적인 자연 현상에 의해 발생하는 자연재해(천재)와 사람에 의해 발생한 사고 등의 인위재해(인재)가 있다.

제2장
기업리스크관리와 그 인접 분야

> 기업은 활동 속에서 직면하는 다양한 어려움에 대처하고 있다. 본장에서는 기업이 어려움에 대처하기 위한 다양한 활동과 리스크관리의 관계에 대해 개설한다.

1. 리스크관리

리스크관리는 리스크의 부정적 영향을 억제하면서 긍정적 영향의 최대화를 추구하는 체계적인 활동이라고 볼 수 있다. 「리스크관리(Risk Management)」라는 용어가 사용되기 시작한 것은 1950년대부터이나[5] 리스크를 인식하고, 이에 대처하려고 한 행위는 인류 역사의 시작과 함께 계속되어 왔다. 리스크관리의 정의는 다양하다.

COSO(2004)는 기업리스크관리(ERM: Enterprise Risk Management)를 「사업체의 이사회, 경영자와 기타 구성원에 의해 실시되는 프로세스이며, 전략설정 시 사업체에 횡단적으로 적용되어 사업체에 영향을 미칠 가능성이 있는 잠재현상을 식별하고, 리스크를 리스크선호(Risk Appetite) 범위 내에서 관리하여, 사업체의 목표 달성에 합리적인 보증을 제공하는 것이다」라고 제시하고 있다.[6]

또한 COSO-ERM(2017)에서 ERM은 「조직의 가치창조·유지·실현을 위한 전략책정 및 실행과 일체화한 문화, 능력, 실무」라고 규정했다.

---

5   Russell B. Gallagher(1956)의 "Risk Management; A New Phase of Cost Control", Harvard Business Review에서 「Risk Management」라는 용어가 사용되었다(John Fraser, Betty J. Simkins, "Enterprise Risk Management", John Wiley & Sons, Inc., 2010, pp.22-29).
6   COSO, "Enterprise Risk Management - Integrated Framework" (Executive Summary Framework), September 2004, p.4.

ISO 31000(2009)에는 리스크를 「조직을 지휘 통제하기 위한 조정된 활동」이라고 정의되어 있다.

이러한 리스크관리의 주된 정의는 다음과 같다. ①리스크에 대해서 조직을 지휘·통제하기 위한 조정된 활동이다.[7] ②기업 가치를 유지·증대하기 위한 기업 경영활동에 있어서 사업과 관련된 내외의 다양한 리스크를 관리하는 활동이다.[8] ③사업체의 이사회, 경영자나 기타 구성원에 의해 실시되는 일련의 행위(프로세스)로, 전략설정에 있어서 사업체에 횡단적으로 적용되어 사업체에 영향을 미칠 가능성이 있는 잠재 현상을 식별하고, 리스크를 리스크 허용한도 내에서 한정되도록 관리하며, 사업체의 목표 달성에 합리적인 보증을 제공하는 것이다.[9]

2. 기업리스크관리

구미에서는 1990년대 무렵부터 통합형 리스크관리(Risk Management)에 주목하고 있었다. 통합형 리스크관리는 일부 선진기업이 그 기업이 안고 있는 모든 리스크에 전사적으로 대처하는 포괄적인 리스크관리와 기업가치를 증대시키기 위한 수단의 하나로서 1990년대 초반에 개발되었으며 전사적리스크관리(EWRM: Enterprise Wide Risk Management), 전략적리스크관리(SRM: Stretigic Risk Management), 비즈니스리스크관리(BRM: Business Risk Management), 포괄적리스크관리(CRM: Comprehensive Risk Management), 통합적리스크관리(IRM: Integrated Risk Management), 전체적리스크관리(Holistic Risk Management), 종합적리스크관리(Total Risk Management) 등으로 불렸다.

통합형 리스크관리는 종래의 보험적리스크관리와 달리 보험 이외의 금융과 보험의 양쪽 모두의 기법이 사용되어[10] 기업리스크관리(ERM: Enterprise Risk Management)

---

7 Coordinated activities to direct and control an organization with regard to Risk (ISO Guide 73:2009)
8   経済産業省,「リスク新時代の内部統制リスク·マネジメントと一体となって機能する内部統制の指針」リスク·マネジメント·内部統制に関する研究会, 2003.6.
9 COSO, "Enterprise Risk Management—Integrated Framework", Executive Summary Framework, September 2004.
10 Doherty, Neil A., "Integrated Risk Management", 2000, pp.10-13.

라는 명칭이 일반적으로 사용되었다. 기업리스크관리는 기업의 경영상 발생할 가
능성이 있는 모든 리스크에 대해 전사적으로 관리하는 것이다.

기존의 리스크관리 기법에는 주로 신용리스크, 시장리스크와 같은 특정 리스크
를 대상으로 그 업무의 담당 부서에 관련된 리스크에 대해 종적관계로 리스크관리
를 실시하고 있었다. 이러한 리스크관리는 사일로형(Siloed Approach) 리스크관리
라고 칭한다. 예를 들면, 신용리스크는 대부 부서가 담당하고, 시장리스크는 자산
운용의 담당 부서가 관리하는 것이다. 또한 재무나 심사 혹은 내부감사인 등 일부
인사가 그 업무를 맡는다. 사일로형 리스크관리에서 리스크정보는 각 부문 내에
머물러 부문을 걸치는 리스크 또는 경계에 있는 리스크에는 대응할 수 없게 되는
경우가 있었다. 그러나 ERM은 리스크의 검출, 평가, 대응 등을 전사적, 횡단적으
로 실시함으로써 빠짐없이 보다 효율적으로 리스크관리를 할 수 있게 된다.

표 5 종래의 RM과 ERM

구분	종래의 RM	ERM
대상	운영리스크와 위기관리 등의 개별 리스크에 대응하는 것	전략 달성, 재무 목표 달성에 관련된 리스크
목적 · 관리 체계	개별 리스크 저감이 목적이기 때문에, 개별 리스크관리 체계의 집합. 그룹 내의 각 사 또는 거점별로 다른 체계	전사 또는 그룹의 리스크를 통합적으로 관리. 목적과 방침을 공유한 통일적인 대처
특징	어떤 부문에서 인식되고 있는 리스크도 그룹에서는 인식되고 있지 않은 경우도 있음. 수익으로 이어지는 전략리스크의 관리. 모니터링의 결여	조직의 횡단적인 리스크 인식. 기업의 리스크 허용 내에서 리스크를 제어하면서 사업목표 달성

(출처) 각종 자료를 참고하여 작성

기존의 리스크관리에서는 리스크가 이익의 감소(손실)이며, 그 관리는 리스크
의 회피로 이해되어 왔지만, 기업리스크관리에서는 리스크가 이익의 원천으로 이
해되고, 리스크를 안고 이익을 추구해야 한다고 생각되고 있다. 기업리스크관리에
서는 전사적리스크가 경영수준에서 횡단적이며 전사적이고 통합적으로 관리된다.
그 결과 리스크정보가 전사·횡단적으로 공유되어 부문 간을 걸치는 리스크 또는
경계선에 있는 리스크도 대응할 수 있게 된다. 기업리스크관리를 종래의 리스크관

리와 비교하면 ①리스크가 「회피」에서 「보유」, ②「손실의 회피·경감」에서 「기업가치의 유지·향상」, ③「기업의 이익」에서 「이해관계자,[11] 사회의 이익」, ④「개별리스크대응」에서 「전 리스크대응」이라는 특징이 있다.

또한 종래의 리스크관리는 보험에 가입하는 보험적리스크관리에 크게 의존하고 있었다. 그러나 최근의 기업리스크관리는 종래의 보험적리스크관리와는 달리 순수리스크뿐만 아니라 투기적리스크도 그 대상으로 하고 있다. 예를 들면, 자동차 수출에 관한 리스크를 생각할 경우, 보험적리스크관리에서는 자동차 수송 과정 중의 사고 등으로 인한 손실 또는 손해배상 등 순수리스크가 그 대상이 되었다. 그러나 기업리스크관리에서는 순수리스크뿐만 아니라 환율변동이나 가격변동 등 투기적리스크(시장리스크)도 관리 대상으로 하고 있다.

표 6 보험적리스크관리와 기업리스크관리

구분	보험적리스크관리	기업리스크관리
리스크의 정의	장래의 손실발생가능성	장래의 불확실성, 수익과 손실 양쪽 포함됨
리스크에 대한 자세	리스크는 피해야 할 것	리스크는 관리해야 할 것
리스크관리	손실 등의 발생을 방지하고, 리스크가 발생했을 경우의 영향(손실)을 최소한으로 억제하는 프로세스	리스크는 이익의 원천이자, 리스크를 취한 기업가치 증대에 의해 사업체의 존속을 도모하는 프로세스
대상리스크	순수리스크	순수리스크 투기적리스크(시장리스크)

(출처) 각종 자료를 참고하여 작성

---

11 「stake」란 「잃을 위험이 있는 소중한 것」이며, 「이해관계」이다. 이해관계자(stakeholder)란 기업의 경우 투자자, 채권자, 주주, 비즈니스 파트너, 거래처, 종업원·노동조합, 이용자·소비자 등 기업과 어떠한 이해관계를 갖는 사람이나 단체이다. 최근에는 지역주민, 산업계, 지방자치단체·관련 부처 등도 포함된다.

3. 위기관리

위기관리(CM: Crisis Management)는 기업이 조직 자체의 존속을 위협받는 위기(Crisis)상황에 직면했을 경우, 그 위기에 의한 악영향을 최소화하고 위기 회복을 도모하기 위한 리스크관리의 일부로 이해된다. 위기관리의 연구는 위기에 대한 대책 방법 등의 체계화를 연구하는 비교적 새로운 학문 체계로 1980년대 대규모 산업 또는 환경재해에서 비롯되었다.[12]

위기란 리스크 중에서 그 조직의 존망과 관련된 심각한 것을 가리키며, 지진, 폭발, 분화, 테러, 유언비어, 전쟁 등에 의한 비상사태를 의미한다. 위기관리는 위기가 발생했을 때 그 영향의 최소화와 조기회복이 중요한 과제이다.

RM과 CM의 관계는 <그림 5>와 같다.

그림 5 RM과 CM의 관계

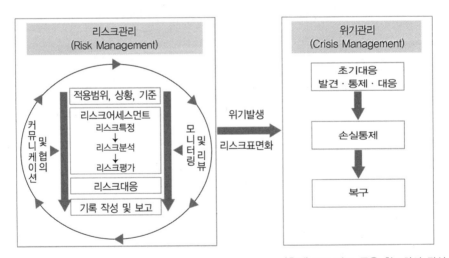

(출처) ISO 자료 등을 참고하여 작성

리스크관리(Risk Management)와 위기관리의 차이점은 다음과 같다. 리스크관리는 리스크가 표면화되기 전에 잠재적인 리스크를 검출하여 그 리스크가 분석·

---

12 Shrivastava, P. Mitroff, I.I., Miller, D. and A. Miglani, "Understanding Industrial Crises", *Journal of Management Studies*, 1988, pp.285-304.

평가되고, 리스크대응이 일상 업무로서 실시된다. 따라서 리스크관리에는 위기가 발생했을 경우의 매뉴얼 정비 등이 포함되는 경우도 있다. 한편, 위기관리는 위기가 발생한 후 손실 확대 방지의 활동이며, 위기사태 발생 후 대처가 중심이 된다.

위기관리에는 세 가지 요소가 있다. 첫째, 조직의 존망에 관계되는 것이며, 둘째, 급격하고 긴급하다는 것이고, 셋째, 결정의 시간이 짧다는 것이다. 예를 들면, 「제품에 대한 악의 있는 장난과 협박」인 제품 탬퍼링(Malicious Product Tampering and Extoration)의 경우, 제품 이미지 훼손만으로도 거액의 간접손실이 발생할 가능성이 있다. 이는 식품업계·의약품업계·침구·의료업계·통신업계 등에서도 발생하고 있다. 식품회사의 식품에 독극물 등을 주입했다는 협박전화가 있을 경우를 가정해보자. 이 경우, 리스크관리는 식품에 이물질의 혼입을 어렵게 하는 제품 탬퍼링 방지의 제품설계와 운송방법 등을 개선하는 일상적인 활동이지만, 위기관리는 협박전화가 걸려온 후의 사내 대응팀의 편성, 제품 리콜, 사외홍보, 기업 이미지 회복 조치 등이 그 활동이다.

또한 보안관리(Security Management)는 「자산보전, 경비방재 등 보안 또는 안전관리에 관한 관리」를 가리키는 경우가 많으며, 정보보안관리(ISMS: Information Security Management System)는 기업 등이 정보를 적절하게 관리하고 기밀을 지키기 위한 포괄적인 시스템이다.

4. 사업계속계획

사업계속계획(BCP: Business Continuity Plan)은 「대지진 등의 자연재해, 감염증의 만연, 테러 등의 사건, 대형사고, 공급망의 두절, 돌발적인 경영환경의 변화 등 예측할 수 없는 사태가 발생해도 중요한 사업을 중단시키지 않거나 만일 중단해도 가능한 한 짧은 기간에 복구시키기 위한 방침, 체제, 절차 등을 제시한 계획」이라고 정의된다.[13] BCP는 넓은 의미에서 리스크관리의 일종이지만, 위기관리의 일종이기도 하다.

---

13 内閣府防災担当, 「事業継続ガイドライン第3版」(副題：あらゆる危機的事象を乗り越えるための戦略と対応), 2013.8. 개정.

BCP의 특색은 「목표복구시간(Required Time Objective)」을 정해 대재해가 발생했을 경우, 그 발생 시부터 목표복구시간 내에 핵심사업의 재개를 목표로 하는 것이다. BCP의 효과는 고객과의 거래를 경쟁사에 빼앗기지 않도록 하고, 시장 점유율이 저하되거나 기업평가 하락으로부터 기업을 지키는 것이다. BCP를 도입하고 있는 기업은 대재해가 발생했을 경우, 목표복구시간 내에 제품·서비스의 제공을 재개함으로써 경쟁 타사보다 우위에서 시장 점유율을 크게 변화시킨 사례도 보고되고 있다.

BCP는 기업이 직면할 가능성이 있는 긴급사태별로 작성되며, BCP의 대상으로 생각할 수 있는 주요 긴급사태는 다음과 같다.

① 대지진

대지진에 대비하기 위해서는 자사뿐 아니라 외부 사회기반시설(통신, 전력, 에너지, 상하수도, 운송 및 교통망 등), 유통망, 구입처, 아웃소싱서비스 등 사내외의 다양한 경영자원에 대한 대책이 필요하다.

② 수해(홍수, 풍해일, 해일)

침수 대책과 같은 방재 대책도 필요하지만, 수해의 규모가 큰 경우는 이러한 방재 대책이 무효화되어 버리기 때문에, BCP에 의한 재조달·복구의 준비가 필요하게 된다. 재해에 의해 자사가 재해를 입었을 경우뿐만 아니라, 먼 곳의 구입처나 관련 회사가 재해를 입었을 경우나 중요한 부품의 구입이 멈추는 사태가 생기는 경우도 BCP에 의한 대체 수단의 확보가 필요하다.

③ 감염증(신종 플루, 팬데믹(Pandemic))

「팬데믹(Pandemic)」이란 세계적으로 다수의 감염자와 환자가 발생하는 유행병을 가리키며, AIDS 등을 가리키는 용어로 사용되어 왔다. 인류사에서 반복적으로 팬데믹(Pandemic)이 발생하여, 그때마다 많은 인명을 앗아갔다. 통상의 인플루엔자는 감기보다 빠른 속도로 오한·고열·근육통·전신 권태감을 발병시키는 감염증이다. 신종 인플루엔자는 대부분의 사람이 면역을 갖고 있지 않으며 통상적인 독감과 비교하면 폭발적으로 감염이 확대될 것으로 예상된다. 강독성 조류AI가 팬데믹을 일으킬 경우 일본 내에서만 수십만 또는 수백만 명의 사망자가 발생할 것으로 예상되며, 또한 몇 주에서 수개월간 감염을 방지하기 위해 학교나 회사를 포함한 모든 외출행위가 제한될, 가능성이 높은 것으로 알려졌다. 이러한 상황 때문에 인적 피해에 대한 대응과 텔레워크(Telework)의 대응 등이 BCP로서 필요하게 된다.

④ 화산 분화에 의한 화산재와 한파로 인한 폭설

수도권에서 후지산의 분화나 평상 시 온난 지역에서 예상을 넘는 폭설 등으로 교통망이나 사회기반시설에 타격을 주는 재해에 대해서도 BCP로 대응할 수 있다. 화산재로 정전이 되고 이로 인해 유통망이 정지될 경우 또는 온난 지역의 폭설로 교통이 마비될 경우 직원이 출근할 수 없게 된다. 또한 토사재해, 회오리바람, 천둥, 우박 등 지역과 입지에 따라 발생할 수 있는 자연재해는 다양하게 존재한다.

⑤ 무차별의 인위재해

전통적으로 재해는 「자연재해(Natural Disaster)」와 「인위재해(Human-Made Disaster)」로 분류되는데 원인은 다양하다. 인위재해란 정전 · 대규모 사고 · 원자력 발전 사고 · 테러 · 전쟁 등 인간이 일으킨 사고나 자연파괴, 환경오염 등이 원인으로 일어나는 재해를 말한다.

Chemical(화학) · Biological(생물) · Radiological(방사성물질) · Nuclear(핵) · Explosive(폭발물) 등에 의한 재해를 특수재해로 분류하고, 각 앞글자를 따서 CBRNE(NBCR)라고 불리기도 한다.

전력회사의 트러블로 인한 정전, 대규모 공장 화재, 원자력 발전소의 방사능 누출 사고, 테러나 전쟁 등의 무력 공격 등 자사를 노린 것은 아니지만 불특정 다수에게 피해를 주는 인위재해도 자연재해와 같은 위협이 된다. 특히 대규모 사고나 원전 사고 등은 대지진의 2차 재해로 발생할 가능성도 있으므로 자연재해에 대비한 사전 준비가 필요하다.

⑥ 매입처의 이재 · 도산 · 관계회사의 불상사

중요한 부품을 제조하고 있는 구입처가 자연재해에 의해 큰 피해를 입고 조업이 멈춘 경우, 중점업무를 위탁하고 있는 거래처가 갑자기 도산했을 경우, 또는 관계회사나 모회사 등의 불상사로 인해 자사가 피해를 보는 경우 등도 BCP의 대상이 된다.

⑦ 협박 · 도난 · 사이버 공격

자사에 대한 협박과 영업방해, 이른바 몬스터 클레이머의 과잉 요구 및 도난과 같은 범죄 피해, 불법 액세스나 정보 조작 같은 사이버 공격 등 인위적 공격도 업종이나 업태에 따라 BCP의 대상이 된다. 이러한 리스크는 현상 그 자체가 초래하는 피해뿐만 아니라, 대응을 잘못하면 인터넷이나 소셜 네트워크, 미디어에 의한 확산이라는 2차 피해를 발생시킬 수 있다.

⑧ 정보 유출 · 식중독 · 분식회계

분식회계, 생산지 · 소비자유통기한 위장, 개인정보 유출, 불법 투기, 법령 위반 등 사내에서 발생하는 불상사로 사업 존속이 위태로워질 수도 있다. 사업지속에 대한 리스크라면 그것이 사외 · 사내 어느 쪽에서 발생했나에 관계없이 BCP에서 상정해야 할 리스크의 하나이다.

⑨ 중요 인물의 사망 · 입원 · 퇴직 · 이직

중소기업은 원맨 사장의 돌연사, 사내 업무를 모두 맡고 있던 1인 총무부장의 입원, 경쟁력의 원천이었던 직원의 은퇴, 유능한 영업사원이 스카우트 당하는 등 사람에 의존했던 업무가 불가능하게 되는 경우가 있다.

사업계속계획(BCP)의 개념(돌발사상형)의 도식화는 <그림 6>과 같다.

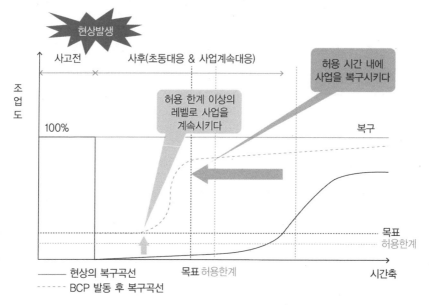

그림 6 사업계속계획(BCP)의 개념(돌발사상형)

현상발생

사고전 | 사후(초동대응 & 사업계속대응)

허용 시간 내에
사업을 복구시키다

조업도

허용 한계 이상의
레벨로 사업을
계속시키다

100%

복구

목표
허용한계

목표 허용한계

시간축

――― 현상의 복구곡선
------ BCP 발동 후 복구곡선

(출처) 내각부 『사업계속 가이드라인 제3판』

아무런 대책이 마련되지 않은 경우, 기업이 재해 등으로 큰 피해를 입으면 회복에 상당한 시일이 걸려 사업을 중단할 수밖에 없을 것이다. 사업재개가 시간적인 허용 한계보다 늦어졌을 경우에는 복구된다 하더라도 한번 멀어진 거래처는 다른 사업자와 거래가 생겼기 때문에 재해 이전 수준까지 거래가 회복할 수 없다는 점도 문제가 된다.

BCP의 중요한 사항은 다음과 같다. ①핵심사업을 특정한다. 긴급사태 시에는 인재나 설비, 신용에 제약이 있어 핵심사업을 압축하는 것이 필요하다. ②「목표복구시간」을 설정한다. 목표복구시간은 긴급사태 발생 시부터 핵심사업 재개까지를 목표로 하는 복구시간이며, 거래처의 입장도 고려해서 거래를 계속하기 위해 허용되는 시간의 목표를 정하는 것이 중요하다. ③핵심사업과 목표복구시간에 대해서는 거래처 등과 미리 협의해둔다. 긴급 시에는 거래처와의 신속한 연락이 중요하다. ④원재료와 인재 등은 그 규모와 조달방법 또는 대용방법을 미리 파악해 둔다.

또한 방재계획 또는 재해대응과 BCP는 모두 자연재해(지진, 풍수해)나 대규모 사고, 팬데믹 등 긴급사태를 상정한 것이지만 방재계획 또는 재해대응은 인명과

제2장 기업리스크관리와 그 인접 분야 25

재산을 보호하는 것을 목적으로 한 현장의 초동대응이 중심인데 반해, BCP는 이에 더하여 중요하고 우선순위가 높은 업무부터 신속하게 복구·재개하는 것을 목적으로 하는 경영계획이다. 방재계획은 한신·아와지 대지진(1995)을 계기로 반영되었으며, BCP는 미국 동시다발테러(2001)로부터 서서히 활용되기 시작했다.

일본은 2005년 3월 경제산업성이 「사업계속책정 가이드라인」을 발행한 후 각 부처에 의한 공적인 사업계속책정 가이드라인이 다수 발행되고 있다(자세한 내용은 내각부 홈페이지 참조).

표 7 각 부처에 의한 사업계속책정 가이드라인의 개요

명칭	책정 연월일	책정 주체	대상리스크
사업계속계획책정 가이드라인	2005년 3월	경제산업성	특정 리스크를 대상으로 하고 있지 않다. 사례 연구법에서는 대규모 시스템 장애, 보안·사고, 정보 누설, 데이터 조작을 예로 제시하고 있다.
사업계속계획책정 가이드라인	2005년 8월	내각부	리스크를 한정하지 않는다. 사업 지속 전반에 관한 가이드라인이다.
사업계속가이드라인: 일본기업의 재해감소와 재해대응 향상을 위해	2005년 10월	중앙방재회의	특정 리스크를 대상으로 하고 있지 않다. 중대한 재해리스크인 지진을 대상으로 권장하고 있다.
중소기업 BCP 책정운용지침: 긴급사태를 극복하기 위해서	2006년 2월	중소기업청	특정 리스크를 대상으로 하고 있지 않다. 지진을 중심으로 풍수해, 화재, 집단 감염을 예로 제시하고 있다.
건설회사를 위한 재해시의 사업계속간이가이드: 사업계속계획(BCP)책정, 실시를 위해	2007년 12월	국토교통성 관동지방정비국	수도 직하 지진. 건설업체를 대상으로 하고 있다.
IT서비스계속 가이드라인	2008년 9월	경제산업성	IT서비스 중단 및 정지
사업소·직장에 있어서의 신종인플루엔자대책 가이드라인	2009년 2월	신종플루 및 조류 독감에 관한 관계 부처 대책회의	신종인플루엔자

(출처) 내각부 자료

또한 미국·영국 등 세계 각국에서도 ISO 등을 중심으로 한 사업계속관리의 규격이 잇따라 발행되고 있다.

5. 사업계속관리

사업계속관리(BCM: Business Continuity Management)는 사업의 계속성 확보를 목적으로 하는 관리방법이다. 기업의 사업 지속성은 거래처에 있어서 제품·서비스가 계속적으로 제공되는 것이며, 지역사회에서는 계속적인 고용이 가능해지는 것이다. BCM과 기업의 사회적 책임(CSR)은 서로 밀접하게 관련되어 있다. BCM은 BCP 책정과 유지·갱신, 사업 지속을 실현하기 위한 예산·자원 확보, 사전대책의 실시, 교육·훈련의 실시, 점검, 계속적인 개선 등을 실시하는 평상시의 관리활동이며, 단순한 계획이 아니라 계속적인 활동이다. 사업계속계획의 국제규격으로 ISO 22301이 2012년 발행되었다.

근래, 기업·조직의 생산 효율 향상 등을 위한 분업화 및 외주화가 활발하여 원재료의 공급, 부품의 생산, 조립, 수송, 판매 등으로 외주처가 피해를 입으면 공급체인 전체가 멈추어 많은 기업에 영향을 주고 있다. 예를 들면, 최대 진도 6강을 기록한 2007년 7월 16일의 니가타현 주에쓰오키 지진발생 시 카시와자키시에 두 군데 공장이 있는 주식회사 리켄의 생산 설비가 재해를 입어 2007년 7월 16일부터 같은 해 7월 22일까지 조업을 정지했다. 피스톤링은 자동차 엔진에 빼놓을 수 없는 중요한 부품으로 피스톤링 제조의 최대기업인 리켄의 국내 점유율은 50%를 차지하고 있다. 이런 상황에서 자동차회사들에 피스톤링을 납품하던 리켄의 조업정지로 국내 자동차업체 8개사의 생산이 중단됐다. 그러나 리켄은 각 거래처 자동차회사 직원의 지원을 받아 재해발생 1주일 만에 생산을 재개했고 2주 후에는 생산라인을 모두 복구했다.

한편, 공급체인관리(SCM: Supply Chain Management)는 공급체인의 모든 구성기업이 하나가 되어 경영효율을 추구하는 경영관리 기법이다. 공급체인(supply-chain)을 구성하는 한 기업의 사업중단은 다른 기업의 사업중단을 초래하게 된다. 따라서 공급체인을 구성하는 모든 기업이 협력하여 BCP를 구축하는 것이 요구된다.

또한 BCP와 CP(Contingency Plan: 긴급 시 대응계획)는 상정할 수 있는 긴급
사태를 특정하고, 그 긴급사태가 발생했을 경우의 대응계획을 미리 책정해 두는
것은 같지만, BCP는 사업의 계속성 관점에서 계속사업을 특정하고 그 사업지속을
위한 계획을 구체화한 것에 반해, CP는 긴급사태 발생 후 대응에 초점을 두어 손
해 최소화에 목적을 두고 있다.

또한 「위기관리」안에서 책정되는 「위기관리계획(CMP: Crisis Management
Plan)」과 BCP는 「위기발생 시 대응책」이라는 공통점이 있지만 차이점도 있다.
BCP는 「특정 위기」 시에 중요사업을 목표 시간 내에 재개·계속시키기 위한 행동
계획이다. 여기서 「특정 위기」란 예를 들면, 「지진에 의해 거래데이터가 멸실되는
것」 또는 「감염증의 유행으로 가동할 수 있는 인원이 50% 이하의 상태가 1주간
계속되는 것」 등과 같은 구체적인 위기의 발생이다. 이 BCP는 지진 또는 감염증과
같이 특정 위기별로 작성된다.

한편, CMP는 「위기」가 발생했을 경우 조직에 대한 손해를 최소한으로 억제하
는 것을 목적으로 긴급사태의 발생 직후부터 사태가 종식될 때까지의 계획이다.
CMP는 특정 위기나 특정 시점에서의 행동계획으로 한정하기보다는, 다양한 위기
나 폭넓은 시간 축을 염두에 둔 행동계획을 수립하는 것이 일반적이다. CMP는 특
정 BCP에서는 상정하고 있지 않은 사태를 포함하여 조직이 생각하는 위기 전반에
대한 대응 계획이다.

제3장
회계부정과 기업리스크관리

미국에서는 다발하는 회계부정[14]을 방지하기 위해, 「SOX법」이 제정되었다. 이 SOX법은 일본에도 영향을 미치면서 「일본판 SOX법(금융상품거래법)」이 제정되었다. 또한, 회사법 중에서도 내부통제체제의 정비가 요구되었다. 이러한 움직임은 기업리스크관리의 중요성을 높이고 있다. 본 장에서는 회계부정이 기업리스크관리에 미친 영향에 대해 기술한다.

1. 회계부정 다발

(1) 엔론

엔론사(Enron Corporation)는 1985년 케네스 레이(Kenneth Lay)가 미국 텍사스주 휴스턴에 있던 그의 회사인 Houston Natural Gas와 네브래스카(Nebraska)에 있는 인터노스(InterNorth)를 합병하여 설립된 에너지 회사였다. 로널드 레이건(Ronald Reagan)이 대통령이었던 1980년대 미국에서는 에너지 시장에 대한 대폭적인 규제 완화가 있었고, 에너지에 대한 선물 또는 계약한 에너지를 장래의 특정 날짜에 인도하는 선도계약(Forward Delivery)이 인정되었다. 규제완화의 움직임 속에서

---

14 엔론(에너지 판매, 2001년 12월 2일 파산신청), K마트(소매 슈퍼, 2002년 1월 22일, 파산신청), 글로벌 크로싱(광통신, 2002년 1월 파산신청), 타이코인터내셔널(금융, 2002년 6월 3일 간부의 자금유용 의혹 발각), 임클론시스템스(의약품 개발, 2002년 6월 12일 인서더 거래 의혹 발각), 월드컴(장거리통신, 2002년 6월 25일 통신, 불법회계 회계처리), 제록스(사무기기, 2002년 6월 28일 매출액 부풀리기 의혹 발각), 퀘스트 커뮤니케이션스(통신, 2002년 7월 4일 매출액 부풀리기 의혹 발각), 멜크(의약품, 2002년 7월 8일 매출액 부풀리기 의혹 발각).

엔론은 1980년대 말경 전통적인 천연가스 판매와 운송에 더해 적극적으로 파생상품 거래를 도입한 캐시 플로우 경영의 최첨단 기업으로 알려져 왔다.

1990년 후일 엔론의 CEO(최고경영책임자)가 되는 상담역인 제프리 스킬링(Jeffrey Skilling)이 채용되면서 대규모 계약을 파생상품으로 분할·판매하는 등 비즈니스모델을 물리적인 에너지 공장에서 정보에 근거한 거래로 바꿨다. 제프리 스킬링은 엔론사를 가스와 전력의 매상에서 최대 기업으로 하는 데 크게 기여하여, 2001년 2월 12일 연간 1억 3,200달러의 보수를 받는 이 회사의 CEO가 됐다.

엔론은 미국 증권거래위원회(SEC: Securities and Exchange Commission)에 로비를 통하여 비금융회사로서는 처음으로 장기계약에 대해 시가평가법(Mark-to-Market Method)에 의한 초년도의 이익 계상을 인정받았다. 엔론사는 이것을 이용해 거래의 과거 및 현재가치(Historic or Present Value)보다도 장래의 예측시장가치로 장래의 이익을 예측하였다.

엔론사는 1990년대 초부터 이 시가주의 회계를 악용해 매출과 이익을 위장한 것으로 알려졌다. 1990년대 후반에는 파생상품거래를 악용해서 동량의 전력매도와 매입거래를 발생시켜 실질 거래량은 제로이지만, 그 매상고를 과대하게 가장하고 있었다(순환거래).

또한 최고재무책임자(CFO: Chief Financial Officer)였던 앤드루 파스토우(Andrew Fastow)는 부정을 은폐하기 위해 연결 결산 대상 외의 자회사(SPE: 특별목적사업체)에 거래손실을 은닉함으로써 부외손실로 하고 있었다. 감사법인이었던 아서 앤더슨(Arthur Andersen & Co.)은 이러한 사실을 투자자에게 공표하지 않았다.

엔론사는 날씨파생상품(금융파생상품)의 선구자이기도 했다. 1990년대 미국에서는 전력의 가격 자유화에 의해 가격경쟁이 격렬해져, 전력회사에는 수익변동의 리스크가 생기게 되었다. 예를 들면, 냉하(冷夏)의 경우는 냉방장치의 사용이 줄어들어, 전력의 소비량이 감소하는 리스크가 있다. 또한 난동(暖冬)의 경우에도 난방장치의 사용이 줄어들기 때문에, 가스의 소비량이 감소할 리스크가 있다. 이 리스크에 대응하는 보험도 판매되고 있었지만, 보험은 보험금 지급 시의 손해조사라는 번잡한 절차가 있고 보험계약에서 담보 범위의 해석에 어려운 문제가 있었다.

엔론사는 날씨에 의한 수익 변동의 리스크에 대해서 금융 기법을 이용해 헤지하는 날씨파생상품(Weather Derivative)를 개발하여 1997년 대형 에너지회사 코크사(Koch Energy Trading Inc.)와의 계약체결에 성공했다. 평균기온을 밑돌 경우 엔론사가 1회에 1만 달러를 코크사에 지불하고, 평균기온을 상회할 경우 코크사가 1회에 1만 달러를 엔론사에 지급하는 조건이었다.[15]

엔론은 날씨파생상품거래에 적극적이었던 결과 1998년에는 날씨파생상품으로부터의 수익이 동사의 이익에서 80% 이상 차지하였다. 엔론은 2000년 연간 매출액 1,100억 달러로 전미 매출 7위를 차지했으며 2001년에는 직원 20,000여 명에 달하는 대기업이 되었다. 「포춘(Fortune)」지는 엔론사를 1996년부터 2001년까지 6년간 미국 최고의 혁신적 기업(Americas Most Innovative Company)으로 선정했다.

엔론사는 우량기업으로 평가받아 그 주가가 2000년 8월 주당 90달러를 넘어섰다. 엔론사의 경영진은 투자자들에게 회사주가가 주당 130달러에서 140달러까지 계속 오른다고 설명했다. 그러나 손실 은폐의 내부 정보를 알고 있던 경영진은 이 시점부터 자사주를 대량으로 처분하고 있었다. 이어 엔론사의 회계부정 의혹이 2001년 10월 17일 월스트리트저널에 보도되자 이날부터 회사주가는 급락했고 증권거래위원회(SEC)의 조사도 시작됐다. 그러나 상당수 애널리스트는 엔론사의 주가가 주당 20달러 이하로 떨어진 2001년 10월에도 매수를 권유했다. 신용평가기관들은 엔론사의 수익이 나빠지자 신용등급을 낮추었고 2001년 11월 말 엔론사의 주가는 주당 1달러 아래로 떨어졌다. 그 결과, 엔론사의 주식을 구입한 투자자는 큰 금액의 손실을 입게 되었다.

결국 2001년 12월 2일 파산신청이 이루어졌다. 이날 엔론사의 주가는 주당 26센트였다. 이 시점에서 엔론사의 총자산액은 634억 달러였으나 부채총액은 파산신청 시에는 310억 달러였지만, 부외채무 등을 포함하면 400억 달러가 넘는 금액이었다. 엔론사의 파탄은 2002년 7월의 월드컴이 파산하기까지 최대의 규모였다.

동사의 전 CEO인 제프리 스킬링은 2006년 10월 23일 텍사스(Texas)주의 연방지방법원에서 사기행위 및 공모죄로 약 4,500만 달러(총 53억 7천만 엔)의 벌금과 함께 24년 4개월의 실형을 선고받았다. 전 CEO(설립자) 케네스 레이는 제프리 스킬링 전 CEO와 함께 유죄 평결을 받았으나 2006년 7월 5일 64세에 심장발작으로 사망했다. 또한 휴스턴 연방지방법원은 최고재무책임자(CFO)였던 앤드루 파스토

---

15 Houston Business Journal (November 21, 1999)
  (http://www.bizjournals.com/houston/stories/1999/11/22/story7.html)

우에게 2006년 9월 26일 금고 6년과 사회봉사 2년을 명했다. 엔론사의 감사법인이었던 아서 앤더슨(Arthur Andersen & Co.)[16]은 지방법원에서 유죄를 받았고 대법원에서 이를 뒤집었지만 신용실추로 인해 대다수 고객을 잃으면서 문을 닫았다.

(2) 월드컴

월드컴(WorldCom)은 매출액 352억 달러, 사원 85,000명으로 한때 AT & T에 이어 전미 제2위의 장거리통신회사였다.[17] 1998년에는 당시 전미 4위의 장거리통신회사였던 MCI(Microwave Communications, Inc.)를 당시의 사상 최대 금액인 370억 달러로 매수했다. 월드컴의 성장은 기본적으로 1990년대 흡수합병에 따른 것으로, 「현금은 필요 없다. 높은 주가를 유지하면 자사보다 큰 회사를 살 수 있다」는 것이 이 회사의 CEO였던 버나드 에버스의 경영방침이었다. 월드컴이 주식 교환을 통해 인수한 회사는 75개에 이르렀다.

그러나 월드컴은 1998년 인수한 장거리통신회사 MCI가 실적 부진에 빠지면서 당시 IT 버블 붕괴와 함께 주가가 계속 떨어졌다. 버나드 에버스는 2002년 4월 말 CEO에서 물러났고 후임으로 존 시지모어(John Sidgmore)가 취임했다.

이후 2002년 6월 신시아 쿠퍼(Cynthia Cooper) 여사가 이끄는 월드컴의 내부 감사 부문은 정례 회계감사 때 약 38억 달러의 분식을 발견하여 사내 독립기관인 조사위원회에 보고했다. 신시아 쿠퍼 여사는 이로 인해 부정에 맞선 용기와 성실성을 평가받아 Time지의 2002년 「Persons of the year」에 선정되었다. 존 시지모어 최고경영책임자(CEO)가 2002년 6월 25일 회계책임자인 스콧 설리번(Scott Sullivan)을 해고하면서 「15개월에 걸친 분식회계로 38억 달러(약 4,560억엔)의 이익을 부풀렸다」고 발표하자 월드컴의 주가는 급락하기 시작하여, 1999년 6월 주당 64.5달러를 기록했던 월드컴의 주가는 2002년 7월 1일 6센트까지 떨어졌다.

---

16 아서 앤더슨(Arthur Andersen & Co.)은 1913년에 창업하였으며 특히 미국 내에서 브랜드력이 강한 세계 5대 회계사무소 중 하나로 성장하였다. 엔론사태 때 자사의 사내자료를 파기하도록 지시했다가 발각되어 범죄수사에 공무집행방해로 유죄판결을 받았으나 상고심에서 뒤집혔다.
17 1983년 월드컴의 전신인 LDDS(Long Distance Discount Service)가 창설됐고 1985년 버나드 에버스(Bernard Ebbers)가 CEO로 선정됐다. 게다가 1995년 LDDS WorldCom과 회사명을 변경하여, 1998년 대기업 통신회사의 MCI를 매수해 회사명을 MCI WorldCom으로 변경했지만, 2000년 4월에 회사명을 원래의 WorldCom으로 되돌렸다.

한편, 증권거래위원회(SEC)는 2002년 6월 26일 월드컴에 대한 조사를 개시하여, 2003년 총자산의 부풀린 액수가 약 110억 달러에 이르는 것으로 판명되었다.

월드컴 분식회계의 주된 방법은 비용으로 계상해야 하는 다른 통신회사와의 상호접속비(라인비용)를 자산으로서 계상하고 있었다. 예를 들면, 이미 다른 사업자가 광섬유를 부설하고 있는 빌딩에 서비스를 제공하는 경우, 당연히 선행 사업자로부터 회선을 리스하게 된다. 이러한 라인 코스트는 본래 경비로서 계상되어야 하지만 월드컴은 투자자산으로 계상했다.

그 결과, 월드컴은 2002년 7월 21일 뉴욕 연방 파산 재판소에 연방도산법 제11장(일본의 회사갱생법에 상당)의 적용을 신청했다. 월드컴의 자산총액은 1,038억 달러로 엔론사의 634억 달러의 2배에 육박했으며, 총부채는 410억 달러로 미합중국 사상 최대 규모의 경영파탄이었다. 이 기록은 2008년 9월 리먼브러더스(Lehman Brothers)의 경영파탄 시(총부채 6,130억 달러)까지 최대규모의 경영파탄으로 기록된다.

월드컴의 전 CEO 버나드 에버스는 2005년 3월 15일 사기 공모 및 규제당국에 대한 허위문서 제출이 유죄로 인정되어, 25년간 금고형에 처해졌다. 또한 당시의 CFO(최고재무책임자) 스콧 사리반은 2005년 8월 11일 금고 5년을 선고받았다.

(3) 바퀴벌레 이론

바퀴벌레 이론(Cockroach Theory)은 한 기업에 대한 나쁜 문제가 드러날 경우 아직도 많은 부정적인 현상이 숨겨져 있을 가능성이 있다는 것을 의미한다는 시장이론이다. 이 용어는 바퀴벌레가 한 마리 발견되면 숨어 있는 바퀴벌레는 그보다 훨씬 많다는 증거라는 통념에서 비롯된다. 바퀴벌레 이론은 바퀴벌레가 한 마리 있으면 30마리는 숨어 있을 것이며 즉, 문제가 하나 발견되면 그 30배 이상의 문제가 감추어져 있다고도 설명된다.

예를 들면, 전술한 엔론의 회계부정이 알려진 후에 월드컴도 회계부정을 했다는 것으로 밝혀지는 것과 같은 현상이다. 또한 2007년 2월 서브프라임 대출자인 뉴 센추리 파이낸셜(New Century Financial Corporation)은 차입자의 상환 불능으로부터 손실이 발생하여 유동성 문제가 드러났다. 이 회사는 서브프라임 문제로 인한 유동성의 문제가 많은 회사의 첫 사례였다. 즉, 하나의 서브프라임대출자(한

마리의 바퀴벌레)의 재무적인 문제가 노출된 것은 동일한 업종의 더 많은 다른 기업에도 동일한 문제가 존재할 가능성을 시사하고 있었다.

바퀴벌레 이론의 효과는 어떤 기업에 관한 나쁜 현상이 알려진 뒤 투자자들은 다른 기업에 대해서도 비슷한 현상이 발생할 것으로 예상하고 동일한 업종의 다른 기업에 대해서도 투자를 하지 않게 되어 주가하락을 초래하는 것이다. 예를 들어, 한 기업의 회계부정이 발생하면 감독기관은 또 다른 비리를 예방하기 위해 다른 기업에 대해서도 감사를 하게 되고, 투자자는 다른 기업의 회계부정이 밝혀지는 것을 두려워해서 주식을 매각해서 금융시장에서 철수하게 된다. 그 결과 주가폭락이 일어나게 된다. 결국 회계부정이 발생하면서 주가가 급락하는 것을 경험한 투자자는 시장이 안정될 때까지 주식 투자를 기피한다는 것이다. 실제, 다우존슨산업평균은 엔론사의 파산신청이 행해진 2001년 12월 말부터 월드컴의 파산신청이 행해진 2002년 7월 21일까지 약 7개월 사이에 22.3%하락했다.[18]

2. SOX법

「SOX법」은 투자자가 회계부정으로 인한 손실을 입는 것을 막기 위해 2002년 7월에 제정된 미합중국의 연방법이다. 이 법은 사베인스 옥슬리법(Sarbanes－Oxley Act)이라고도 하며 법안을 제출한 폴 사베인스(Paul Sarbanes) 상원의원, 마이클 옥슬리(Michael G.Oxley) 하원의원의 이름을 따서 제정되었다. 동법은 정식으로는 「Public Company Accounting Reform and Investor Protection Act of 2002: 2002년 상장기업 회계개혁 및 투자자보호법」인데, 기업개혁법으로도 번역되고 있다.

SOX법은 1933년 연방증권법과 1934년 연방증권거래법이 제정된 이후의 금융비즈니스에 대한 법률의 대변경이다. 이 법은 미국 증권시장에 상장된 기업과 그 연결 대상 기업에 적용되는 것인데 미국 증권시장에 상장된 외국 기업에 대해서도 적용된다.

동법의 주요 내용은 다음과 같다.

---

18 2001년 12월말에는 10,021.57달러였지만, 월드컴의 파산신청이 이루어진 2002년 7월 21일에는 7,784.58달러가 되었다.

첫째, 상장기업의 CEO와 CFO에 대해서, 개인명의의 회계 보고 내용을 보증할 것을 요구함으로써 민사 책임을 명확하게 했다. 제302조에서는 연차보고서와 분기 보고에 CEO 및 CFO가 서명하고, 다음 항목에 대한 선서를 하는 것이 요구된다. ①서명한 임원은 보고서를 열독할 것, ②재무보고서에는 오해를 불러일으키는 중요사실에 관한 부실기재나 누락이 없을 것, ③재무제표 등의 재무정보가 기업의 재무상태, 경영성적을 올바르게 나타내고 있을 것, ④내부통제의 확립유지에 관한 책임은 CEO와 CFO에 있으며, 연결재무제표에 대한 내부통제의 구조가 설계되어 결산일의 90일 내에 내부통제의 유효성을 평가할 것, ⑤내부통제의 설계 및 운용에 관한 심각한 결함을 모두 감사인 및 감사위원회에 공개할 것, ⑥경영자 또는 내부통제에 중요한 역할을 가진 종업원의 부정사실을 감사인 및 감사위원회에 공개할 것이다.

둘째, 내부통제보고서(Internal Control Report)의 제출이 의무화되었다. 제404조 「경영진에 의한 내부통제평가(Management assessment of Internal Controls)」에서는 기존 SEC에 대한 연차 재무보고서 외에 「내부통제보고서」를 제출하도록 요구되며, 이는 경영자가 재무보고와 관련된 적절한 내부통제시스템의 확립과 유지에 관해 책임을 지는 것과 최근에 실시한 재무보고와 관련된 내부통제시스템에 대한 경영자의 유효성 평가 결과가 포함되어야 한다. 또한 해당 기업의 감사를 실시하는 감사법인에는 내부통제보고서에 기술된 내부통제시스템에 대한 감사 및 보고(Direct Reporting)가 의무화되었다.

셋째, 이 법률에 대한 고의적 위반이 있을 경우 CEO와 CFO는 형사 처벌된다. 제802조(a) 문서 위조에 대한 형사처벌(Criminal Penalties for Altering Documents)은 「미합중국의 모든 사법기관과 소송에 영향을 주고 방해하며, 저해할 목적으로 기록, 문서, 유형자산물을 위조·폐기·절취·은닉·부정기입한 자에게는 벌금이 부과되고 20년 이하의 징역이나 그 두 가지에 처한다」고 규정하고 있다. 또한 제906조 (c)의 재무보고서에 대한 기업의 책임(Corporate Responsibility for Financial Reports)에는 재무제표 허위신고에 대한 벌칙이 규정되어 있다. SEC 제출 서류에 허위의 기재가 발견되었을 경우는 CEO(Chief Executive Officer)[19]와 CFO(Chief

---

19 미국형 기업에서는 기업의 "소유"와 "경영"을 분리하여 생각하고, 소유자(주주)를 대리하는 이사회가 업무집행을 실시하는 집행임원을 임명·감독하는 형태이다. 이 집행임원의 최고 경영자가 CEO다. 미국에서는 1990년대 기관투자자 등의 이익대표인 사외이사가 이사회에

Financial Officer)[20] 개인의 책임도 추궁당한다.

즉, CEO 또는 CFO는 공개 내용이 부적절하다는 것을 알고 있었을 경우 $100만 이하의 벌금 및/또는 10년 이하의 징역에 처하고, 고의적인 허위 기재가 있는 경우에는 $500만 이하의 벌금 및/또는 20년 이하의 징역에 처해진다.

3. 회사법

종래의 회사 설립이나 그 기관 등에 관한 규제를 정하고 있던「구 상법」,「유한회사법」,「상법 특례법」을 하나로 정리하여 2005년「회사법」이 제정되었다. 이 회사법은 모든 회사에 적용되어 내부통제체제 정비도 규정되었다. 회사법은 컴플라이언스 추진을 주목적으로 하고 있으며 내부통제라는 단어 자체는 사용되지 않았지만, 그 의미가 내포되어 있다.「이사의 직무집행이 법령 및 정관에 적합함을 확보하기 위한 체제, 기타 주식회사 업무의 적정성을 확보하기 위해서 필요한 체제」즉, 내부통제 정비가 의무화되어 있다. 이「업무의 적정성을 확보하기 위해 필요한 것으로 법무성령으로 정하는 체제」의 구체적인 내용은 회사법 시행규칙 제98조 및 제100조에 다음과 같이 열거되어 있다.

① 이사직무집행과 관련된 정보의 보존 및 관리에 관한 체제
② 손실위험관리 규정과 기타 체제
③ 이사들이 직무를 효율적으로 집행하는 것을 확보하기 위한 체제
④ 사용인의 직무집행이 법령 및 정관에 적합함을 확보하기 위한 체제
⑤ 당해 주식회사와 그 모회사 및 자회사로 구성된 기업집단의 업무 적정성을 확보하기 위한 체제

서 다수를 차지하게 되었고, 자연스럽게 이사회 회장이 CEO를 겸임하는 것이 일반화되었다. 그 결과, CEO 1명에게 권한이 집중되어, 경영진을 감시하는 이사회 회장 본래의 기능을 충분히 완수할 수 없게 되는 위험성이 지적되고 있다.

20 CFO(Chief Financial Officer)란 최고재무책임자 또는 재무담당 임원이다. 기업의 파이낸스 전략의 입안·집행에 책임을 지는 최고관리자이다. 미국의 상장기업에서는 CFO는 CEO 다음으로 중요한 자리로 꼽힌다.

4. 일본판 SOX법(금융상품거래법)

「일본판 SOX법」은 통칭으로 기존 증권거래법을 개정한 금융상품거래법의 일부 규정을 말한다. 일본에도 전술한 미국의 SOX법의 영향을 받아[21] 2006년 6월에 금융상품거래법이 성립되어, 2008년 4월부터 적용되고 있다. 일본판 SOX법의 내용은 사내의 부정을 막는 관리체제를 강화하고, 관리체제를 점검·평가한 「내부통제보고서」를 유가증권보고서와 함께 내각총리대신에게 제출하도록 규정한 것이다 (제24조의4).

상장기업은 「내부통제보고서」를 작성하여 공인회계사 또는 감사법인의 감사를 받아(제193조의2의 2항), 감사인이 그 의견을 기재하여 작성하는 「내부통제감사보고서」와 함께 공표하는 것이 의무화되었다. 이 제도는 내부통제보고제도로 불린다. 더욱이 유가증권보고서의 제출에 있어서 「대표자에 의한 적정성의 확인서」를 첨부하는 것이 요구되고 있다.[22] 이것은 미국 SOX법 제302조의 「경영자에 의한 선서서」를 참고로 한 제도이다. 내부통제보고서에 허위로 기재된 경우는 동법에 의한 민사 책임이 발생한다(법 제24조의4의 6, 제22조).

또한 미제출 또는 허위표시에 관한 형사처벌로는 개인에게는 5년 이하의 징역 또는 500만 엔 미만의 벌금, 법인에는 7억 엔 이하의 벌금(동법 197조의2 제5호, 제6호, 제207조 제1항)이 병과된다.

내부통제감사는 재무제표감사와 동일한 감사인이 실시하도록 되어 있기 때문에 감사인은 내부통제감사에서 얻어진 감사증거와 재무제표감사에서 얻은 감사증거를 양쪽에서 이용할 수 있게 되었다. 또한 내부통제감사보고서는 재무제표감사보고서와 함께 기재하는 것을 원칙으로 했다.

---

21 미국, 영국, 프랑스, 한국 등은 일본보다 먼저 도입됐다.
22 내각부령 제28호(2003년 4월의 기업내용 등의 공개에 관한 내각부령 등의 일부를 개정하는 내각부령)

5. 회사법과 일본판 SOX법

회사법은 모든 회사에 적용되지만 금융상품거래법(일본판 SOX법)은 상장회사 등이 적용 대상이다. 또한 회사법은 컴플라이언스 추진을 주된 목적으로 하고 있는데 반해, 금융상품거래법은 재무보고공개의 적정성 확보에 중점을 두고 있다.

내부통제는 회사법과 일본판 SOX법 양자에 의해 요구되지만, 각각 그 목적과 내용이 다르다. 회사법의 내부통제는 주주로부터 경영을 위탁받은 이사가 건전한 회사 경영을 수행하기 위한 것이다. 한편, 일본판 SOX법(금융상품거래법)에서 내부통제는 투자자 보호를 위해 재무보고의 신뢰성을 확보하는 것을 목적으로 하고 있다. 주요 차이점은 <표 8>과 같다.

표 8 회사법과 일본판 SOX법의 내부통제 비교

구분	회사법	일본판 SOX법(금융상품거래법)
대상기업	대규모회사와 위원회 설치 회사	상장기업과 연결 자회사
목적	업무의 적정성 확보	재무보고서의 신뢰성 확보
대상자	이사회	경영자(해당 회사)
공개	사업 보고	내부통제보고서
감사	감사역 · 감사위원회	외부감사인(감사법인 · 공인회계사)
감사결과	감사보고서	내부통제감사보고서
벌칙	특별사항 없음	내부통제보고서가 제출되지 않거나 내부통제보고서의 중요사항을 허위로 기재할 경우 5년 이하의 징역 또는 500만 엔 이하의 벌금, 법인에는 7억 엔 이하의 벌금에 처하도록 함

(출처) 각종 자료를 참고하여 작성

제4장
COSO의 ERM 프레임워크

ERM리스크관리에 대한 프레임워크는 COSO의 ERM 프레임워크와 ISO의 RM 프레임워크가 있다. 본 장에서는 COSO의 ERM 프레임워크에 대해 개설한다.

1. COSO의 조직

미국에서 1980년대에 회계부정에 의한 기업의 경영파탄이 빈발했다. 이에 대응하기 위해, 1985년 6월 「부정한 재무보고 전미위원회(The National Commission on Fraudulent Financial Reporting)」가 조직되었으며, 초대 위원장이 James C. Treadway, Jr.이었기 때문에, 통칭 트레드웨이 위원회라고도 불린다. 이 트레드웨이 위원회는 현재의 IMA(The Institute of Management Accountants)의 회계 5개 단체 미국회계학회(AAA: The American Accounting Association), 미국공인회계사협회(AICPA: The American Institute of Certified Public Accountants), 재무담당 경영자협회(FEI: Financial Executives International), 내부감사인협회(IIA: The Institute of Internal Auditors), 전미회계인협회(The National Association of Accountants)에 의해서 조직되었다.

같은 해 트레드웨이 위원회를 지원하기 위해 COSO 즉, 트레드웨이 위원회 지원 조직위원회(COSO: Committee of Sponsoring Organizations of Treadway Commission)가 조직되었다. COSO는 상기 회계 5개 단체가 지원하는 위원회 지원 조직이다. COSO의 목적은 기업리스크관리(Enterprise Risk Management), 내부통제(Internal Control), 사기억제(Fraud Deterrence)의 세 가지 주제에 관한 선구적

인 방향을 제공하는 것이다.[23]

2. 내부통제 프레임워크

내부통제(Internal Control)란 기업업무의 적정성 확보를 목적으로 기업 내부에 설치하는 시스템으로 경영자가 종업원을 감독하기 위해 정비·운용하는 것이다. 이 내부통제는 재무회계 분야에서 재무보고의 적정성을 목적으로 하는 활동으로서 이해되고 있었는데, 1990년대에는 컴플라이언스와 경영방침·업무규칙의 준수, 경영 및 업무의 유효성·효율성의 향상, 리스크관리 등으로 그 적용범위가 확대되어 기업지배구조(Corporate Governance)를 위한 구조로서도 강조되게 되었다.

한편, 기업지배구조는 「기업통치」라고도 번역되는데, 주주나 은행·채권자·이사·종업원 등의 이해관계자(Stakeholder)가 외부의 관점에서 기업의 활동이 건전하고 효율적이도록 감시하는 구조이다. 따라서, 기업지배구조는 이해관계자와 경영자와의 구조라고 말할 수 있으며, 내부통제는 경영자와 종업원과의 구조라고 말할 수 있다.

내부통제의 실질적인 국제표준은 「COSO리포트」라고 불리며, 트레드웨이 위원회 지원 조직위원회(COSO)에 의해 공표된 「내부통제의 통합적 프레임워크((Internal Control-Integrated Framework)(1992, 2013년 개정)」(이하, COSO리포트라고 칭한다))이다.[24]

COSO리포트는 1987년 트레드웨이 위원회의 「부정한 재무보고(Report of the National Commission on Fraudulent Financial Reporting)」에 관한 보고서와 그 권고에 따라 작성된 것으로 「요점 요약(Executive Summary)」, 「프레임워크(Framework)」, 「외부보고(Reporting to External Parties)」, 「평가 안내서(Evaluation Tools)」로 구성된다.

COSO리포트의 내부통제는 통상적인 경영활동에서 하나의 프로세스이며, 「업무의 유효성과 효율성」, 「재무보고의 신뢰성」, 「컴플라이언스」의 3가지 목표 달성에

---

23 COSO 홈페이지 참조.
24 「Internal Control - Integrated Framework」은 쿠퍼스 앤드 라이브랜드(현 프라이스 워터 하우스 쿠퍼스)에 위탁하여 작성했다고 여겨진다.

관해 합리적인 보증을 제공하는 것을 의도한 사업체의 이사회·경영자 및 기타 기업 내 모든 구성원이 수행하는 하나의 프로세스」로 정의된다. 내부통제 각각의 목적을 달성하기 위한 구성요소는 「통제환경」, 「리스크평가」, 「통제활동」, 「정보와 전달」, 「모니터링활동」 등 5가지이다.

COSO의 내부통제 프레임워크(2013)는 내부통제의 목적 중 하나인 「재무보고의 신뢰성」을 「보고」로 변경하고, 재무보고에 더하여 「내부보고」도 보고대상에 추가하며, 최근 중요성이 높아지고 있는 비재무항목(Non-Financial Reporting)도 대상에 포함하고 있다. 효과적인 내부통제 실현을 위한 판단지표로 17개의 원칙을 제시하였다.

COSO리포트의 내부통제 프레임워크(2013)는 <그림 7>과 같다.

그림 7 COSO의 내부통제 프레임워크(2013)

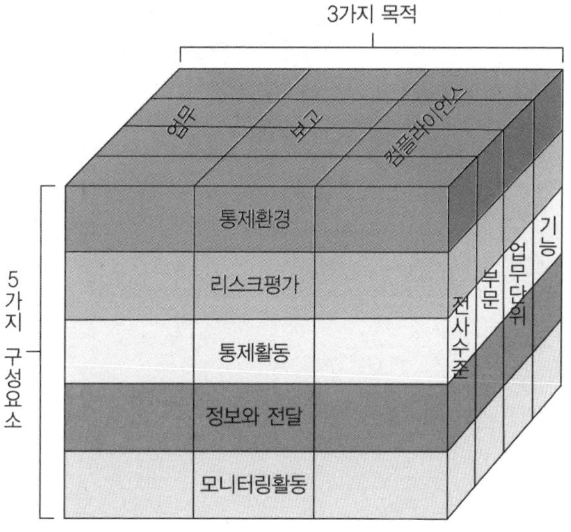

(출처) COSO

일본의 내부통제 프레임워크는 COSO의 내부통제 프레임워크의 3가지 목적과 5가지 구성요소에 각각 1개씩 추가되어 4개의 목적과 6개의 구성요소로 이루어져 있다.[25] 즉, 목적에는 자산의 취득, 보관, 청산에 부정이 없는 「자산의 보전」이 추가되었으며, 구성요소에는 기업의 IT 대응의 지위가 보다 중요시 되고 있음을 반영하여 「IT에의 대응」이 추가되었다. 그 결과, 일본의 내부통제 프레임워크에서 4가지 목적은 업무의 유효성 및 효율성, 재무보고의 신뢰성, 사업활동에 관련된 법령 등의 준수, 자산의 보전이 되었다. 일본 내부통제는 이 4가지 목적을 달성하기 위하여 기업 내 모든 사람이 수행하는 과정으로 되어 있으며,[26] 6개의 구성요소는 통제환경, 리스크평가와 대응, 통제활동, 정보와 전달, 모니터링, IT에의 대응으로 구성된다.

그림 8 일본판 내부통제 프레임워크

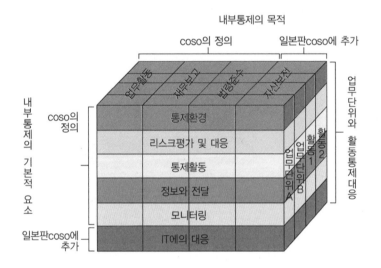

(출처) 금융청

---

25   企業会計審議会内部統制部会,「財務報告に係る内部統制の評価及び監査の基準のあり方について」, 2005.12.8, pp.3-4.
26   2007년 2월 15일에 기업회계심의회로부터 공표된 「재무보고에 관한 내부통제평가 및 감사기준」에서 내부통제란 이들 4가지 목적을 달성하기 위해 기업 내 모든 자에 의해 수행되는 프로세스로 되어 있다.

일본판 내부통제 프레임워크의 내부통제 목적은 다음과 같다.

① 업무의 유효성 및 효율성

일상의 업무가 사업활동의 목적을 달성하기 위해 효율적이고 효과적인 구조로 이루어질 것을 목표로 한다.

② 재무보고의 신뢰성

재무제표 및 재무제표에 중요한 영향을 미칠 가능성이 있는 정보의 신뢰성을 확보하는 것이다. 기업을 둘러싼 많은 이해관계자에게 신뢰할 수 있는 재무보고를 제공한다.

③ 사업활동과 관련된 법령 등의 준수(컴플라이언스)

사업활동과 관련된 법령, 기업이 독자적으로 설정하고 있는 가이드라인 등 기타 규범의 준수를 촉진한다.

④ 자산의 보전

자산의 취득, 사용 및 처분이 정당한 절차 및 승인 하에 이루어지도록 자산의 보전을 도모한다.

일본 내부통제의 6가지 기본적 요소는 다음과 같다.

① 통제환경

조직의 기풍을 결정하고 조직 내 모든 사람의 통제의식에 영향을 미치는 동시에 다른 기본적 요소의 기초를 이루고, 기본적 요소에 영향을 미치는 기반이다. 예를 들어, 기업의 성실성과 논리관, 경영방침 및 경영전략, 기업의 조직구조 및 관행이다.

② 리스크평가와 대응

조직의 목표 달성에 영향을 미치는 리스크를 인식, 분석 및 평가함으로써 해당 리스크에 대해 적절하게 대응하는 프로세스이다.

③ 통제활동

경영자의 명령 및 지시가 적절하게 실행되는 것을 확보하기 위해 규정하는 방침 및 절차이다.

④ 정보와 전달

필요한 정보가 식별, 파악 및 처리되어 조직 내외나 관계자에게 적절히 전달되는 것을 확보하는 것이다.

⑤ 모니터링(감시활동)

내부통제의 유효성을 계속적으로 감시 및 평가하는 프로세스이다.

⑥ IT(정보기술)에의 대응

내부통제가 효과적이고 효율적으로 기능하기 위해 업무에 포함되어 있는 일련의 IT에 대해 적절한 방침과 절차를 정해 업무 실시에 적절히 대응하는 것이다.

3. COSO—ERM 프레임워크

(1) COSO—ERM 프레임워크의 제정

COSO는 2001년 프라이스워터하우스 쿠퍼스(Pricewaterhouse Coopers)[27]에 기업조직의 리스크와 기회를 전사적·횡단적·계속적으로 평가·개선해 나가는 프레임워크를 개발하는 프로젝트를 위탁했다. 그 결과 「기업리스크관리: 통합적 프레임워크(Enterprise Risk Management—Integrated Framework, 이하 COSO—ERM)」라는 보고서에 정리되어 2004년 9월에 공표되었다.

「COSO」의 내부통제 프레임워크는 1992년에 공표되었지만, 12년 후인 2004년 9월에 「COSO—ERM」이 공표되었다. COSO의 내부통제 프레임워크와 ERM 프레

---

27 프라이스워터하우스 쿠퍼스(Price waterhouse Coopers)는 런던을 본거지로 하여 세계 151개국에 163,000명의 직원을 보유한 세계 최대 규모의 프로페셔널 서비스 회사이다. 딜로이트 토마츠(DTT: Delotte Touche Tohmatsu), KPMG, 언스트 앤 영(Ernst & Young)과 함께 세계 4대 회계사무소(Big 4)의 한 부분을 차지한다.

임워크는 <그림 9>와 같다.

그림 9 COSO의 내부통제 프레임워크와 ERM 프레임워크

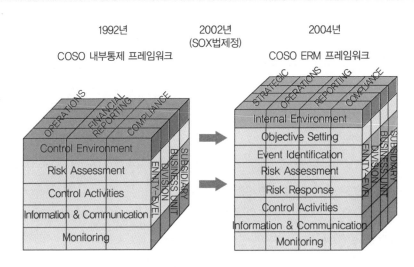

<그림 9>와 같이 1992년의 내부통제 프레임워크는 2002년 SOX법이 제정된 후, COSO에 의해 2004년 ERM 프레임워크로 변경된 것처럼 보인다. 즉, 2002년의 SOX법에 따라 요구되는 내부통제보고서는 2004년 ERM 프레임워크에 따라 작성되어 감사를 받아야 하는지에 대한 의문이 생겼다. 이러한 의문에 대해서, COSO가 홈페이지 「FAQ[28]」에서 이 두 가지는 독립된 것으로 2002년 SOX법에 의해 요구되는 내부통제보고서는 기존의 내부통제체제를 기준으로 작성하면 된다고 설명하고 있다. 즉, COSO-ERM 프레임워크는 내부통제체제를 대체하는 것이 아니라 이를 내포하여 범위를 확대한 것이라는 설명이다.

---

28 「COSO Enterprise Risk Management - Integrated Framework Update Project Frequently Asked Questions (FAQ)」의 8번과 「COSO Internal Control - Integrated Framework Frequently Asked Questions (May 2013)」의 8번 참고.

(2) COSO-ERM의 정의

COSO-ERM 프레임워크 중에서 ERM은 다음과 같이 정의되어 있다.[29]

「ERM은 사업체의 이사회, 경영자, 기타 조직 내 모든 자가 수행하고, 사업체의 전략책정에 적용되어, 사업체 전체에 걸쳐 적용되며, 사업목표 달성에 관한 합리적인 보증을 부여하기 위하여 사업체에 영향을 미치는 발생 가능한 현상을 식별하고 사업체의 리스크선호에 따라 리스크관리를 할 수 있도록 설계된 하나의 프로세스이다.」

ERM의 정의는 다음의 ERM에 대한 견해를 나타내고 있다.

① 계속적인 하나의 프로세스로 사업체를 횡단하는 것이다(A process, ongoing and flowing through an entity).

② 조직의 모든 레벨의 구성원에 의해 영향을 받는다(Effected by people at every level of an organization).

③ 전략설정에 적용된다(Applied in strategy setting).

④ 사업체 레벨의 포트폴리오 리스크의 관점에서 모든 레벨 및 모든 업무 단위에서 기업 전체에 횡단적으로 적용된다(Applied across the enterprise, at every level and unit, and includes taking an entity level portfolio view of risk).

⑤ 그것이 발생할 경우, 사업체에 영향을 줄 가능성이 있는 잠재적인 현상을 식별하고, 사업체의 리스크선호 범위 내에 리스크가 한정되도록 관리하기 위해 설계된 것이다(Designed to identify potential events that, if they occur, will affect the entity and to manage risk within its risk appetite).

⑥ 사업체의 경영자와 이사회에 대해 합리적인 보증을 제공할 수 있다(Able to provide reasonable assurance to an entity's management and board of directors).

⑦ 하나 또는 복수의 독립적인 목표 달성을 지향하는데, 그 목적(카테고리)이 중복되는 경우도 있다(Geared to achievement of objectives in one of more separate but overlapping categories).

---

29 COSO, "Enterprise Risk Management - Integrated Framework", September 2004.

(3) COSO-ERM의 특징

「COSO 내부통제」 프레임워크는 3개의 목적과 5개의 기본적인 구성요소가 있지만, 「COSO-ERM」 프레임워크는 4개의 목적과 8개의 기본적인 구성요소가 있다. 「COSO-ERM」 프레임워크를 내부통제체제와 비교하여 보았을 때, 목적에 「전략」이 추가되고 구성요소에 「목적설정」이 추가되었다. 즉, 「COSO 내부통제」의 3가지 목적은 「업무의 유효성 및 효율성」, 「재무보고의 신뢰성」, 「사업활동과 관련된 법령 등의 준수(컴플라이언스)」이지만, 「COSO-ERM」의 4가지 목적에는 「전략」이 추가되었다. 「COSO 내부통제」의 5가지 구성요소는 「통제환경」, 「리스크의 평가와 대응」, 「통제활동」, 「정보와 전달」, 「모니터링」이지만, 「COSO-ERM」의 8가지 구성요소는 「내부환경」, 「목적의 설정」, 「현상의 식별」, 「리스크평가」, 「리스크 대응」, 「통제활동」, 「정보와 전달」, 「모니터링」이다.

COSO-ERM의 목적과 구성요소의 관계는 <그림 10>과 같다.

그림 10 COSO-ERM의 목적과 구성요소의 관계

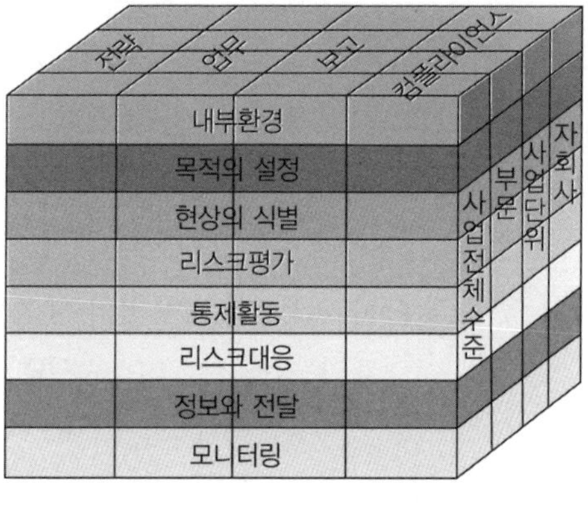

(출처) COSO

「COSO-ERM」 프레임워크는 ERM의 목적과 그 목적달성을 위해 필요한 ERM 구성요소의 관계가 3차원 큐브로 나타나 있다. 4가지 목적은 가로줄로 표시되며 8개 구성요소는 세로줄로, 이들이 실시되는 조직단위는 큐브의 3차원이다.

「COSO 내부통제」는 「재무보고」가 중심이었으나, 「COSO-ERM」은 「관리」가 중심이 되고 있다. 또한 「COSO 내부통제」는 사업목표 달성에 대한 「합리적인 보증」을 제공하는 프로세스이지만, 「COSO－ERM」은 그 「합리적인 보증」과 함께 「리스크관리」를 제공하는 프로세스이다. 「COSO 내부통제」에는 「리스크선호」의 개념이 없지만, 「COSO－ERM」에는 「리스크선호」의 개념이 도입되어 있다.

「COSO 내부통제」에는 「손실발생리스크」만이 검토되지만, 「COSO－ERM」에서는 마이너스 측면인 「손실발생리스크」와 플러스 측면인 「수익획득기회」 양측면이 검토된다. COSO－ERM 프레임워크에서는 「리스크」를 「조직체의 목표달성에 부정적 영향을 미치는 현상이 발생할 가능성」이라고 한정하고, 플러스 영향에 대해서는 「기회(opportunities)」로 구분하고 있다. COSO 내부통제는 「재무보고의 신뢰성」이 주된 목적이지만, COSO－ERM은 「전략」이 주된 목적이 되기 때문에, 전략수행 시 불확실성의 배제가 중요하다. COSO－ERM은 자회사와 해외거점을 포함한 모든 사업 즉, 그룹 전체를 대상으로 한다. 이에 대하여, ERM은 프로세스로 제시하고 있으며, 리스크를 관리하고, 사업체의 목적달성에 합리적인 보증을 주는 것이라고 하고 있다.

COSO－ERM의 특징은 다음과 같다. ①조직에 횡단적으로 적용하는 것으로, 이사회·경영자·종업원 모두가 참여하는 것이다. ②경영이란 불가분의 관계로 기업의 사업목표 달성(기업가치의 증대)을 목적으로 사업전략책정에 이용할 수 있다. ③조직에 영향을 주는 사상(event)을 특정할 수 있다. ④리스크선호 범위 내(Risk Appetite)에서 리스크를 관리한다.

「COSO－ERM」 프레임워크는 4개의 목적 각각에 8개의 구성요소가 존재하며, 그것이 적절히 기능하고 있는 경우 ERM의 4가지 목적의 달성에 대한 합리적인 보증을 기대할 수 있다. 그 결과 사업체의 리스크는 리스크선호의 범위 내에 한정되게 된다.

(4) COSO－ERM 목적의 카테고리

「COSO－ERM」 프레임워크는 달성해야 하는 사업체의 목적을 4개로 구분하고, 기업의 미션과 연동해서 지원하는 높은 수준의 목표인 「전략적 목적」, 자원의 효과적·효율적으로 활용하는 「업무 목적」, 보고의 신뢰성인 「보고 목적」, 「컴플라이언스 목적」으로 하고 있다.

기업의 존재 의의인 미션과 비전이 최상위가 되고, 4개의 목적 중에서 전략적 목적이 가장 고차원에 있다고 여겨진다. 따라서, 전략적 목적과 그 실현을 위한 구체적 전략이 설정된 후에, 업무, 보고, 컴플라이언스에서 관련 목적이 설정된다. 예를 들면, 미션이 고급 가전제품의 최대기업이 되는 것이라고 했을 경우 미션을 달성하기 위한 전략 목적은 시장 점유율의 25%를 차지하는 것이 된다. 이를 위한 전략은 대리점을 늘리는 것 등이며, 이 전략을 실시하기 위해 관련 목적이 설정된다. 「보고」와 「컴플라이언스」라는 두 가지 목적은 사업체 관리의 범위 내 현상에 대한 것이지만, 「전략」 및 「업무」의 목적달성은 외부의 현상에 의존하는 경우도 생각할 수 있다.

(5) COSO-ERM의 구성요소

COSO-ERM은 어느 하나의 구성요소가 다음 구성요소에만 영향을 미치는 연속적인 프로세스가 아니다. ERM은 거의 모든 구성요소가 다른 구성요소에 영향을 주고, 또 그 가능성이 있는 다면적이고 반복적인 프로세스이다.

COSO-ERM의 8가지 구성요소는 다음과 같다.

① 내부환경(Internal Environment)

내부환경은 리스크관리의 사고방식·리스크선호·성실성·윤리관, 그리고 구성원이 놓인 업무환경 등 사업체의 구성원이 리스크를 어떻게 파악하고 대처할지에 관한 기초를 구축한다.

② 목적 설정(Objective Setting)

COSO-ERM에 의해 달성되어야 할 목적을 명확히 하는 것으로, 경영 목적이나 사업 목적, 전략 목적 등이 해당한다. ERM은 선택된 목적이 사업체의 미션의 방향성과 일치하고, 사업체의 리스크선호와도 정합성이 취해지고 있음을 보증하는 것이다.

③ 현상의 식별(Event Identification)

목적달성에 영향을 미치는 현상은 리스크와 사업기회를 식별해야 한다. 사업기회는 경영자의 전략과 목적 설정 프로세스에 피드백된다.

④ 리스크어세스먼트(Risk Assessment)

리스크의 발생가능성과 영향도를 고려하며 분석한다. 리스크는 고유 베이스와 잔여 기준으로 평가된다.

⑤ 리스크대응(Risk Response)

리스크의 회피·수용, 저감 및 공유 등의 리스크대응책을 선택하는 활동이지만 사업체의 리스크수용도 및 리스크선호와 리스크와의 방향성이 일치하는 선택을 한다.

⑥ 통제활동(Control Activities)

리스크대응이 효율적으로 실행되는 것을 보증하기 위해 방침과 절차가 설정되어 실시된다.

⑦ 정보와 전달(Information and Communication)

관련된 정보가 인식, 포착되고 구성원이 자신들의 실행 책임을 수행할 수 있는 형식과 시간으로 전달된다. 넓은 의미에서 유효한 커뮤니케이션은 사업체 위에서 아래로, 수평으로, 아래에서 위로 어떤 방향으로나 흐르는 것이다.

⑧ 모니터링(Monitoring)

ERM 전체는 모니터링에 의해 필요에 따라 수정되고 있다. 모니터링은 계속적인 경영활동, 독립된 평가, 혹은 그 양쪽에서 수행된다.

(6) COSO-ERM의 유효성과 한계

COSO-ERM의 유효성 판단은 8가지 구성요소가 존재하고 적절하게 기능하고 있는지를 바탕으로 이루어진다. 따라서 구성요소의 존재는 유효한 ERM의 판단의 제1단계의 중요기준이 된다. 구성요소가 존재하여 적절히 기능하는 경우, 리스크는 사업체의 리스크선호의 범위 내에 수용될 것이 기대된다. 8개의 구성요소는 모든 사업체 안에서 동일하게 기능한다고는 할 수 없지만, 각각의 구성요소가 존재하고 적절히 기능한다면 소규모 사업체라도 효과적인 ERM을 실시할 수 있다.

한편, COSO-ERM의 한계는 다음의 요인에 기인한다. 이는 이사회나 경영자가 사업체의 목표 달성에 보증을 가지는 것을 저해하는 것이다. ①의사결정에 있어서 인위적 판단에 잘못이 존재할 가능성, ②리스크대응의 선택은 비용과 이익을 고려하지 않을 수 없는 현실, ③인간의 오류나 실수와 같은 인적실패에 기인하는 한계, ④2인 또는 그 이상의 사람이 공모하여 통제절차를 피할 수 있는 가능성, ⑤ 경영자는 ERM의 의사결정을 무시할 수 있다는 것이다.

4. COSO−ERM(2017)

(1) COSO−ERM(2017)의 개요

COSO는 2017년 9월 6일, 2004년에 발표한 ERM 프레임워크의 개정판을 공표했다.[30] 개정의 이유는 기술의 진전과 비즈니스의 글로벌화가 진전되고, 리스크가 다양화·복잡화되며, 새로운 리스크가 발생하고 있기 때문에 이에 대응하기 위해서라고 제시하고 있다. 한편 COSO−ERM(2004) 프레임워크는 리스크관리에 관한 글로벌 표준의 하나로서 제시 및 정착하지 못하였다. 그 배경에는 ERM에 관한 다양한 오해가 있었기 때문이라고 한다. 구체적으로는 ①ERM은 기능과 부문이다. ②ERM이란 리스크를 일람화하는 것이다. ③ERM은 내부통제를 대상으로 하는 것이다. ④ERM은 체크리스트이다. ⑤ERM은 중소규모의 조직에는 적용할 수 없다. 등의 오해로 경영자 등으로부터 도외시되었다.

COSO−ERM(2017)에서 ERM은 「조직 가치의 창조·유지·실현을 위한 전략 책정 및 실행과 일체화된 문화, 능력, 실무」라고 정의되어 있다. 그러나, COSO−ERM(2004)에서 ERM은 「하나의 프로세스」라고 정의되고 있었다. 즉, COSO−ERM(2017)에서는 ERM의 개념이 「프로세스」에서 「문화, 능력, 실무」로 크게 확대되었다.

또한 COSO−ERM(2017)은 경영전략책정의 흐름 위에 ERM의 프레임워크를 제시하고 있어 리스크, 전략, 퍼포먼스의 관련성을 보다 명확하게 하기 위하여

---

30 2013년 「내부통제 프레임워크」의 20년만의 개정에 따라, 후속 프로젝트로서 「ERM 프레임워크」에 대한 개정이 이루어졌다. COSO로부터 위탁 받은 PwC의 프로젝트 팀이 중심이 되어 개정 작업을 실시하여 2016년 6월에 공개 초안을 공표하고, 그 후 퍼블릭 코멘트(Public Comment) 등에서 받은 지적을 반영하는 형태로 2017년 9월에 개정판이 공표되었다.

<그림 11>과 같이 도식화되고 있다.

그림 11 ERM의 기초(전략의 자리매김)(COSO-ERM 2017)

(출처) COSO 『Enterprise Risk Management - Integrating with Strategy and Performance』
(2017년 6월)

COSO-ERM(2017)은 세 가지 다른 관점에서 전략이 검토되고 있다. 첫째, 전략, 사업목표가 미션, 비전, 핵심가치에 합치하지 않을 가능성이다. 미션은 사업체의 핵심 목적이며, 사업체가 달성하고자 하는 사항과 사업체의 존재 의의를 명확히 하는 것이다. 비전은 사업체가 장기적으로 달성하려는 목표다. 핵심가치는 조직의 행동에 영향을 미치는 선악이나 허용할 수 있는 것과 할 수 없는 것에 관한 사업체의 신조나 이념이다. 둘째, 선택된 전략에 의한 영향이다. 선택한 전략에는 그 선택안 고유의 위험이 내포되어 있다. 셋째, 전략을 실행하는 리스크이다. 이들 경영전략책정의 흐름을 「ERM의 기초」로 하고, 그 위에 ERM의 프레임워크를 구성하고 있다.

ERM 프레임워크는 5개의 구성요소와 20개의 원칙에 의해 형성되고 있다. <그림 12>는 구성요소 및 구성요소와 사업체의 미션, 비전 및 핵심가치와의 관계를 나타내고 있다. 전략과 목표 설정, 퍼포먼스 및 리뷰와 수정의 3가지 리본은 공통 프로세스를 나타내고 있다. 「지배구조 및 문화」, 「정보, 커뮤니케이션 및 보고」의 2가지 리본은 ERM의 지원 역할을 담당하고 있는 것이다.

그림 12 COSO-ERM(2017) 프레임워크

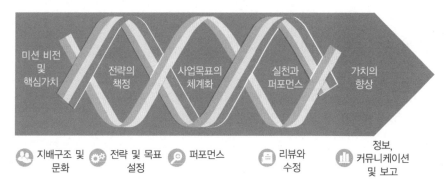

(출처) COSO 『Enterprise Risk Management - Integrating with Strategy and Performance』
(2017년 6월)

<그림 12>에서 ERM은 전략의 책정, 사업목표의 체계화, 실천과 퍼포먼스가
일관되게 통합될 때 가치 향상을 달성할 수 있음을 보여준다.

5개의 구성요소는 다음과 같다.

① 지배구조 및 문화(Gorvernance & Culture)

지배구조 및 문화는 ERM 외의 모든 구성요소의 기초가 된다. 지배구조는 ERM
의 중요성을 강조하고 그 감독 책임을 확립한다. 문화는 의사결정에 반영된다.

② 전략 및 목표 설정(Strateage & Objective-Setting)

ERM은 전략과 사업목표 책정을 통해 사업체 전략계획으로 통합된다. 조직체는
전략책정과 함께 리스크선호를 설정한다.

③ 퍼포먼스(Performance)

조직이 선택한 전략을 수행하는 데 있어서 그 목표달성에 영향을 미치는 리스
크관리의 중심적인 프로세스인 「리스크특정」, 「리스크분석」, 「리스크평가」, 「리스
크대응」이 이루어진다.

④ 리뷰와 수정(Review & Revision)

리스크관리활동이 적절히 이루어지고 있는지, 기대한 효과를 발휘하고 있는지, 전략책정 시와 목표·계획 책정 시, 리스크평가 실시 때부터 상황이 변화하고 있지 않은지 등의 리뷰와 재검토가 이루어진다.

⑤ 정보, 커뮤니케이션 및 보고(Information, Communication & Reporting)

사업체 전체를 통해 정보를 수집하고 공유한다.

5가지 구성 요소 중에는 <그림 13>에서 제시하는 20가지 원칙이 있다.

그림 13 리스크관리의 원칙(COSO-ERM 2017)

 지배구조 및 문화　 전략 및 목표 설정　 퍼포먼스　 리뷰와 수정　 정부 커뮤니케이션 및 보고

| 1. 이사리스크 감시
2. 운영체제 확립
3. 바람직한 문화의 정의
4. 핵심가치에 대한 커미트먼트 표명
5. 우수인재에게 만족감 부여 | 6. 사업환경 분석
7. 리스크선호의 정의
8. 대체전략의 평가
9. 사업목표의 설정 | 10. 리스크의 특정
11. 리스크의 중요도 평가
12. 리스크의 우선순위 부여
13. 리스크대응실시
14. 포트폴리오 리뷰의 작성 | 15. 실질적 변화의 평가
16. 리스크와 퍼포먼스의 리뷰
17. ERM의 개선 추구 | 18. 정보 및 기술의 유효 활용
19. 리스크 정보의 전달
20. 리스크와 문화, 퍼포먼스의 보고 |

(출처) COSO 『Enterprise Risk Management - Integrating with Strategy and Performance』
(2017년 6월)

이들 원칙은 각 구성요소와 관련된 기본 개념을 제시하고 있으며, ERM의 실무에서 다뤄지는 내용이 기재되어 있다.

(2) COSO-ERM(2017) 주요개정내용

① 「리스크」의 정의

COSO-ERM(2004) 프레임워크에서는 리스크를 「조직의 목적달성에 부정적인 영향을 주는 것」으로 정의하고 이벤트(현상)로 표기하고 있다. 이 이벤트를 마이너

스 영향을 미치는 현상을 「리스크」, 플러스 영향을 주는 현상을 「기회(opportunity)」로 구분했다. 한편, COSO−ERM(2017) 프레임워크에서는 이벤트(현상)라는 단어를 사용하지 않고 플러스 영향을 주는 「기회」와 마이너스 영향을 미치는 「리스크」를 총칭하여 「리스크」라고 칭하고 있다. 또한 리스크란 「사업전략 및 비즈니스 목표 달성에 영향을 주는 불확실성」이라고 제시하고 있다. COSO−ERM(2017)은 리스크관리의 국제규격인 ISO 31000에 보조를 맞춘 것으로 보인다.

② 리스크를 「전략」과 「퍼포먼스」와 통합

ERM의 프레임워크 제목은 「Enterprise Risk Management−Integrating with Strategy and Performance(전사적리스크관리−전략과 퍼포먼스와의 통합)」이며, ERM은 전략 및 퍼포먼스와 일체적이라는 것이 강조되고 있다. COSO−ERM(2017) 프레임워크는 전략책정 시나 일상업무에서도 리스크와 관련지어 의사결정을 하는 것이 의미 있다는 것과 목표로 하는 퍼포먼스를 달성하기 위해서는 어느 정도의 리스크가 있는지를 파악하고, 그 중 얼마나 리스크를 취할 수 있는지를 결정하는 것이라고 설명하고 있다.

또한 COSO 내부통제는 법률에 의해서 실시가 요청되는 것이기 때문에 법률준수를 위해 실시되는 것을 전제로 하고 있고 COSO−ERM(2017)은 조직의 가치 창출이나 유지·향상에 중점을 두고 있다.

③ 5개의 구성요소와 20의 원칙

COSO−ERM(2004) 체제에서 ERM은 8개의 상호 관련 구성요소(내부환경, 목적의 설정, 현상의 식별, 리스크평가, 리스크대응, 통제활동, 정보와 전달, 모니터링)로 구성되며, 내부통제 프레임워크인 COSO 큐브(정육면체)를 본 따 COSO−ERM 큐브로서 도식화되고 있다.

한편, COSO−ERM(2017) 프레임워크는 구성요소 자체가 재검토되어, 5개의 서로 관련된 구성요소(지배구조 및 문화, 전략 및 목표설정, 퍼포먼스(실행), 리뷰와 수정, 정보, 커뮤니케이션 및 보고)로 구성되며, COSO−ERM큐브에 의한 도식화는 폐지되었다.

COSO−ERM(2004) 및 COSO−ERM(2017)의 구성요소 비교는 <표 9>와 같다.

표 9 COSO-ERM(2004) 및 COSO-ERM(2017)의 구성요소 비교

COSO-ERM(2004)의 8요소	COSO-ERM(2017)의 5요소
내부 환경	지배구조 및 문화
목적의 설정	전략 및 목표 설정
현상의 식별	퍼포먼스(실행)
리스크평가	
리스크대응	
통제활동	COSO 내부통제 실시에 대한 전제가 되므로 생략
정보와 전달	정보, 커뮤니케이션 및 보고
모니터링	리뷰 및 수정

(출처) 각종 자료를 참고하여 작성

ERM과 비즈니스실행의 통합에 의해 개선된 정보, 의사결정과 강화된 퍼포먼스(실행)로 이어진다. 가치에 초점을 맞추고 가치를 창조하고, 유지하고, 실현한다.

COSO-ERM(2017)에서는 프레임워크를 보여주는 방법이 크게 변경되었다. COSO-ERM(2004)은 루빅큐브와 같은 6면체(3차원)에서 프레임워크의 구성요소를 표현하고 있다. 즉, ERM의 활동 목적을 1차원으로 하고, 구체적인 8가지 요소를 2차원으로 하며, 이들을 실시하는 조직단위를 3차원의 축으로 하여 프레임워크 전체를 표현하고 있다. 그러나, COSO-ERM(2017)은 다면체의 프레임워크가 생략되고 「ERM의 기초(전략의 자리매김)+5가지 요소+20개 원칙」으로 변경되었다.

④ 리스크수용력

새롭게 「리스크수용력(Risk Capacity)」이라는 용어가 사용되게 되었다. 리스크수용도(≒한계점)란 조직이 취할 수 있는 리스크 총량의 한계치를 가리킨다.

리스크프로파일(Risk Profiles)(≒참고정보)이란 리스크를 어디까지 취할 것인지 판단하기 위한 참고정보로 퍼포먼스와 그 퍼포먼스를 목표로 할 때 생기는 리스크 총량의 관계성을 나타낸 것이다. 리스크선호(Risk Appetite)는 리스크프로파일과 리스크수용력을 기반으로 조직이 리스크에 관해 설정하는 목표치로, 조직이 어디까지 리스크를 취할 것인지 나타내는 것이다. 리스크선호는 직역하면 「리스

크에 대한 식욕(욕구)」이며, 「조직이 얼마나 리스크에 대한 식욕(욕구)이 있는지」
라는 의미가 된다. 즉 「High Risk, High Return」의 자세로 임할 것인가 「Low
Risk, Low Return」의 자세로 임할 것인가를 의미하고 있기 때문에 「리스크선호」
라고 번역된다.

리스크프로파일, 리스크선호, 리스크수용도의 관계는 <그림 14>와 같다.

그림 14 리스크프로파일, 리스크선호, 리스크수용력의 관계

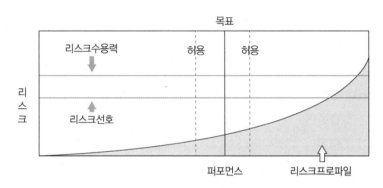

(출처) COSO 『Enterprise Risk Management-Integrating with Strategy and Performance』
(2017년 6월)

COSO-ERM(2017)은 리스크와 퍼포먼스(Performance)를 적극적으로 관리하
고, 전략 달성을 가능하게 하며, 리스크가 퍼포먼스에 어떻게 통합되고 있는지에
초점을 맞추고 있다. 퍼포먼스의 불균형에 대한 허용차이를 검토하지만, 개별적
인 리스크로서가 아닌 전략과 비즈니스 목표를 달성한다는 관점에서 리스크를 관
리한다.

(3) COSO-ERM(2017) 내부통제와의 관계

COSO-ERM(2017)은 내부통제 프레임워크와 보완적인 체계를 갖추고 있다.
양쪽 다 요소와 원리의 구조를 사용하고 있지만, COSO-ERM(2017)은 양쪽 모두
에 공통되는 내용은 규정되어 있지 않다. COSO-ERM(2017)과 COSO 내부통제
의 가장 큰 차이는 그 목적에 있다. COSO 내부통제는 오로지 그 목적을 「법규제
의 준수」에 두고 있지만, COSO-ERM(2017)은 「조직의 가치창출·유지·향상」에

두고 있다. 예를 들면, COSO-ERM(2017)에서는 「리스크선호의 결정」과 「조직의 전략책정과 목표설정」에 대한 설명이 등장하지만, COSO 내부통제에는 등장하지 않는다. 「법규제의 준수」를 목적으로 하는 COSO 내부통제에는 「그러한 활동은 당연히 실행되고 있는 것」이라고 하는 입장에서 활동범위(Scope)로 부터 제외되고 있다.

반대로 양쪽 가이드라인에 공통되는 항목도 있다. 완전한 공통사항은 가이드라인 이용자의 혼란을 피하기 위하여, COSO 내부통제를 우선하는 것으로 하고 COSO-ERM(2017)에서는 생략되어 있다. 구체적으로 COSO 내부통제에 등장하는 「통제활동」이 이에 해당한다. 또한 「통제활동」이란 결정된 통제를 도입·정착화하기 위한 활동을 말하며, 예를 들어, 방침이나 절차서의 작성, 이들에 기초한 업무의 수행 등을 들 수 있다. 공통사항인 동시에, COSO 내부통제로 중시하고 있는 테마에 대해서는 동 가이드라인에서 보다 상세한 설명이 이루어지고 있다. 구체적으로는 전술했던 「거버넌스와 문화」, 「리뷰와 수정」, 「정보, 커뮤니케이션 및 보고」 등이 해당된다. COSO-ERM(2017)과 COSO 내부통제는 어느 하나만 있으면 모든 것을 커버할 수 있다는 것이 아니라 필요에 따라 두 가이드라인을 구분해 사용할 것이 요구된다.

제5장
ISO RM 프레임워크

리스크관리의 국제규격으로서 ISO에 의한 리스크관리의 프레임워크가 발표되었다. 본 장에서는 ISO 31000을 중심으로 리스크관리의 프레임워크에 대해 개설한다.

1. ISO 조직과 리스크관리 규격

ISO(International Organization for Standardization: 국제표준화기구)는 스위스 제네바에 본부를 둔 민간 비정부 조직의 국제기관으로 1947년에 발족하여 전기분야를 제외한 모든 분야에서 국제규격 또는 표준을 제정하고 있다. 각국의 한 기관만 참가할 수 있고 일본은 일본공업규격(JIS)[31]의 조사·심의를 실시하고 있는 일본공업표준조사회(JISC)[32]가 1952년 가입했다.

ISO 규격은 품질관리시스템 규격 ISO 9000시리즈와 환경관리시스템 규격 ISO 14000시리즈 등이 있다. ISO 9000시리즈는 제품의 설계·제조로부터 검사까지의 품질관리시스템의 인증이며, ISO 14000시리즈 중 환경관리시스템 규격(EMS: Environmental Management Systems)의 구축을 요구한 규격이 ISO 14001이다.

또한 리스크관리 규격으로 2009년 11월 15일 ISO 31000 「리스크관리원칙 및 지침(ISO 31000: 2009 Risk management−Principles and guidelines)」과 리스크관리 용어의 정의집인 ISO Guide73이 발표되었다. ISO 31000은 일본·호주·뉴질

---

31 JIS(Japanese Industrial Standards: 일본공업규격)는 공업표준화의 촉진을 목적으로 하는 공업표준화법(1949)에 근거하여 제정되는 국가규격이다.

32 일본공업표준조사회(JISC: Japanese Industrial Standards Committee)는 공업표준화법(1949년 6월 1일 법률 제185호) 제3조 제1항의 규정에 의해 경제산업성에 설치되는 심의회이다.

랜드·영국 등에서 사용되고 있던 리스크관리 규격을 기본으로 작성되었다. ISO 31000의 발행에 이어서, 2010년 9월 21일 RM시스템 규격 JIS Q 31000 「리스크관리원칙 및 지침」이 제정되었다.[33] 또한 2018년 2월 ISO 31000 제2판인 「ISO 31000 리스크관리지침(ISO 31000: 2018 Risk management Guidelines)」이 발행되었다. ISO 31000: 2018은 큰 틀에서 ISO 31000: 2009와 큰 차이는 없지만 용어를 알기 쉽게 하고, 감독기관과 최고관리자의 책임을 명확히 하며, 거버넌스를 강화하고 있다.

ISO 31000: 2018은 모든 조직의 모든 리스크를 대상으로 하는 리스크관리의 가이드라인(Guidelines) 즉, 지침이다. 지침은 실천하는 것이 바람직한 사항으로 반드시 실천해야 하는 기준 또는 사양과 달리 참고서의 의미를 갖는다.

2. 리스크와 리스크관리의 정의

ISO 31000: 2018에서 「리스크」는 「여러 목적에 대한 불확실성의 영향(Effect of Uncertainty on Objectives)」으로 정의되어 있다. 그 결과 바람직하지 않은 (Negative) 영향을 초래할 리스크뿐 아니라 바람직한(Positive) 영향을 초래할 리스크도 리스크관리의 대상에 포함된다.[34] 그 결과 리스크의 정의에는 순수리스크에 더해 투기적리스크도 포함된다.

ISO 31000에서 리스크의 정의는 바람직하지 않은 영향뿐 아니라 바람직한 영향도 포함시킴으로써 ISO 31000을 투기적리스크가 포함되는 경영 전반에 적용할 수 있도록 했다. 만일 리스크의 정의를 바람직하지 않은 영향에만 한정하고 있는 경우 리스크관리는 순수리스크를 대상으로 하는 방재활동이나 안전활동 등에 한정

---

33 1995년 1월의 한신·아와지 대지진을 계기로 설치된 「위기관리시스템 규격 검토위원회」와 의 계속성이 있는 「리스크관리 규격위원회」에 의해 위기관리에서 리스크관리로 적용범위의 개념이 확대되었다. 이에 따라 광범위한 리스크관리의 가이드라인이 되는 「JIS Q 2001 리스크관리시스템 구축을 위한 지침」이 2001년 3월에 제정되었다. JIS Q 31000의 발효에 따라 JIS Q 2001은 폐지되었다.

34 ISO/IEC Guide 73:2002에서 리스크는 「현상의 발생확률과 현상의 결과 조합(combination of the probability of an event and its consequence)」이며, 바람직하지 않은 결과를 얻을 가능성으로서 여겨졌다.

되게 된다. 또한, 「여러 목적에 대한 불확실성의 영향」이란 리스크를 조직의 목표 달성에 영향을 미치는 요소로서 파악하고 있는 것으로 그것에 의해 리스크관리를 조직의 목표달성을 지원하는 것으로서 자리매김하고 있다.

한편 리스크를 「여러 목적에 대한 불확실성의 영향」으로 인식하고 있기 때문에 ISO 31000에 의한 리스크관리의 범위는 리스크대응을 위한 사전활동으로 한정되며 리스크가 표면화된 후의 대응인 위기관리(긴급 시의 대응)와 사업계속관리(BCM) 등에 대해서는 ISO 31000: 2018의 적용 범위에서 제외되었다.

ISO 31000: 2018은 불확실한 상황에서 의사결정 방향과 경영진의 책무에 중점을 두었다. 또한 한정된 지식범위 내에서 효율적으로 의사결정을 하는 데 역점을 두었다. 경영진의 리더십은 조직의 거버넌스를 비롯한 조직 전체의 활동에 대해 리스크관리를 철저히 포함시킬 책무가 있다고 했다.

한편 ISO 31000에서 리스크관리의 정의는 종전처럼 「리스크에 대해 조직을 지휘 통제하기 위한 조정된 활동(Coordinated activities to direct and controlan organization with regard to risk)」으로 되어 있다. 리스크관리는 개인의 활동에도 적용할 수 있으나, ISO 31000은 조직의 활동에 적용되는 것을 권장하고 있다.

ISO 31000에서 ERM의 정의는 제시되어 있지 않으며, 리스크관리를 모든 단계에 적용할 수 있는 규격으로 만들었다. 따라서 이 규격을 기업의 모든 조직과 리스크에 적용함으로써 ERM 체제 구축이 가능해진다.

COSO-ERM은 사업체 전체의 리스크관리를 목적으로 하고 있지만, ISO 31000은 조직체의 어느 수준·규모라도 적용 가능한 리스크관리의 프레임워크를 나타내고 있다. 또한 ISO 31000은 어디까지나 리스크관리에 관한 가이드라인으로 인증을 목적으로 한 것은 아니다. ISO 31000은 그 이념과 기법을 각 조직의 사정에 따라 탄력적으로 응용해서 이용해야 한다고 기술되어 있다.

3. ISO 31000의 체계

ISO 31000은 일반적인 개념의 제공을 의도하고 있으며, 특정 분야에의 적용이나 인증 등에 의한 규격내용 적용에 강제성은 없다. ISO 31000은 「프레임워크」와 이를 실시하기 위한 범용적인 「프로세스」가 제시되어 있다.

ISO 31000에서 「원칙(Principles)」, 「프레임워크(Framework)」와 「프로세스 (Process)」는 <그림 15>와 같다.

그림 15 「원칙(Principles)」, 「프레임워크(Framework)」와 「프로세스(Process)」 (ISO 31000: 2018)

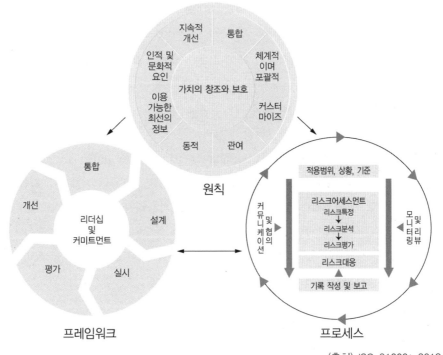

(출처) ISO 31000: 2018

「원칙」은 리스크관리를 어떤 조직에서 실시하는 경우에도 준수해야 하는 사항을 제시한 방침과 같은 것이다. ISO 31000: 2018은 <그림 15>에 제시되어 있는 바와 같이 8개의 원칙이 있다.

프레임워크는 원칙에 따라 프로세스를 효과적으로 관리하기 위한 운영관리체계로, 조직전체 리스크관리의 통합, 프레임워크의 설계, 리스크관리의 실시, 프레임워크의 평가 및 개선으로 구성되어 있다.

프레임워크의 목적은 조직이 리스크관리를 중요한 활동 및 기능에 통합하는 것을 지원하는 것이다. 리스크관리의 유효성은 의사결정을 포함한 조직의 거버넌스

통합에 따라 다르다.

프로세스는 프레임워크 하에서 조직으로서 일상의 반복적 활동이지만, 기업활동의 의사결정에 적용할 수도 있다. 이 과정은 기업의 각 계층에 적용할 수 있으며, 기업 그룹 전체에 적용할 경우 ERM이 된다.

「프레임워크」는 「프로세스」가 조직의 경영이념이나 미션 또는 중장기 목표 등의 목적과 일치하도록 설계, 도입·재검토하는 활동을 말한다. 프로세스는 리스크관리실시에 관한 것으로 「적용범위, 상황, 기준」, 리스크어세스먼트(리스크특정, 리스크분석, 리스크평가), 리스크대응, 모니터링 및 리뷰, 커뮤니케이션 및 협의, 기록 작성 및 보고를 포함하고 있다.

여기서 「프로세스」는 조직에 의해서 단일의 경우도 있지만, 복수의 경우도 있다. 조직에 따라서는 리스크의 종류를 나누지 않고 하나의 프로세스를 갖는 경우도 있지만, 품질리스크나 환경리스크, 사업계속리스크, 재무리스크와 같이 리스크의 종류별로 다른 프로세스를 가지는 경우도 생각할 수 있다.

4. 원칙(ISO 31000: 2018)

ISO 31000: 2018에서 「원칙」은 리스크관리를 효과적으로 하기 위해 조직이 준수해야 하는 8가지 사항이 기재되어 있다. 리스크관리의 목적은 가치의 창조와 보호이다. 그것은 퍼포먼스를 개선하고 혁신을 장려하며 목표 달성을 지원한다. 여기에 규정되는 원칙은 효과적이고 효율적인 리스크관리의 특성, 가치의 전달, 의도와 목적의 설명에 관한 가이드라인을 제공하고 있다. 원칙은 리스크관리의 기초이며, 조직의 리스크관리 프레임워크와 프로세스를 확립할 때 참조할 필요가 있다. 이들 원칙은 조직이 그 목적에 관한 불확실한 영향에 대처할 수 있도록 해야 한다.

RM의 원칙(Principles)(ISO 31000: 2018)은 <그림 16>과 같다.

그림 16 RM의 원칙(Principles)(ISO 31000: 2018)

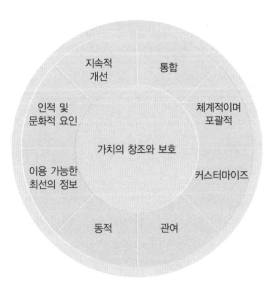

(출처) ISO 31000: 2018

효과적인 리스크관리를 위해서는 다음과 같은 요소가 필요하다.

① 통합(Integrated)
리스크관리는 모든 조직활동의 불가결한 부분이다.

② 체계화와 포괄적(Structured and Comprehensive)
체계화되어 있고 포괄적인 리스크관리는 지속적이고 비교 가능한 결과에 공헌
한다.

③ 커스터마이즈(Custermized)
리스크관리 프레임워크와 프로세스는 그 목적과 관련하여 조직의 외부 및 내부
상황에 맞추어 커스터마이즈되고 조정된다.

④ 관여(Inclusive)
이해관계자의 적절하고 시의적절한 관여는 그들의 지식, 견해 및 인식을 고려할

수 있게 한다. 그 결과, 의식의 향상과 정보에 근거한 리스크관리가 가능해진다.

⑤ 동적(Dynamic)

조직의 외부 및 내부 상황이 변화하면 리스크가 발생, 변화 또는 소멸될 가능성이 있다. 리스크관리는 이러한 변화나 현상을 적절하고 시의적절한 방법으로 예측, 검출, 인식하고 대응한다.

⑥ 이용 가능한 최선의 정보(Best Available Information)

리스크관리에 대한 투입(Input)은 과거 및 현재의 정보 및 장래의 예측에 근거하고 있다. 리스크관리는 그러한 정보 및 예측과 관련된 모든 제한 및 불확실성을 명시적으로 고려한다. 관련된 이해관계자가 정보를 적절한 시기에 명확하게 입수할 수 있도록 할 필요가 있다.

⑦ 인간 및 문화의 요인(Human and Cultural Factors)

인간의 행동과 문화는 각 수준과 단계의 리스크관리 모든 측면에 크게 영향을 미친다.

⑧ 계속적 개선(Continual Improvement)

리스크관리는 학습과 경험을 통해 계속적으로 개선된다.

5. 프레임워크(ISO 31000: 2018)

ISO 31000에서 리스크관리 프레임워크는 다음과 같은 특징이 있다. 첫째, 조직의 경영자에 의한 리더십 및 커미트먼트(Commitment) 하에 리스크관리 프레임워크가 설계되었다. 둘째, 이 프레임워크 하에서 프로세스가 실천된다. 셋째, 프레임워크에는 리스크관리의 유효성을 평가하고 그 결과에 기초하여 프레임워크를 지속적으로 개선하는 PDCA의 기능을 갖추고 있다. 또한 리스크관리 프레임워크는 조직 내에서 전체적인 경영과 독립된 것이 아닌 다른 경영시스템과의 통합을 돕는 것이라고 제시하고 있다.

RM의 프레임워크(ISO 31000: 2018)는 <그림 17>과 같다.

그림 17   RM의 프레임워크(ISO 31000: 2018)

(출처) ISO 31000: 2018

리더십 및 커미트먼트(Commitment)는 이사나 최고경영진(예: 사장 등)의 책임이 기재되어 있다. 구판(ISO 31000: 2009)에서는 주어가 최고경영진이었지만, 2판에서는 「감독기관」이라는 단어가 주어에 추가되어 있다. 이는 예를 들면, 리스크관리 대처방침이나 역할·권한·설명책임(Accountability)의 확립 책임을 이사와 최고경영진이 갖도록 요구하고 있다. 리더십 및 커미트먼트에서 최고경영진 및 감독기관은 리스크관리가 모든 조직활동에 통합되어 있음을 인식하고 실시할 필요가 있다. 최고경영자는 리스크관리에 대해 책임을 지고 감독기관은 리스크관리를 감독하는 책임을 진다.

통합(Integration)에서는 조직의 리스크관리활동을 지배구조나 전략책정, 전략수행, 문화 등과 일체화시킬 것이 요구된다. 설계(Design)에서는 리스크관리 전체의 대처방침이나 체제·역할·책임, 커뮤니케이션·협의규칙과 리스크관리 프로세스 등을 적절히 고려할 필요가 있다.

실시(Implementation)는 설계에서 결정된 리스크관리 프로세스가 조직에 확실

히 도입되어 운용되도록 요구된다. 평가(Evaluation)와 개선(Improvement)에서는
프레임워크에서 각종 활동이 경영이념과 미션, 중장기 목표와 계획 등의 프레임워
크의 목표 달성에 도움이 되는가(유효성)를 평가하고 개선할 필요가 있다.

　이 프레임워크는 경영에 있어서 PDCA의 지속적인 개선 방식을 도입하고 있다.
이 PDCA 사이클(Plan-Do-Check-Act Cycle)은 제2차 대전 후에 품질관리를 구축
한 월터 슈하트(Walter A. Shewart), 에드워즈 데밍(W. Edwards Deming) 등에
의해 제창된 것이다.

　Plan(계획): 종래의 실적과 장래의 예측 등을 기초로 하여 업무계획 작성
　Do(실시 · 실행): 계획에 따라 업무
　Check(점검 · 평가): 업무 실시가 계획에 부합하는지를 확인
　Act(조치 · 개선): 실시가 계획에 따르지 않는 부분을 조사하고 조치
　이 나선형의 구조를 스파이럴 업(Spiral up)이라고 부른다.

그림 18 PDCA 사이클

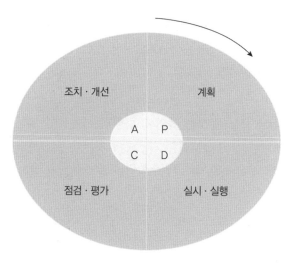

(출처) 각종 자료를 참고하여 작성

6. 프로세스(ISO 31000: 2018)

리스크관리 프로세스는 서로 다른 수준(예를 들어, 전략적, 업무, 프로그램, 프로젝트, 또는 기타활동)에 적용하기 때문에 고려해야 하는 관련 목표와 조직 목적과의 정합성을 명확히 하는 것이 요구된다.

「적용범위, 상황, 기준(Scope, Context, Criteria)」을 확립하는 목적은 리스크관리 프로세스를 커스터마이즈하고 효과적인 리스크어세스먼트와 적절한 리스크대응을 가능하게 하는 것이다. 적용범위에서는 리스크관리활동의 범위가 정의된다.

상황은 조직이 목적을 달성하려고 하는 국내외 환경으로 외부 상황(법률, 규제내용, 외부 이해관계자 요구, 사회·문화·경제 등 외부 환경 등), 조직 내부 상황(조직 구성, 역할과 책임, 투입할 수 있는 경영자원, 채택 또는 준거해야 할 규격과 규칙 등) 등의 설정이 포함된다.

리스크기준(Risk Criteria)은 다음 단계의 프로세스인 리스크어세스먼트의 실시자에 따라 리스크평가에 큰 차이가 나지 않도록 미리 설정되는 판단 지표를 말한다. 조직은 목표와 비교하여 수용되는 리스크의 양과 종류를 지정할 필요가 있으며, 리스크의 중요성을 평가하고, 의사결정 프로세스를 지원하기 위한 기준을 정해야 한다. 리스크기준은 리스크관리의 프레임워크와 정합하여 검토 중인 활동의 특정한 목적과 범위에 맞추어 커스터마이즈되어야 한다.

「리스크어세스먼트(Risk Assessment)」는 「리스크특정(Risk Identification)」, 「리스크분석(Risk Analysis)」, 「리스크평가(Risk Evaluation)」 등 3가지가 포함된다. 리스크특정은 조직의 목표 달성을 돕거나 방해할 가능성이 있는 리스크를 발견, 인식, 기술하는 것이며, 리스크분석은 리스크의 수준을 포함하여, 리스크의 성질 및 특징을 이해하는 것이다. 또한 리스크평가란 리스크분석 결과를 리스크기준과 비교하여 리스크대응 선택사항의 결정을 위한 기초 데이터를 제공하는 것이다.

RM의 프로세스(ISO 31000: 2018)는 <그림 19>와 같다.

그림 19 RM의 프로세스(ISO 31000: 2018)

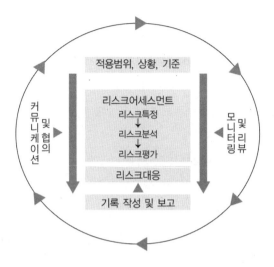

적용범위, 상황, 기준

커뮤니케이션 및 협의

리스크어세스먼트
리스크특정
↓
리스크분석
↓
리스크평가

리스크대응

기록 작성 및 보고

모니터링 및 리뷰

(출처) ISO 31000: 2018

「리스크어세스먼트」의 다음에 「리스크대응(Risk Treatment)」이 이루어진다. 또한 「적용범위, 상황, 기준」, 「리스크어세스먼트」, 「리스크대응」의 각각의 결과가 충분히 효과를 발휘하고 있는지에 대한 계속적인 상황파악·감시 즉, 모니터링을 한 후 책임자와 관계자가 리뷰한다.

「커뮤니케이션 및 협의(Communication and Consultation)」는 리스크에 대한 의식과 이해의 촉진, 의사결정을 증명하기 위한 피드백 및 정보의 입수를 행하기 위한 것이지만 리스크관리 프로세스의 모든 단계에서 설치하도록 요구되고 있다. 이것은 리스크관리 프로세스 전체의 활동을 지탱하는 것이다. 「커뮤니케이션」은 이해관계자로의 정보전달 및 이해관계자와의 정보교환 및 정보공유가 이루어진다. 「협의」는 사외 전문가를 포함하여 과제 해결에 관여하는 모든 사람의 조언과 충고를 받는다. 커뮤니케이션과 협의는 필요에 따라 각 단계에서 실시한다.

「모니터링 및 리뷰(Monitoring and Review)」는 리스크관리 프로세스 그 자체의 유효성을 향상시키기 위하여, 리스크관리 프로세스에 관련된 활동과 그 결과에 대해 모니터링하고 재검토가 이루어진다. 「기록 작성 및 보고(Recording and Reporting)」는 리스크관리 프로세스의 실시결과를 이해관계자에 대한 정보공유와 장래 개선으로 연결시키기 위해 기록에 남기도록 요구된다.

7. ISO 31000의 특징

ISO 31000의 특징은 다음과 같다.

첫째, ISO 31000은 모든 조직과 리스크에 적용할 수 있음을 목표로 하고 있으며, 모든 조직과 리스크에 대한 리스크관리를 위한 범용적인 리스크관리의 프로세스와 그 프로세스를 효과적으로 운용하기 위한 프레임워크가 제공되고 있다.

둘째, 프레임워크는 조직의 리스크관리 운영에 필요한 요소와 각 요소들의 유기적인 관계가 나타나고 있다.

셋째, 관리의 기본인 PDCA 모델 즉, 계획(Plan), 실시(Do), 감시 · 평가(Check), 시정 · 개선(Act)에 근거하여, 프레임워크와 프로세스 양쪽을 계속적으로 개선해 나가는 체계가 제시되고 있다.

넷째, 일상의 리스크관리에 적용하는 것을 상정하고 있어, 긴급사태 등의 위기관리 등은 그 대상으로 하고 있지 않다.

다섯째, ISO 31000은 어디까지나 리스크관리에 관한 가이드라인으로 인증을 목적으로 한 것은 아니다.

여섯째, ISO 31000에는 <표 10>과 같은 보완규격이 있다.

표 10 ISO 31000의 보완규격

ISO 31010: 2009 리스크어세스먼트 기법	리스크관리의 중요한 프로세스인 리스크어세스먼트 시 이용되는 기법에 대해 소개한 규격
GUIDE73: 2009 리스크관리 용어	리스크관리와 관련된 용어집(수많은 관리 시스템 사이에서 용도가 다른 용어를 통일적으로 정의한 것)
ISO/TR 31004: 2013 (ISO 31000 도입 가이던스)	ISO 31000가 요구하는 사항과 자사의 현황을 비교해 사용하는 방법 · 자사 리스크관리의 기본방향에 대해서 수정이 필요한 부분의 특정과 수정실시의 준비와 준비계획책정의 방법 · 자사 리스크관리가 기능 시, 계속적 개선을 도모할 수 있도록 하기 위한 모니터링과 리뷰의 방법
ISO/WD 31022: 전사적 법규제 리스크관리의 도입 가이드라인	책정 중

(출처) 각종 자료를 참고하여 작성

제6장
리스크어세스먼트

리스크관리프로세스의 핵심은 리스크어세스먼트이다. 본 장에서는 리스크어세스먼트에 대해 개설한다.

1. 리스크어세스먼트의 개요

리스크어세스먼트(Risk Assessment)는 리스크관리프로세스의 핵심을 이루는 것으로 리스크특정(Risk Identification), 리스크분석(Risk Analysis) 및 리스크평가(Risk Evaluation)의 프로세스 전체를 가리킨다(ISO 31000).

RM의 프로세스와 리스크어세스먼트(ISO 31000: 2018)는 <그림 20>과 같다.

리스크어세스먼트는「적용범위, 상황, 기준(Scope, Context, Criteria)」이후에 이루어지지만, 적용범위, 상황 및 기준을 확립하는 목적은 리스크관리를 커스터마이즈하는 것이다. 리스크어세스먼트의 다음 단계는 리스크대응(Risk Treatment)이며, 리스크를 수정하는 프로세스가 된다.

리스크어세스먼트를 실시할 때 기술을 해설하는 국제규격으로 IEC/ISO 31010: 2009(Risk Management—Risk Assessment Techniques: 리스크관리—리스크어세스먼트 기법)는 2009년 11월에 발행되었지만, 2012년에 JIS화(JIS Q 31010: 2012)되었다. 이는 보다 기술적인 관점에서 ISO 31000: 2009(리스크관리 원칙 및 지침)를 보완하는 것이다.

그림 20   RM의 프로세스와 리스크어세스먼트(ISO 31000: 2018)

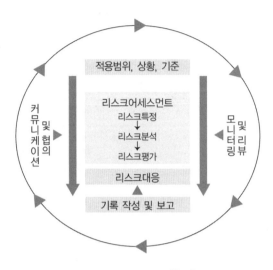

(출처) ISO 31000: 2018을 참고하여 작성

리스크특정은 리스크를 발견하고 기술하는 프로세스이다. 리스크분석은 리스크의 특징을 이해하고 리스크수준을 결정하는 프로세스이다. 리스크평가는 리스크분석 결과를 리스크기준과 비교하여, 리스크대응을 위한 우선순위를 결정하는 프로세스이다.

리스크어세스먼트의 목적은 특정 리스크대응을 위한 옵션 선택의 증거에 근거한 정보 및 분석을 제공하는 것에 있다. 즉, 특정 리스크에 대한 대응방법과 그 옵션 선택방법에 대해서 충분한 정보에 근거한 결정을 하는 것이다. 구체적으로 리스크어세스먼트는 리스크와 그 원인, 결과 및 그 확률을 이해하는 프로세스이다. 리스크어세스먼트는 리스크대응을 위한 가장 적절한 접근법에 관한 결정의 기초데이터를 제공한다.

2. 리스크어세스먼트의 기법

리스크어세스먼트 기법은 단독 또는 복수의 기법으로 사용된다. 또한 제시된 기법 이외에도 기업이 각각의 특성을 고려하여 개발한 기법이 사용되고 있다.

리스크어세스먼트의 대표적인 기법은 <표 11>과 같다.

표 11 리스크어세스먼트의 기법

기법	개요	적용 분야
체크리스트 방식	사전에 체크항목을 준비하고 자사의 상황이 해당하는지 여부를 체크	리스크특정
What-if	「만일~라고 한다면」이라고 하는 질문을 반복하는 것으로, 리스크를 특정해서 이에 대한 리스크분석과 리스크평가를 하는 기법	리스크특정 리스크분석 리스크평가
FTA(Fault Tree Analysis: 폴트트리분석법)	중대사고를 최종현상으로 설정하고, 최종현상의 원인 규명을 위해 사고 진전을 거꾸로 거슬러 올라가 분석하는 기법	리스크특정 리스크분석 리스크평가
ETA(Event Tree Analysis: 이벤트트리분석법)	사고 원인이 되는 초기현상이 전개해 가는 과정을 해명하는 기법, 사건이 전개되는 시나리오를 분석하고, 각 분기점의 발생확률을 구함으로써 중대 사고의 발생확률을 계산할 수 있음	리스크특정 리스크분석
FMEA(Failure Mode and Effects Analysis: 고장모드 영향분석)	부품 등의 단일 고장 상태가 제품이나 시스템 전체에 주는 영향을 평가	리스크특정 리스크분석 리스크평가

(출처) 각종 자료를 참고하여 작성

3. 리스크특정

리스크특정(Risk Identification)은 「리스크의 발견」 또는 「리스크파악」이라고도 불리지만, 리스크를 발견·인식하고 기술하는 프로세스이다. 리스크를 특정할 경우 발생할 수 있는 리스크 즉, 여러 목적에 대한 불확실성의 영향을 특정하고 포괄적인 리스크 일람을 작성한다. 리스크특정에 있어서 특정되지 않은 리스크는 그 후의 리스크분석과 리스크평가, 리스크대응 등 리스크관리 프로세스 대상에서 제외되므로 리스크특정은 포괄적으로 이루어지는 것이 매우 중요하다.

리스크의 수는 한정되지 않지만, 리스크 중 리스크기준에 근거하여 어느 리스크를 리스크관리의 대상으로 할지를 결정하는 것이 리스크특정의 목적이다. 리스크 중에는 표면화되어도 충분히 대처할 수 있는 경우도 있지만, 그 리스크가 일단 표면화되면 조직의 존속 자체가 위태로워지는 경우도 있다. 특히 최근에는 조직이 복잡하고 거대해졌기 때문에 리스크대응에 따라서 조직의 존속 위기에 직결되는 경우가 증가하고 있다. 또한 인적, 금전적, 물적 영향 외에 사회적 신뢰성의 저하도 리스크로 인식되기 시작하고 있다.

ISO 31000: 2018에서 리스크는 COSO－ERM(2017)도 마찬가지이지만, 바람직하지 않은(Negative) 영향을 초래하는 리스크뿐만 아니라 바람직한(Positive) 영향을 초래할 리스크도 포함되어 기회를 추구하지 않음으로써 발생하는 리스크에 대한 주의를 촉구하고 있다. 또한 자신의 관할이 아닌 리스크도 특정할 것을 요구하고 있다.

여기서 특정해야 할 것은 리스크원천, 사건(Event), 이들의 원인 및 일어날 수 있는 결과이다. 리스크원천(Risk Source)은 그 자체 또는 다른 것과의 조합으로 리스크를 발생시킬 잠재력을 가진 요소이다. ISO 31000에서 리스크는 바람직한 영향도 포함되기 때문에 바람직하지 않은 영향을 연상시키는 해저드(Hazard)라는 용어는 사용되지 않고, 리스크원천이라는 용어가 사용되고 있다. 일어날 수 있는 결과(Consequence)는 목적에 영향을 미치는 사건의 결말(Outcome)이지만, 재해 등 마이너스 결말과 이익의 획득이라는 긍정적인 결말이 있다. 또 하나의 사건에 의한 결과가 복수의 경우도 있어 초기 결과가 연쇄적, 단계적으로 확대되는 경우도 있다. 결과는 확실한 것과 불명확한 것이 있으며, 정성적인 것과 정량적으로 표현되는 경우가 있다.

4. 리스크분석

(1) 리스크분석의 개요

리스크분석의 목적은 리스크의 성질 및 그 특성(리스크의 수준을 포함)을 이해하는 것이다. 리스크분석은 불확실성, 리스크요인, 결과, 일어나기 쉬움, 현상, 시나리오, 통제(Control) 및 이들 유효성의 상세한 고찰이 포함된다. 리스크는 복수의 원인과 결과가 있으며, 복수의 목적에 영향을 미칠 가능성이 있다. 리스크분석 결과는 리스크평가에 대한 투입(Input), 리스크대응이 필요한지 판단, 그리고 최적의 대응전략 및 방법의 결정에 대한 투입(Input)이 된다.

리스크분석은 특정한 리스크사건의 결과(Consequences)와 발생확률(Probabilities)의 결정으로 구성된다. 그 결과와 발생확률을 조합하여 리스크의 수준(Level of Risk)이 결정된다. 리스크분석은 결과 및 발생확률에 영향을 주는 요인을 파악하는 것이 바람직하다.

리스크분석의 방법에는 정량분석 또는 반정량분석, 정성분석이 있다. 정량분석은 결과와 그 발생확률을 실용적 값으로 산정하고, 상황설정 시 정의된 구체적인 단위로 리스크수준의 값을 산출하는 방법이다. 그러나, 완전한 정량분석은 정보 또는 데이터가 부족한 경우 등 항상 가능할 수는 없고 만족스러울 수 없는 경우가 있다. 이러한 경우는 반정량적 또는 정성분석이 정량적인 분석보다 효과적이다.

리스크의 정성분석이란 과거의 데이터가 존재하지 않거나 데이터의 격차가 너무 커서 이용할 수 없는 경우에 유효하여, 직감적으로 추정하거나 과거의 경험을 가미하여 리스크분석을 하는 것을 말한다. 리스크의 정성분석은 각 리스크의 결과 및 발생확률이 높다, 보통, 낮다(대, 중, 소)와 같은 리스크수준 또는 순위(등급)에 나타난 결과와 발생확률을 조합하기도 하며 리스크수준을 비추어 판정한다. 정성분석의 경우 사용되는 용어의 명확한 설명과 모든 기준의 근거를 기록하는 것이 바람직하다.

반정량분석은 결과 및 발생확률에 관해 수치에 의한 평정 척도를 이용하여, 그 두 가지를 조합해 리스크수준을 도출하는 방법이다.

리스크의 정량분석과 정성분석의 내용은 <표 12>와 같다.

표 12 리스크의 정량분석과 정성분석의 개요

구분		정량분석	정성분석
조건		과거의 데이터나 통계 등이 있는 경우(사고, 고장 등)	과거의 데이터가 존재하지 않는 경우, 또는 데이터의 격차가 너무 커서 이용 불가능한 경우
산정방법		데이터나 통계를 바탕으로 공학적으로 계산	직감적으로 추정 과거의 경험을 가미 전문가의 의견을 참고
예	발생확률	0.1×10건/년 0.1×10건/회	확률대 확률중 확률소
	손실규모	○○엔 ◇◇인	대규모 중규모 소규모

(출처) 각종 자료를 참고하여 작성

(2) 결과분석

결과분석(Consequence Analysis)은 특정사건이 발생했다고 가정하여 그 영향을 분석하는 프로세스이다. 하나의 사건은 복수의 서로 다른 영향을 미쳐, 다양한 목적 및 이해관계자에 영향을 주는 경우가 있다. 결과분석은 단순한 결과의 기술, 상세한 정량화 모델, 또는 취약성 분석 등이 있다.

영향은 그 발생확률은 높지만 결과가 중대하지 않은 것, 발생확률은 낮지만 결과가 중대한 것, 그 중간의 결과인 것이 있다. 잠재적으로 매우 큰 결과가 예상되는 리스크가 중요시되는 경향이 있다. 또한 개별적인 사건으로 빈번히 발생하지만 영향이 적은 만성적인 것은 누적적 또는 장기적인 결과가 클 수 있다.

(3) 시나리오분석

시나리오분석(Scenario Analysis)은 리스크가 초래하는 최종적인 영향을 파악하는 수단으로 사용된다. 시나리오분석은 여러 가지 다른 조건 하에서 리스크영향이 분석된다. 예를 들어, 비관적 시나리오 30%, 낙관적 시나리오 30%의 확률과 같이 리스크발생을 비관적으로 예측했을 경우와 낙관적으로 예측했을 경우 각각의 영향을 분석한다.

대표적인 시나리오 분석은 이벤트트리분석법(사건수분석법)(ETA: Event Tree Analysis)과 폴트트리분석법(결함수분석법)(FTA: Fault Tree Analysis)이 있다. 두 가지 방법은 모두 어떤 사건의 원인과 결과의 관계를 분석하는 방법이다. 사건수 분석법은 원인으로 생각되는 초기 현상을 먼저 결정하고, 진행의 프로세스를 순서에 따라 폭발 등의 최종 현상을 이끄는 방법이다. 또한 폴트트리분석법은 폭발과 같은 최종 현상을 먼저 정하고 사고 진전 프로세스를 거슬러 올라가 원인을 찾아내는 방법이다.

① 이벤트트리분석법

이벤트트리분석법(ETA: Event Tree Analysis)은 원인이 되는 사상을 출발점으로 이어서 일어날 수 있는 사상을 시간경과에 따라 긍정적으로 진행하여 최종 현상인 결과에 이르기 전까지 연속되는 현상을 분석하는 귀납적 분석방법이다. 즉, 원인이 되는 현상을 특정하여 사고진전 분석을 실시하고, 리스크가 표면화되었을 경우의 결과와 발생확률을 추정하는 방법이다.

이벤트트리분석법(ETA)의 이미지는 <그림 21>과 같다.

그림 21 이벤트트리분석법(ETA)의 이미지

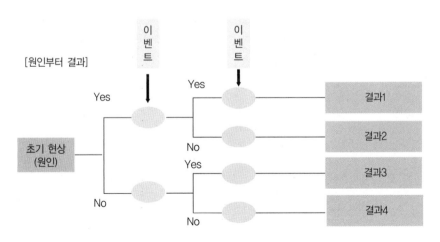

(출처) 각종 자료를 참고하여 작성

이벤트트리분석법(ETA)는 초기 현상(원인)으로부터 진전에 따라, 진전을 멈추는 대응책인 이벤트를 찾아내서 그 이벤트의 효과를 성공과 실패의 두 가지로 분리시킨 트리 형태로 나타내어, 최종 현상인 결과를 도중에 저지하는 이벤트를 밝히는 것을 중요한 목적으로 하고 있다. 이벤트의 확대 상황과 이 확대를 저지하기 위한 이벤트(방재 설비 또는 방재 행동 등)와의 관계 분석에 유용하다.

이벤트트리분석법(ETA)의 이점은 현상의 진전 상황을 트리 가지를 따라 파악할 수 있으며, 그 진전 단계별로 대응책(이벤트)을 세울 수 있다는 점이다. 단점은 다음과 같다. 첫째, 대응책의 효과가 성공과 실패의 두 가지로 나타나기 때문에 부분적인 성공이나 실패 같은 사건은 표현할 수 없다. 둘째, 이벤트의 진전 상황을 분석하는 것이기 때문에 분석 대상 전체의 리스크 파악은 어렵다.

② 폴트트리분석법

폴트트리분석법(FTA: Fault Tree Analysis)은 어떤 사건의 원인 규명을 위해 폭발과 같은 최종 현상을 먼저 정하고 사고의 진전 프로세스를 거꾸로 소급해 원인을 찾아내는 연역적 분석방법이다. 리스크 현상과 원인 관계 해석에 의해 리스크의 개선방법을 찾아내는 것도 가능하며, 정량적 분석과 정성적 분석도 가능하다.

폴트트리분석법(FTA)는 이벤트트리분석법(ETA)에서 추출된 각 사건의 발생확률을 평가하기 위해 사용된다.

폴트트리분석법(FTA)의 이미지는 <그림 22>와 같다.

그림 22 폴트트리분석법(FTA)의 이미지

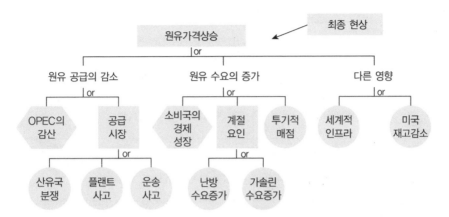

(출처) 각종 자료를 참고하여 작성

폴트트리분석법(FTA)는 미국 BELL연구소의 H. A. WATSON이 고안하고, 1965년 보잉(BOEING)사가 완성한 분석방법이다. 분석방법은 화재 등의 현상을 「최종현상(Top Event)」으로 하여 원인 현상의 모든 요인을 이벤트로 열거해서, 최종 현상에 이르는 개개의 요인을 분석함으로써 그 최종 현상의 모든 발생요인을 분석할 수 있는 톱다운의 연역적 분석 기법이다. 분석에서 작성되는 그림이 나무형태와 유사하기 때문에 Fault Tree, 줄여서 FT라 불린다.

FT분석의 이점은 다음과 같다. ①사건(하위의 현상)의 발생확률을 산출할 수 있는 경우 톱이벤트인 최종현상의 발생확률을 산출할 수 있다. ②FT는 주로 AND 게이트와 OR게이트를 이용한 단순한 이론구조로 나타나므로 톱이벤트인 사고·재해에 이르는 경로나 요인의 시각적 해석이 용이하다.

FT분석의 단점은 다음과 같다. ①사건이 발생하기 위한 조건이나 요인이 트리상에서 표현되기 때문에 간단한 FT의 경우는 이해하기 쉽지만, 복잡한 FT의 경우는 트리가 거대화되어 이해하는 것이 어려워진다. ②FT상의 각 사건을 시간의 경과에 따라 나타내는 것이 어렵다.

표 13 폴트트리분석법 해석도로 사용하는 기호

그림	명칭	설명
	현상 (Event)	최종 현상 및 기본 사상 등의 조합에 의해 일어나는 개개의 현상(중간현상)
	기본 현상 (Basic Event)	더 이상 전개되지 않는 현상, 또는 발생확률을 단독으로 얻을 수 있는 기본적인 현상
	비전개 현상 (Undeveloped Event)	정보부족 또는 기술적 내용불명 때문에 더 이상 전개할 수 없는 현상(다이아몬드 현상)
	통상 현상 (Normal Event)	통상적으로 발생한다고 생각되는 현상을 나타냄(화재에서 '공기의 존재' 등)
	AND게이트	논리의 적
	OR게이트	논리의 합
	이행기호 (Transfer Gate)	폴트트리 그림상의 관련 부분으로의 이행 또는 연결을 나타냄
	제약게이트 (Inhibit Gate)	조건부 확립, 조건을 만족하는 경우에만 출력 현상이 발생

(출처) 각종 자료를 참고하여 작성

③ 약점분석

약점분석은 리스크가 발생할 경우의 약점을 분석한다. 예를 들어, 시나리오분석을 토대로 복수의 리스크 공통원인이 되는 해저드를 추출하는 것이나 사고의 계기가 되는 사상이나 전조를 파악하는 시스템이 존재하고 있는가 하는 관점에서 분석하여 발견 수단이 불충분한 이벤트나 발견이 늦어질 가능성이 있는 현상을 파악하는 것 등을 들 수 있다.

(4) 리스크의 정량분석 지표

리스크의 정량분석 지표는 주로 이하의 3가지이다.

① VaR(Value at Risk)

VaR는 200년에 한 번의 확률로 최대손실액은 100억 엔과 같이, 어느 발생확률에 있어서 최대손실액을 평가하는 지표이다. 후술의 PML도 이 VaR의 일종이며, VaR는 PML과 마찬가지로 어느 확률의 한 점(at)에 있어서의 리스크를 나타내며 리스크 전체를 나타내는 것은 아니다.

② PML(Probable Maximum Loss)

PML은 일정 조건 하에서 예상되는 최대손실액이다. 반면 지진 PML이란 지진에 의한 「예상 최대손실액」으로 미국에서 화재보험 정보 중 하나로 사용하기 시작한 것이지만 최근 부동산업계나 건설업계에서도 사용되고 있다. 일본에서는 1966년 창설된 가계 지진보험에서 설립 당초부터 총지급한도액을 설정하는 근거로 PML이 사용되고 있다.

PML은 발생확률을 포함하지 않고 있으며 다양한 시나리오 중 일부분인 최악의 부분을 나타내고 있기 때문에 리스크의 전체를 나타내지 않는다는 한계가 있다.

③ 예측손실액(Expected Loss)

예측손실액은 리스크의 「손실발생확률」에 그 「손실액」을 곱한 것이다.

$$예측손실액 = 손실발생확률 \times 손실액$$

이 지표에는 발생확률과 손실액이라는 두 가지의 요소가 포함되어 있으므로 발생확률과 손실액 두 개의 지표를 단일지표로 표현할 수 있다.

(5) 리스크커브

리스크커브(Risk Curve)는 손실액과 그 손실액을 초과하는 초과확률의 관계를 나타낸 그래프이다.

리스크커브와 이벤트커브는 <그림 23>과 같다.

그림 23 리스크커브와 이벤트커브

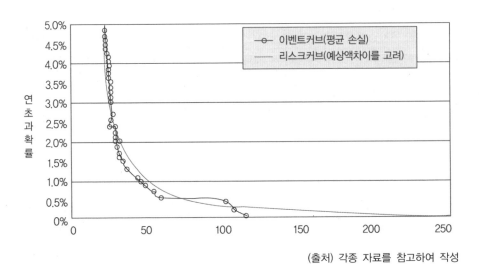

(출처) 각종 자료를 참고하여 작성

이벤트커브에서도 횡축에 예상손실액이 나타나고 종축에 그 초과확률이 제시되고 있다. 예측되는 재해(지진·태풍 등)의 예상손실액을 산출하고, 그 예상손실액과 발생확률에 관한 일람표를 작성하여, 예상손실액에 대응하는 초과확률을 계산함으로써 이벤트커브를 작성할 수 있다.

리스크커브와 이벤트커브는 종축의 연초과확률의 의미가 다르다. 이벤트커브에서의 연초과확률은 그 이상의 손실액이 발생하는 이벤트의 발생확률이지만, 리스크커브에서의 연초과확률은 그 이상의 손실액의 발생확률을 의미한다. 따라서 이벤트커브는 손실액과 그 손실액이 발생하는 이벤트의 발생확률과의 관계를 나타내고 있는 반면, 리스크커브는 손실액과 초과손실액의 발생확률과의 관계를 나타내고 있는 것이 된다.

(6) 리스크매트릭스

리스크매트릭스(Risk Matrix)는 리스크에 대해서 횡축에 강도(영향도), 종축에 빈도(발생확률)를 나타내며 이를 5단계 또는 4단계로 나누어 작성한 매트릭스이다. 분석한 리스크를 영향도와 발생확률에 따라 매트릭스 안에 넣어, 고리스크(예: 적색), 중리스크(예: 노란색), 저리스크(예: 녹색)로 분류하면 리스크상황을 시각적으로 알 수 있게 된다.

리스크매트릭스는 <그림 24>와 같다.

그림 24   리스크매트릭스

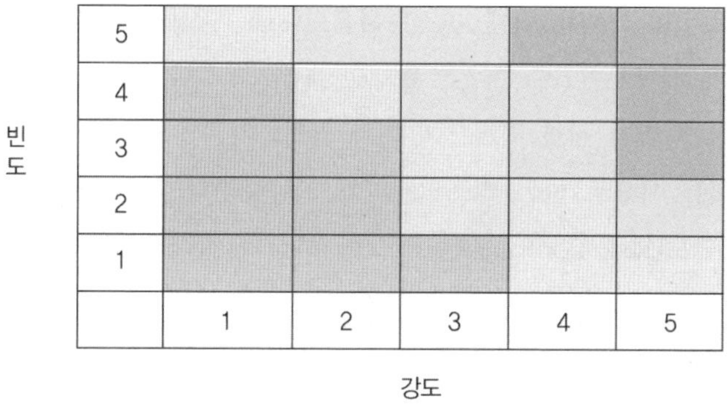

(출처) 각종 자료를 참고하여 작성

리스크매트릭스는 리스크의 정성적 분석에 적합하다.

5. 리스크평가

리스크평가(Risk Evaluation)는 리스크빈도 또는 확률 등의 수용가능 또는 허용가능 여부를 결정하기 위해 리스크분석 결과를 리스크기준과 비교하는 프로세스이다. 리스크평가의 목적은 리스크분석 결과를 리스크기준과 비교하여, 리스크대응에 있어서 의사결정의 기초적인 데이터를 제공하는 것이다. 여기에는 다음과 같은 결정이 포함된다. ①그 이상은 아무것도 하지 않는다. ②리스크대응의 옵션을 검토한다. ③리스크를 보다 잘 이해하기 위해 분석을 더 실시한다. ④기존의 통제(Control)를 유지한다. ⑤목적을 재고한다.

리스크기준은 리스크평가 실시자에 의해서 그 평가결과에 큰 차이가 생기지 않는 것을 목적으로 미리 설정하는 판단 지표이다. 국제규격(ISO 31000 Guide73)은 「리스크의 중대성을 평가하기 위한 기준으로 삼는 조건」이라고 정의하고 있다. 즉, 리스크대응의 필요 여부를 판단하기 위한 지표라 할 수 있다. 예를 들어, 리스크분석에 의해 리스크의 크기가 각각 16점, 12점, 9점으로 산정되었을 경우, 리스크기준은 일정 점수 이하의 리스크는 대응이 필요 없다고 하고, 일정 점수 이상의 리스크는 대응이 필요하다는 등의 판단기준을 결정하는 것이다. 리스크선호는 기업에 따라 다르며 절대적인 규격이나 표준은 존재하지 않는다.

한편 리스크포트폴리오(Risk Portfolio)는 리스크를 일괄적으로 관리하는 것이다. 리스크매트릭스(Risk Matrix)에 리스크허용도(Risk Tolerance)와 리스크선호(Risk Appetite)를 설정하면 리스크포트폴리오로서 관리해야 할 리스크의 범위를 알 수 있게 된다. 그 결과 개별 리스크에 대한 최적화가 아니라 조직 전체의 리스크에 대한 최적화를 목표로 하는 리스크관리가 가능해진다.

리스크포트폴리오(Risk Portfolio)는 <그림 25>와 같다.

그림 25 리스크포트폴리오(Risk Portfolio)

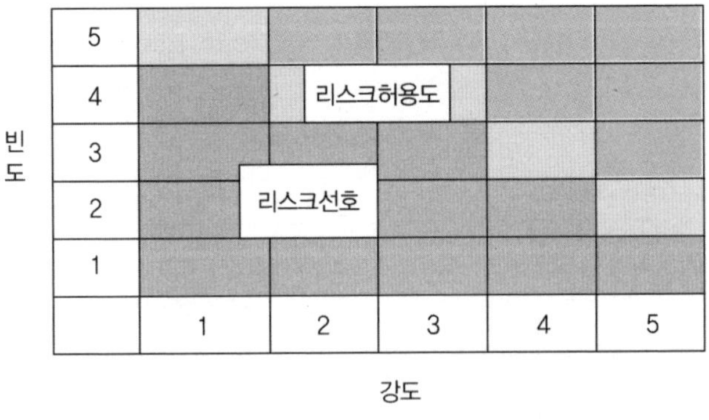

(출처) 각종 자료를 참고하여 작성

리스크선호(Risk Appetite)는 사업체가 목표달성을 위해 받아들일 용의가 있는 리스크의 양이다. 「Appetite」는 통상 식욕(욕구)을 의미하지만, 「Risk Appetite(리스크선호)」는 사업 수행을 위해서 발생할 수 있는 손실을 부담할 용의가 있는 리스크의 양(금액)이다. 리스크선호는 실제로는 리스크의 발생빈도와 강도(크기)의 조합에 의해 정의된다.

한편, 리스크허용도(Risk Tolerance)는 리스크가 리스크선호에 의해 설정된 수준에서 일탈했을 경우 허용할 수 있는 범위 즉, 기업으로서 받아들일 수 있는 리스크의 한계이다. 예를 들면, 예산 및 시간 내 생산을 완료할 것이 요구되고 있는 경우 예산의 5%, 시간의 10% 초과가 허용한도로서 인정되는 경우 등이다. 또한 리스크매트릭스에서 리스크허용도 이상의 리스크는 기업으로서 받아들일 수 있는 한계를 넘은 리스크로 어떠한 방법을 통해 리스크를 저감하거나 회피하는 것이 요구된다.

리스크허용도는 각 기업의 사정에 따라 다르다. 예를 들어, 자본금이 1억 엔인 기업이라면 1,000만 엔의 손실도 대응할 수 있을지 모르지만, 자본금이 1,000만 엔인 기업이라면 1,000만 엔의 손실 대응은 어려울 수도 있다. 또한 최근 다발하고 있는 불상사·금융 위기·테러·지진 등에서 보여지듯이, 1회의 리스크의 발생이라도 기업의 존속 위기에 관련된 사건·사고가 종종 발생하고 있다. 기업이 받아들일 수 있는 리스크와 그렇지 않은 리스크기준은 리스크기준으로 설정된다.

「리스크선호」가 조직 전체의 전략으로 이어지는 것에 비해 리스크허용도는 특정 활동목적에 직결되는 것이다. 즉, 리스크선호가 보다 전사적인 공통 지표인데 반해, 리스크허용도는 개별 활동에 설정되는 개별 지표라 할 수 있다. 개별 지표란 예를 들어, 콜센터의 문의 대응업무가 있는 경우, 「전체 문의수의 10%의 고객을 최대 10분을 기다리게 하는 것까지는 허용한다」는 지표를 설정했다면, 이것이 리스크허용도에 해당한다.

리스크선호와 리스크허용도의 관계는 <그림 26>과 같다.

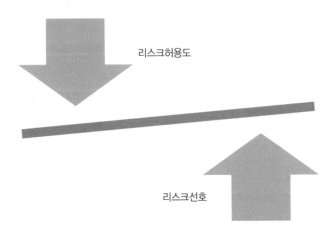

그림 26 리스크선호와 리스크허용도의 관계

리스크허용도

리스크선호

(출처) 각종 자료를 참고하여 작성

리스크선호는 경영전략으로서 어느 리스크를 어느 정도 취해 수익을 획득해 갈 것인가를 의사결정하는 것이며, 리스크허용도는 스스로가 감당할 수 있는 리스크량을 전사 베이스와 부문별 또는 리스크 카테고리별로 설정하는 것이다. 종래에 리스크허용도는 리스크선호와 관계없이 리스크량의 상한으로서 전사 베이스 혹은 리스크 카테고리별로 설정되어 왔다. 그러나, ERM의 관점에서는 리스크선호의 결과로서 전사 베이스의 리스크량의 상한을 리스크허용도로서 설정하는 것이 요구된다.

6. 리스크커뮤니케이션

리스크커뮤니케이션(Risk Communication)은 특정 리스크에 대해 이해관계자 전원이 리스크정보를 공유하고, 의사소통과 상호이해를 도모함으로써 리스크관리 시스템의 유효성을 높이는 활동이다. 그러기 위해서는 사내의 이해관계자(이사, 종업원, 노동조합 등), 사외의 이해관계자(투자자, 거래처, 소비자, 감독기관 등)와의 리스크커뮤니케이션 채널을 설정하는 것이 요구된다.

사내의 리스크커뮤니케이션 수단으로 회의·위원회·전자 메일 등이 있다. 또한「공익신고자보호제도」에 대응하는 내부고발제도를 정비하는 것이 유효하다. 내부고발제도는 언론 등 외부기관에 신고하기 전에 조직내부에 신고하도록 하고 있다. 공익신고자보호법(2006년 4월 1일 시행)은 중대한 법령 위반행위를 신고대상 사실로 하고, 공익 신고자가 되는 해당 사업자에게 종사하는 노동자를 보호하는 법률이다. 내부신고자보호법에서는 보도기관이나 소비자단체 등 외부로의 신고에 대해서 조직적인 증거인멸의 우려나 노무제공처 등에 대한「내부신고」가 도착한 날로부터 20일을 경과해도 그 기업이 조사를 실시하지 않거나 사내에서 사전저지 등의 조건을 충족시키지 않으면 보호 대상이 되지 않는다.

사외의 리스크커뮤니케이션은 더욱 복잡하다. 지금까지는 주주, 고객 등이 주된 대상이었지만 그 대상이 아니었던 NPO, NGO, 소셜 네트워크 등까지 확대되고 있다. 사외의 리스크커뮤니케이션은 주로 원자력 시설이나 쓰레기 소각 시설 등의 환경문제나 자연재해 등의 리스크에 대해서 지역주민 등과의 리스크 인식의 공유 또는 협력관계 구축을 도모할 때 사용된다. 자연재해 · 사고 · 테러 등이 발생했을 경우, 피난이나 구조, 인근 주민의 안전 여부 확인 등과 관련해 주민의 협력을 요청할 때에도 리스크커뮤니케이션이 이루어진다.

리스크수용에 관한 판단은 심리적 요인의 영향을 강하게 받기 때문에 이해관계자들이 합리적 판단을 할 수 있도록 적절한 지식을 제공하고 동시에 불안을 해소하기 위한 정보교환도 필요하다. 리스크커뮤니케이션은 불안을 해소하기 위한 정확하고 충분한 정보의 제공과 합의형성을 위한 기술이라고 할 수 있다.

리스크커뮤니케이션의 효과에 영향을 주는 요인으로서 제공자 요인, 수신자 요인, 메시지 요인, 매체 요인 네 가지로 요약할 수 있다.

제공자는 행정기관이나 기업인 경우가 대부분이지만, 이에 대한 시민의 신뢰가 높지 않은 경우가 많기 때문에, 대학 교수 등의 전문가, 국제기관 또는 NGO 등의 중립적인 제3자를 개재하는 경우가 많다.

리스크커뮤니케이션의 효과는 제공자 요인보다 수신자측 요인에 의해서 강하게 영향을 받는다. 리스크커뮤니케이션의 수신자측과 제공자측은 지식 · 인지 · 감정 등에 있어서 격차가 존재한다. 시민이 수용하는 리스크의 크기는 전문가의 그것보다 훨씬 작은 경우가 많다. 예를 들면, 시민은 생명이나 건강에 관한 사고나 부작용 등에 대해서 그 발생가능성이 제로의 상태를 요구하는 경향이 있다. 또한 전문가들은 발생확률과 손실규모 양쪽에 의한 리스크의 크기로 판단하지만, 시민들은 손실규모를 중요시하는 경향을 보인다. 이 때문에 시민들은 발생확률이 낮아도 손실규모가 큰 위험은 감수하지 않는 경향이 있다. 리스크수용은 그 사람의 지식이나 정보량, 정보처리능력, 가치관, 성격, 성별, 연령, 직업 등의 차이에 따라 개인차가 있다. 따라서 상대의 특징을 파악하여 리스크커뮤니케이션을 실시하는 것이 중요하다.

리스크커뮤니케이션 메시지의 요인은 다음과 같다. 리스크의 발생확률과 규모를 이용한 리스크의 설명은 받아들이는 사람은 이해하기 어렵기 때문에 수신자측의 속성을 인식하고 알기 쉬운 표현으로 제시하는 것이 필요하다. 또한 수신자의 리스크에 대한 인지는 리스크의 표현방법에 따라 다르다. 예를 들어, 사망률보다 생존율이라는 말을 이용하는 편이 수용되기 쉬우며, 수신자는 전문적이고 알기 어려운 설명에 대해 불신감을 갖는 경우가 있다.

리스크커뮤니케이션의 매체 중에서 매스컴은 주의 환기가 뛰어나고, 대인적인 매체는 합의형성에 적합하다. 인터넷 같은 전자매체는 즉시성, 광역성이 뛰어나다.

제7장
VaR(Value at Risk)

1부 · 리스크관리 총론

> VaR(Value at Risk)는 리스크 정량분석의 대표적인 기법이다. 본 장에서는 VaR에 대해
> 개설한다.

1. 확률

(1) 확률의 개념

확률론의 역사는 프랑스의 수학자 블레즈 파스칼(Blaise Pascal)(1623~62)과 피에르 드 페르마(Pierre de Fermat)(1607~65)의 서신왕래(1654)에서 비롯된 것으로 알려졌다. 도박사로 알려진 프랑스의 귀족 슈발리에 드 메레(Chevalier de Mre)가 1654년 어떤 도박방법이 자신에게 유리한 계산방법인지를 블레즈 파스칼(Blaise Pascal)에게 질문을 했고, 그 문제가 위와 같은 서한에서 논의되었다.

어떤 현상이 일어날 확률은 어떤 현상(event)이 일어나는 횟수와 일어나지 않는 횟수의 합계를 분모로 하고, 그 현상이 일어나는 횟수를 분자로 나눈 값이다. 확률 1은 어느 현상이 반드시 일어나는 것이며, 확률 0은 어느 현상이 절대로 일어나지 않는 것이다. 확률은 0에서 1까지의 값이 되며, 어떤 현상이 일어날 확률이 0.2일 경우에 어떤 현상이 일어나지 않을 확률은 $1-0.2=0.8$이다.

모든 현상은 결과가 밝혀지기 전까지는 확률로만 설명할 수 있다. 예를 들어, 주사위를 던지기 전에는 어떤 눈이 나올지 모르지만, 6의 눈이 나올 확률이 6분의 1이라는 설명은 가능하다.

한편, 대수의 법칙(Law of Large Numbers)이란 수많은 동전 던지기를 반복하

제7장 VaR(Value at Risk)　89

면 표면이 나오는 횟수가 1/2에 가까워지는 등, 시행 횟수가 많으면 어떤 현상의 출현이 이론적인 확률에 접근하는 정리를 의미한다.

디폴트에 대한 확률의 표현은 다음과 같다.

한 기업 α사가 1년 안에 도산할 현상 A가 발생할 확률은 P(A)로 표현된다. 여기서 P는 영어로 확률을 의미하는 Probability의 앞글자이다. 또한 P(A)는 확률이기 때문에 $0 \le P(A) \le 1$ 조건이 충족된다. A가 일어나지 않을 확률은 $1-P(A)$가 된다.

다른 기업 β가 1년 안에 도산할 현상이 B일 경우, 「A∩B」는 A와 B가 동시에 발생한다는 것을 의미하며, α사도 β사도 1년 안에 도산하는 것을 나타낸다.

A∩B는 「A 그리고 B」또는 「A캡(cap)B」로 읽고, 아래 그림의 붉은 부분인 A와 B의 집합이 겹친 부분의 집합이 된다.

A∩B의 그림은 <그림 27>과 같다.

그림 27 A∩B

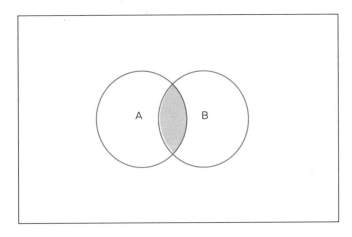

(출처) 각종 자료를 참고하여 작성

「A∪B」는 A 또는 B가 일어나는 것을 의미하기 때문에 α사 또는 β사 중 적어도 어느 한쪽은 1년 이내에 도산할 것을 나타낸다.

A∪B 「A 또는 B」또는 「A컵(cup) B」라고 읽고, 아래 그림의 붉은 부분이 A와 B 집합의 전부가 된다.

A∪B의 그림 표시는 <그림 28>과 같다.

그림 28 A∪B

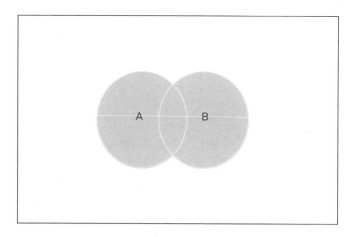

(출처) 각종 자료를 참고하여 작성

(2) 분산과 표준편차

① 분산

평균치(mean)에는 단순평균이 많이 사용되고 있다.

$$\overline{x} = \frac{1}{n}\sum_{i=1}^{n}x_i = \frac{x_1 + x_2 + \cdots + x_n}{n}$$

$(x_i \ (i = 1, \ 2, \ 3\cdots n)$: 각 데이터, n: 데이터 수)

이 평균치는, $\overline{x}$(X바) 또는 μ(뮤: mu)라고 표시된다.

한편, 「분산(Variance)」은 각각의 값과 평균값과의 차이(거리)의 제곱을 합계한 평균값이다.

$$\sigma^2 = \frac{1}{n}\sum_{i=1}^{n}(x_i - \overline{x})^2$$

분산 산출방법은 다음과 같다. 우선, 각 표본의 값으로부터 평균치를 도출하고 개개의 통계치와 평균치의 거리(편차)를 구한다. 도출된 거리(편차)의 값의 제곱합계를 표본의 수로 나눔으로써 분산을 산출할 수 있다.

분산은 표본의 분산 정도를 나타내는 수치이지만 각각의 표본값과 평균값의 거리에 제곱을 했기 때문에 각각의 표본값 또는 평균치와는 직접 비교할 수 없다. 여기서 제곱근을 취하여 비교가능한 값으로 하는 것이 표준편차(Standard Deviation)이다.

② 표준편차

표준편차(SD: Standard Deviation)는 분산과 마찬가지로 데이터의 분산 상태를 나타내는 수치이다. 표준편차는 σ 또는 ς(sigma)로 나타내며, 각 표본값과 평균값과의 차이 즉, 편차제곱합계 평균의 제곱근이다.

$$\sigma = \sqrt{\frac{1}{n} \sum_{i=1}^{n} (x_i - \overline{x})^2}$$

예를 들어, n명의 학급에서 시험이 치러졌을 경우 각각의 점수를 x1, x2, …, xn으로 하면, 산술평균은 다음과 같이 나타난다.

$$\overline{x} = \frac{1}{n} \sum_{i=1}^{n} x_i$$

분산(Variance)은 각 표본값과 평균(Mean)의 차이에 제곱한 합계의 평균치가 된다.

$$\sigma^2 = \frac{1}{n} \sum_{i=1}^{n} (x_i - \overline{x})^2$$

표준편차는 이 분산의 제곱평균제곱근(RMS: Root Mean Square)이다.

$$\sigma = \sqrt{\sigma^2}$$

평균값과 표준편차의 값을 알면, 데이터의 평균으로부터의 거리로 확산의 정도를 측정할 수 있다. 표준편차 σ은 평균치로부터 거리의 절대치 평균으로 데이터의 분산 정도를 나타내는 수치이기 때문에, σ가 크면 평균치로부터 흩어져 있으며, σ가 작으면 평균치에 집중하고 있는 분포를 나타낸다.

표준편차는 <그림 29>와 같다.

그림 29 표준편차

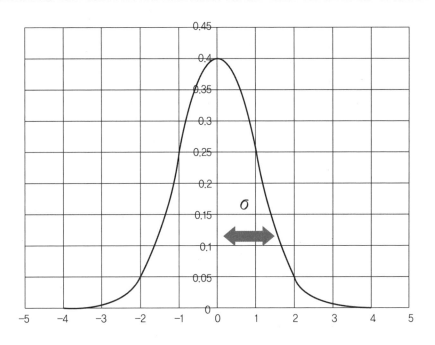

(출처) 각종 자료를 참고하여 작성

σ가 큰 분포 즉, 평평한 분포보다 σ가 작은 즉, 뾰족한 분포가 리스크가 작다고 판단된다.

표준편차와 리스크의 관계는 <그림 30>과 같다.

그림 30 표준편차와 리스크

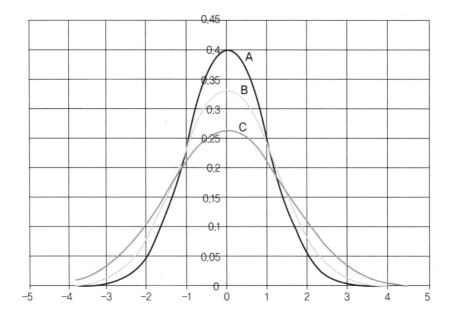

(출처) 각종 자료를 참고하여 작성

<그림 30>에서 B는 A보다 리스크가 크고, C는 B보다 리스크가 크다.

한편, 정규분포(Normal Distribution)란 평균 부분의 밀도가 가장 높고 평균치 μ을 중심으로 좌우대칭으로 분포하는 종 모양의 분포이다.

「정규분포」에서 평균치(μ)와 표준편차(σ) 및 도수 사이에 <표 14>와 같은 관계가 성립된다.

표 14 정규분포의 평균치(μ)와 표준편차(n) 및 도수의 관계

범위	도수(데이터 비율)
$\mu \pm \sigma$	0.6827(약 3분의 2)
$\mu \pm 2\sigma$	0.95450
$\mu \pm 3\sigma$	0.9973

(출처) 각종 자료를 참고하여 작성

정규분포의 μ±σ는 평균치(μ)±표준편차(σ)의 범위에 전 데이터의 68.27%가 분포하며, ±2σ는 평균치(μ)±표준편차(σ)의 2배의 범위 내에 전 데이터의 95.45%가 분포하고 있다.

그림 31 표준정규분포표

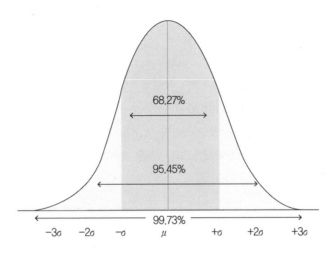

(출처) 각종 자료를 참고하여 작성

③ 변동성(Volatility)

변동성(Volatility)은 원자산의 가격변동 평균치이며 연율(%)로 표시되어 표준편차를 이용하는 경우가 많다. 변동성이 크면 가격변동이 크다는 것을 의미하기 때문에 리스크가 크다는 것을 나타낸다. 따라서 변동성이 커지는 것은 리스크가 커지는 것으로 그 리스크에 대처하기 위한 선물이나 옵션 등의 가격이 오른다.

역사적 변동성(HV: Historical Volatility)은 과거 일정기간 동안 원자산의 가격변동률의 평균치이며 「표준편차」에 해당한다. 이러한 변동성으로 장래의 변동률을 예측한다.

표 15　가격변동률(Historical Volatility: HV) 사례(σ =5%)

미달러／엔, 검증기간 3년간

가격변동율	표준편차	신뢰수준
5.00%	1.00σ	68.27%
10.00%	2.00σ	95.45%
15.00%	3.00σ	99.73%

(출처) 각종 자료를 참고하여 작성

　예를 들어, 1달러＝100엔의 경우 가격변동률(역사적 변동성)이 5.00%일 때는 앞으로 1년간은 100엔±5.00%의 범위 내에서 추이할 것으로 예측된다. 그 신뢰수준은 68.27%이며, 1년간의 거래일 250일 중, 그 68.27%(250×68.27%＝170.67일)가 100엔±5.00%의 범위 내에 추이되는 것을 의미한다. 이것이 1 표준편차(1σ)이며, 68.27%의 확률을 신뢰수준이라고 한다. 2 표준편차(2σ)는 1σ×2, 3 표준편차(3σ)는 1σ×3이다.

　내재변동성(IV: Implied Volatility)은 주로 옵션에서 쓰이는 용어로「예상변동률」이라고도 불린다. 이것은 현재의 옵션료로부터 장래의 변동률을 예측한 것이지만 시장 참가자가 향후 옵션료의 변화를 예측해 수치화한 것이다.

2. VaR

(1) VaR의 개념

　VaR(Value at Risk)는 보유자산의 특정 보유기간 내에 신뢰수준으로 불리는 특정 확률의 범위 내에서 통계적으로 발생가능성이 있는 최대손실액이다. VaR는 금액으로 표시되며, 그 금액이 클수록 리스크가 크다. 예를 들어, 어느 주식에 대해 그 보유기간이 1일, 신뢰수준 99.00%, VaR가 100만 엔인 경우는「하루에 그 주식에서 100만 엔 이상의 손실을 볼 확률은 1% 이내이다」는 의미이다. 반대로 말하면, 하루에 그 주식에서 발생하는 손실이 100만 엔 이내로 한정될 확률은 99.0%이며, 리스크관리에서는 극단적인 1%를 제외하고, 신뢰수준 99%의 100만 엔을 기대최대손실액으로 인식하고 이것에 대비하게 된다.

이 신뢰수준은 리스크관리 방침 등에 맞추어 99.5% 또는 95% 등으로 변경할 수 있다.

<그림 32>와 같이 색으로 칠해진 부분은 일어날 수 있는 현상의 99%를 차지하고 있다. 일어날 수 있는 현상이란 각 손익의 통계를 위한 데이터 건수의 분포인데 99%를 신뢰수준으로 했다는 의미는 전체 데이터 건수의 99%를 고려 대상으로 하고, 나머지 손실액인 1%는 무시한다는 의미이다. 그 경우, 99%의 신뢰수준 중 가장 손실액이 큰 것은 가장 왼쪽의 점 「Z99」의 마이너스 100만 엔이다. 즉, 설정한 신뢰수준 99% 중에서 통계적인 최대손실액이 100만 엔이며, 이 최대손실액 100만 엔을 웃도는 손실이 발생하는 통계적인 확률은 1%인 것을 나타내고 있다. 이 보유자산의 「99% VaR」 또는 「VaR」는 Z99점의 손실액 100만 엔이다.

그림 32 보유자산가격 변동의 분포

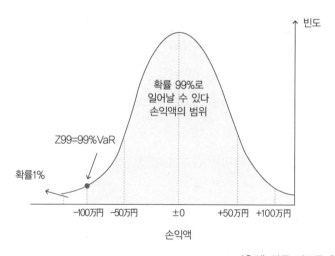

(출처) 각종 자료를 참고하여 작성

(2) VaR의 기원과 발전

JP모건 CEO인 웨더스톤(D. Weatherstone)은 1989년 앞으로 24시간 이내 모든 사업 부문에서 자사의 포트폴리오가 받을 위험을 계량화한 「4.15 리포트」를 작성하여, 매일 오후 4시 15분에 보고하도록 지시했다. 이에 대응하기 위해 JP모건의 계량분석 전문가가 검토한 결과, 금리·주식·환율 등 과거 가격변동에 관한 관측 데이터에서 일정한 확률로 발생할 가능성이 있는 최대손실액을 예상하는 계측모델 (Risk Metrics)이 개발되었다. 이것이 시장리스크의 VaR이다.

시장리스크의 VaR의 개념은 <그림 33>과 같다.

그림 33 시장리스크의 VaR의 개념

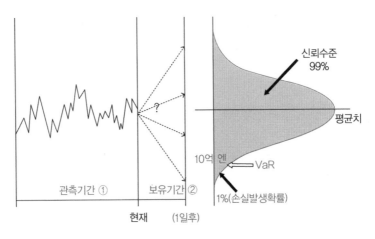

99% 신뢰수준의 1일 VaR=10억 엔

(출처) 일본은행의 강연 자료「시장리스크의 파악과 관리(원자료: 市場リスクの把握と管理)」2013년 참고로 작성.

시장리스크 VaR의 산출방법은 다음과 같다. 즉, ①과거 관측기간의 일정기간의 데이터에 근거하여, ②관측기간의 분포가 차기 보유기간 내에도 발생한다고 예측하고, ③일정한 확률 내 즉, 신뢰수준 내에서 보유자산이 입을 수 있는 최대손실액을 예측하는 것이다.

<그림 33>은 관측기간 데이터 통계의 분포에 근거하여 하루 후의 가격변동을 예측하는 것이지만 99%의 표본의 수 즉, 분포의 영역에서 가장 손실규모가 큰 금액은 10억 엔임을 나타내고 있고, 1%의 표본의 수. 즉, 분포 영역이 10억 엔을 넘는 손실액임을 나타내고 있다. 여기서 이 10억 엔의 손실 금액을 VaR로 하고 있다.

VaR는 1993년 제2차 BIS규제에서 은행의 시장리스크관리 방법으로 채택하도록 권장된 것을 계기로 은행이나 보험회사뿐만 아니라 사업회사에서도 사용되었

다. 더욱이 이 VaR에 의한 계측리스크의 대상이 시장리스크에 추가해서 신용리스크와 운영리스크로도 확대되어 각 리스크를 공통의 척도인 VaR로 산출하여, 리스크를 통합적으로 관리하는 금융기관 또는 기업이 증가하고 있다.

(3) VaR의 계측기법

VaR의 계측기법에는 분산공분산법, 히스토리컬 시뮬레이션법, 몬테카를로 시뮬레이션법이 있다. 시뮬레이션은 영어의 「…흉내 내다」는 의미에서 군사·경제·정치·물리 등의 분야에서 컴퓨터 등을 이용하여 모델에 의한 모의실험을 통해 그 변화를 예측하는 것을 의미하게 되었다. 모델(model)이란 실제 사물이나 시스템을 추상화한 것인데 실제 시스템을 움직이는 일 없이 모델을 이용함으로써 부담과 리스크를 가볍게 하고 시스템의 평가·분석이 가능하다. 예를 들어, 마케팅에 있어서 거액의 자금이 필요한 상품 또는 광고의 시장투입에 실패했을 경우 손실액은 커진다. 그러나 컴퓨터 모델을 사용하여, 그 계획의 실행에 대한 효과와 결과를 시뮬레이션하고 그 효과와 결과를 예측하면 실제 상품 또는 광고를 시장에 투입하여 실패했을 경우 고액의 손실가능성을 피할 수 있다.

시장리스크의 계측에서 국내외 대형 은행 대부분이 분산공분산법으로부터 히스토리컬 시뮬레이션법으로 이행하고 있다. 신용리스크, 운영리스크에 대해서는 몬테카를로 시뮬레이션법이 일반적이다.

① 분산공분산법

분산공분산법(Variance－Covariance Method)은 시장리스크가 정규분포라고 가정하고 평균치(μ)±표준편차(σ)의 일정 배율 내에 일정한 분포가 수렴하는 것을 이용한 방법이다. 공분산(Covariance)은 두 종류의 데이터 관계를 나타내는 지표로 두 변수 간 평균적인 편차의 곱이다.

이 방법은 각 리스크요인의 상관관계 분석에 적합하다. 그러나 현실적으로는 정규분포가 되지 않는 경우가 많지만, 정규분포를 전제로 하여 계산하고 있기 때문에 실제 리스크팩터의 시장리스크가 정규분포가 되지 않을 경우에는 리스크량을 과소평가할 가능성이 있다.

② 히스토리컬 시뮬레이션법

히스토리컬 시뮬레이션법(Historical Simulation Method)은 정규분포를 가정하지 않고 장래에도 과거에 생긴 가격변동과 같은 가격변동이 발생한다고 가정하고 과거의 값을 바탕으로 VaR를 구한다. 이 방법은 실제로 발생한 과거의 데이터를 사용해 VaR를 산출하기 때문에 정규분포가 아닌 가격변동에도 대응할 수 있다. 그러나 과거에 생긴 가격변동데이터 이외의 데이터가 반영되어 있지 않기 때문에 관측기간별로 데이터의 분포가 크게 다른 경우는 그 계측기간에 의해서 리스크의 양이 크게 다르게 된다.

시장리스크에 대한 VaR의 계측에는 분산공분산법이 많이 사용되고 있었지만, 최근 히스토리컬 시뮬레이션법으로 이행하는 기업이 증가하고 있다. 히스토리컬 시뮬레이션법에서는 특정 가정을 두지 않고, 실제로 발생한 과거의 가격변동데이터를 사용하기 때문에 대외적으로도 설명하기 쉬운 장점이 있다. 또한 히스토리컬 시뮬레이션법은 관측기간별로 데이터 분포가 크게 다를 수 있다는 등의 문제점도 있지만 주가 등 가격변동데이터는 영업일 기준으로 취득할 수 있어 관측데이터 취득이 용이한 것이 장점이다.

③ 몬테카를로 시뮬레이션법

몬테카를로 시뮬레이션법(Monte-Carlo Simulation Method)은 카지노로 유명한 국가 모나코 공국의 4개 지구 중 하나인 몬테카를로에서 따온 것인데 랜덤법으로도 불린다. 이 방법에서는 난수를 이용해 리스크팩터의 변동을 가정했을 경우, 보유자산의 손익을 계산하고 VaR을 계측한다. 구체적으로 대량의 난수를 입력값으로 부여하고 그 출력값을 관측함으로써 현상을 확률적으로 관찰하는 방법이다. 구체적으로 대량의 난수를 입력값으로 주어 출력값을 관측하는 것에 의해서 그 현상을 확률적으로 관찰하는 기법이다. 난수(Random Value)란 규칙성이 없어 예측할 수 없는 수치를 말한다.

몬테카를로 시뮬레이션법의 특징은 다음과 같다. 첫째, 난수를 이용해 반복해서 리스크요인의 예상치를 작성한다. 둘째, 리스크요인 변동치에 대응한 자산과 부채의 현재가치를 산출한다. 셋째, 시뮬레이션으로 얻은 현재가치를 내림차순으로 나열하고, 신뢰수준의 범위 내의 값으로부터 VaR를 산출한다.

몬테카를로 시뮬레이션법은 정규분포가 아닌 리스크요인의 확률분포를 상정한 경우에도 이용 가능하다. 이 방법의 결점은 리스크요인의 분포에 전제가 있는(모델리스크) 것과 대량의 데이터가 필요한 경우, 그 산출에 시간이 걸린다는 것이다.

(4) VaR의 한계

VaR는 통계적 기법에 의해서 계측되는 리스크의 「추정치」이다. 따라서, 이 VaR는 관측기간에 잡히지 않았던 이상현상은 통계 데이터에 산입되어 있지 않기 때문에 계측할 수 없고, 그 이상리스크에 대비할 수 없게 된다. 예를 들면, VaR는 20~30년에 1회 발생하는 금융위기와 같은 스트레스 현상이 관측기간에 포함되지 않은 경우, 그 발생리스크를 계측할 수 없다. 따라서 VaR는 지금까지 전례가 없는 이상현상에 대한 미래의 손실액을 과소평가하고 있을 가능성이 있다.

또한 VaR의 신뢰수준은 일반적으로 신뢰수준 68%(1 표준편차) 또는 신뢰수준 99%(3 표준편차)를 사용하지 않고, 신뢰수준 95%(2 표준편차)가 사용되며, 이 신뢰수준을 초과하는 위험은 무시되고 있다. 이는 발생할 가능성이 매우 낮은 최악의 리스크를 상정한 기업경영을 하는 것은 합리적이지 않다는 이유에서이다. 예를 들어, 농부가 간혹 발생할 수 있는 홍수·폭설·가뭄 등에는 대책을 강구하지만, 운석추락에 따른 대재앙 발생은 대비하지 않는 것과 같은 이유이다. 이와 같이, 관측기간에 포함되어 있는 데이터도 설정된 신뢰수준을 넘는 현상은 무시되고 있기 때문에, 손실예상액이 과소 평가되고 있을 가능성이 있다. 이러한 VaR의 한계를 보완하기 위하여 뒤에서 서술하는 스트레스테스트를 병용할 필요가 있다.

3. 예측손실과 비예측손실

VaR에서 최대손실은 진정한 의미에서 「최대」의 손실이 아니고, 「일정 확률하에서 발생이 예상되는 최대」의 손실임은 전술한 대로이다. 비예측손실액(UL: Unexpected Loss)은 VaR로부터 평균적인 손실액 즉, 예측손실액(EL: Expected Loss)을 뺀 차분이다.

$$UL = VaR - EL$$

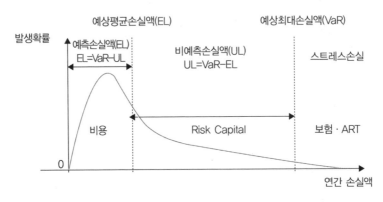

그림 34 손실분포와 리스크파이낸싱

(출처) 각종 자료를 참고하여 작성

전통적리스크관리에서 예측손실(Expected Losses)(복수형)은 비교적 소액의 손실 또는 일상적인 손실을 의미하며, 비예측손실(Unexpected Losses)은 거액의 손실 또는 희소손실을 의미했다.

그러나 최근의 리스크관리에서 기대손실이란 특정한 하나의 수치로서의 평균 손실을 의미하게 되었다. 평균손실보다 소액의 손실은 일상적 손실 또는 소액손실 이라고 하며 일상적인 비용으로 인식된다.

이 경우 VaR가 500달러, 기대손실이 300달러라면 비예측손실(Unexpected Loss)(단수)은 200달러(500달러－300달러)가 된다.

이러한 비예측손실은 리스크캐피털(Risk Capital)에 의한 대응이 적절하다. 또한 VaR를 넘는 예상손실은 드물게 발생하지만, 그것이 발생했을 경우는 손실액이 커지기 때문에 보험 또는 ART에 의한 대응이 적절하다.

4. 리스크 종류별 VaR

시장리스크는 정규분포를 전제로 하여 설명되는 것이 많다. 시장리스크는 장기로 보면 손실과 이익의 가능성은 반반이라고 생각할 수 있으므로 시장리스크의 손실분포는 기대치를 제로로 하여 좌우대칭으로 펼쳐있다고 상정된다.

한편 신용리스크와 운영리스크는 순수리스크이기 때문에 이익발생을 전제로 하지 않는다. 신용리스크의 경우 거래처가 각각 고유한 디폴트율을 가지고 있으며, 운영리스크도 각각의 리스크요인별로 다른 확률을 가지고 있기 때문에 리스크의 확률분포는 정규분포가 아니다. 따라서 그 기대치도 제로가 아닌 큰 손실액에 대해서 폭넓고 두꺼운 꼬리분포(Fat-Tailed Distribution)의 형상이 된다.

신용리스크량은 디폴트 시의 여신금액, 디폴트확률과 디폴트 시의 손실율로 산출할 수 있다.

$$신용리스크량 = EAD \times PD \times LGD$$

디폴트 시의 익스포져(EAD: Exposure at Default)는 디폴트 시의 여신금액이다. 또한 디폴트확률(PD: Probability of Default)은 채무자가 장래의 일정기간에 디폴트할 가능성이다. 디폴트 시의 손실율(LGD: Loss Given Default)은 디폴트한 시점에서 예상손실액의 비율(LGD = 1 - 회수율)이다.

신용리스크량은 회수율에 의해서도 변동한다. 대부 등 거래 시, 부동산을 담보로 하고 있기 때문에 그 부동산 담보를 처분함으로써 여신금액을 전액회수할 가능성이 확실할 경우 신용리스크는 존재하지 않게 된다.

리스크 종류별 손실분포의 이미지는 <그림 35>와 같다.

그림 35 리스크 종류별 손실분포(이미지)

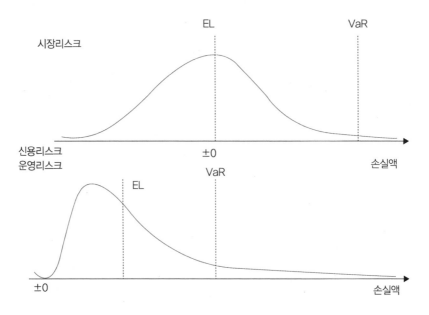

(출처) 각종 자료를 참고하여 작성

5. 스트레스테스트

스트레스테스트(Stress Test)는 시장폭락이나 대규모 재해와 같은 스트레스 현상을 상정하고, 손실규모를 평가(예상)하는 리스크관리 기법으로 통상 예측되는 수준을 넘은 손실의 발생, 또는 상정 외의 현상이 발생했을 경우 시스템 등이 견딜 수 있는지를 검증하는 것이다. 금융기관의 스트레스테스트는 「환율이 15% 변동」, 「국채가격이 20% 하락」 등 비정상적인 현상의 가정(스트레스)을 설정하고 그 스트레스의 경우에 은행의 자기자본비율 등의 기준을 유지할 수 있는지를 시산하는 것이다.

「스트레스테스트」라는 명칭은 2009년 미국의 FRB(연방준비제도이사회)가 19개 대형 금융기관을 대상으로 한 자산의 건전성 검사에 사용됨으로써 일반화되었다. 그때, FRB가 행한 스트레스테스트는 향후 2년 사이에 경기가 예상 이상으로 급격하게 악화되었을 경우의 손실발생 상황에서 자본 부족액이 발생하지 않는가를 판단하는 자료로 한 것이었다.

블랙 먼데이, 아시아 외환위기, 리먼 쇼크 등 실제 발생했던 과거 스트레스 사례는 통상적으로 찾아보기 힘든 큰 폭의 가격변동이 10년이나 20년에 한 번 등의 빈도로 발생하고 있다. 스트레스테스트는 일반적으로 역사적 데이터로부터 비정상적인 환경하에서 리스크 시나리오를 추출해 현재의 자산 등에 내재되어 있는 잠재적인 리스크량을 계측하고, 스트레스의 현상이 발생했을 경우에도 견딜 수 있는 리스크관리를 목표로 하는 것을 목적으로 한다.

스트레스테스트의 특징은 다음과 같다. ①리스크의 발생 상황을 임의로 설정할 수 있기 때문에 VaR의 계측에 활용된 과거에 발생한 데이터 등에서 해방된다. ② 통계 데이터나 그 분포에 근거하지 않기 때문에 빈도·확률, 보유기간의 개념이 없어 전제 조건이 다른 VaR나 다른 스트레스테스트 결과와는 비교할 수 없다.

스트레스테스트의 유의점은 다음과 같다. ①확률개념의 결여가 지적되어 실제로 그러한 변화가 일어날 확률은 불명확하다. ②스트레스의 상정이 주관적이다. 리스크요인, 리스크(변동)의 크기, 관측기간 등의 선택이 주관적으로 되는 경우가 많다. ③향후 상황 변화를 적절히 예측한 스트레스 시나리오를 작성하는 것은 어렵다. ④경영진과의 인식을 맞추는 것이 중요하다.

제2부
리스크파이낸싱

제8장
리스크대응과 ART

리스크대응은 리스크통제와 리스크파이낸싱으로 나뉘며 리스크파이낸싱의 중요한 수단으로 ART가 있다. 본 장에서는 리스크대응 수단과 ART의 관계에 대해 개설한다.

1. 리스크대응의 개요

ISO 31000: 2018에서 리스크대응(Risk Treatment)의 목적은 리스크를 수정하기 위한 선택사항을 선택하고 실시하는 것이라고 설명하고 있다. 리스크대응은 다음의 반복 프로세스가 포함된다. ①리스크대응 옵션을 책정하여 선택한다. ②리스크대응을 계획하여 실시한다. ③그 대응의 유효성을 평가한다. ④잔여리스크가 허용가능한지 판단한다. ⑤잔여리스크가 허용가능하지 않을 경우에는 새로운 대응을 한다.

가장 적절한 리스크대응 옵션을 선택하려면 목표 달성과 관련해 얻을 수 있는 잠재적인 이익과 비용을 고려해야 한다. 리스크대응의 옵션은 서로 배타적이라고 단정할 수도 없고 모든 상황에서 적절하다고도 할 수 없다. 리스크대응을 위한 선택사항(ISO 31000: 2018)에는 다음 7가지 중 하나 또는 복수가 포함된다.

①활동을 개시 또는 계속하지 않음으로써 리스크를 회피한다. ②기회를 추구하기 위해 리스크를 취하거나 혹은 증가시킨다. ③리스크원천을 제거한다. ④일어나기 쉬움(Likelihood) 즉, 발생확률을 바꾼다. ⑤결과(Consequences) 즉, 손해규모를 바꾼다. ⑥계약에 의한 공유 또는 보험의 구입과 같이 리스크를 공유한다. ⑦리스크분석 결과에 근거한 결정에 의해 리스크를 보유한다.

리스크대응에서 옵션의 선택은 조직의 목적, 리스크기준 및 이용 가능한 자원에 따를 필요가 있다. 리스크대응의 방법을 선택할 때는 이해관계자의 가치관, 사고방식, 잠재적 관여, 그리고 그들과의 커뮤니케이션과 상담을 위한 가장 적절한 방법을 고려할 필요가 있다. 모니터링과 리뷰는 다양한 대응이 유효하고 그 유효성이 유지되고 있음을 보증하기 위해 리스크대응 시 필수불가결한 부분이다. 리스크대응은 관리할 필요가 있는 새로운 리스크를 초래할 가능성이 있다.

이용 가능한 대응옵션이 없는 경우, 또는 대응옵션이 리스크를 충분히 수정할 수 없는 경우에는 리스크를 기록하고 계속적인 리뷰를 유지할 필요가 있다. 의사결정자나 기타 이해관계자는 리스크대응 후의 잔여리스크의 성질과 정도를 인식해 두어야 한다. 잔여리스크는 문서화하고 감시, 리뷰, 필요에 따라 추가로 대응해야 한다.

2. 리스크대응 수단

(1) 리스크대응의 수단 및 개요

리스크대응 수단은 <그림 36>과 같이 리스크통제(Risk Control)와 리스크파이낸싱(Risk Financing)으로 분류된다.[1]

리스크통제는 손실의 발생을 사전에 방지 또는 저감하기 위한 예방책이다. 리스크통제에 의해 손실의 발생을 완전하게 없애는 것은 어렵고, 잔여리스크에 의한 손실의 재무적인 대책으로 리스크파이낸싱이 이루어진다. 실제 리스크대응은 리스크통제 또는 리스크파이낸싱 중 특정 하나만 선택하는 것은 아니며 리스크통제와 리스크파이낸싱 중에서 여러 수단을 조합하여 선택하는 경우가 많다. 리스크대응 옵션의 선택은 조직의 목적, 리스크기준에 따를 필요가 있다.

한편 <그림 37>에서 나타내는 바와 같이 리스크매트릭스(Risk Matrix)를 기준으로 한 리스크대응은 이전, 회피, 보유, 저감 등 4가지 조합을 생각할 수 있다.

---

1   George Head에 의한 분류이다(Williams, C.A. & Heins, Risk Management, 1976.).

그림 36 리스트대응 수단의 분류

(출처) 각종 자료를 참고하여 작성

일반적으로 <그림 37>과 같이 후술하는 리스크통제에 의해 손실강도 및 발생빈도(발생확률)가 억제된다. 그 후, III와 IV 영역의 잔여리스크에 대해서는 리스크파이낸싱이 이루어진다. 그 중 III 영역에 대해서는 보유가 이루어지고, IV 영역에 대해서는 보험 또는 후술의 ART 등에 의한 리스크이전이 이루어진다. 이에 반해 II 영역은 발생빈도가 높고, 손실강도가 크기 때문에 회피가 이루어진다.

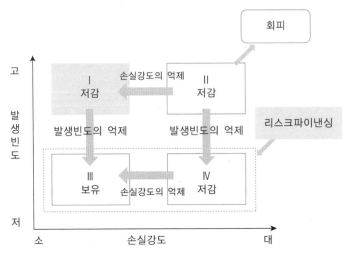

그림 37 리스크매트릭스(Risk Matrix)와 리스크대응

(출처) 각종 자료를 참고하여 작성

(2) 리스크통제

리스크통제(Risk Control)는 순수리스크와 투기적리스크 양쪽 모두를 대상으로 하여 손해가 발생하기 전에 이루어지는 손실발생확률(Frequency)(발생빈도)과 손실의 강도(Severity)를 경감하는 방법 또는 기술이다. 리스크통제는 복원 또는 보상을 위한 재원확보를 목적으로 하지 않으며, 실제 손실을 문제시 한다. 예를 들어, 교통사고의 경우 보행자에게는 자동차에 의한 인신사고, 운전자에게는 배상책임이 손해방지의 대상이 되는 것처럼 그 효과는 주체별로밖에 측정할 수 없으며, 스프링클러는 대부분 화재에 대해서는 효과적이지만, 윤활유 등에는 보다 위험한 것처럼 손실통제는 특정 위험에만 유효하다.

① 리스크회피

리스크회피(Avoidance)란 리스크를 수반하는 활동을 중지 또는 포기하여 예상되는 리스크를 차단하는 것이다. '리스크에 노출되어 있는 사람, 물건, 사업 등에 일절 관계하지 않는다'는 것, '리스크와의 관계가 없어지도록 리스크 그 자체를 배제하고 제거하는' 것이다. 예를 들면, 식중독을 일으키기 쉬운 식품의 제조를 중지하는 것 등이다.

그러나 리스크의 회피가 불가능하거나, 리스크를 적극적으로 취해야 하는 것도 있다. 리스크회피는 단순하고 소극적인 대책이지만 수익의 포기를 수반하여, 리스크에 걸맞는 수익을 추구하는 기업활동에는 적당하지 않은 경우도 적지 않다. 예를 들면, 연간 순이익 100억 엔의 경우와 10% 확률로 1,000억 엔의 손실인 경우 등이다. 리스크회피에 의해 새로운 또 다른 리스크를 떠안을 가능성도 있을 수 있다.

② 손실통제(Loss Control)

손실통제는 손실예방(Loss Prevention)과 손실경감(Loss Reduction)이 있으며, 손실통제를 위해서는 각각의 리스크에 의한 손실발생의 프로세스를 이해할 필요가 있다. 손실예방은 손실발생확률을 감소시키는 방법으로 손실발생을 사전에 예방하기 위한 대책이다. 즉, 손실예방은 예방조치를 강구해 발생확률을 줄이는 대책으로, 진공포장에 의한 부패방지 등의 물적 수단과 안전교육이나 정기점검을 실시하는 등의 인적 수단이 있다.

또한 손실경감은 손실발생의 규모를 경감하는 것으로 손실의 확대를 방지·경감해 손실의 규모를 억제하기 위한 대책이다. 손실경감으로 불량품 발생 시, 리콜체제의 정비, 화재에 대비한 스프링클러, 소화설비설치 등의 사전대책과 사고가 발생한 후에 응급조치 등 손실의 규모(크기)를 감소시키는 사후대책 수단을 들 수 있다. 「위기관리」는 위기가 발생한 후에 손실경감의 체계를 세워 실시하는 관리기법이다.

$$기대손실 = 손실의\ 빈도(확률) \times 손실의\ 규모(강도)$$

③ 리스크의 분리, 결합

리스크분리는 리스크를 분리하여 분산시키는 것이다. 예를 들면, 공장을 서로 다른 장소로 분리해 분산시켜, 지진이 발생했을 경우 경제적 손실을 감소시키는 것 등이다. 한편 리스크결합이란 리스크를 집적시키는 등 리스크의 불확실성을 저감시켜 발생할 손실예측을 가능하게 하는 것이다. 예를 들어, 보험회사는 같은 성질의 리스크에 대한 계약수를 늘려 대수(大數)의 법칙이 작용하도록 하여, 통계적으로 손실발생확률을 안정시키고 있다. 이 리스크결합에 의해 안정적인 손실발생의 확률을 산출할 수 있으면 내부적립 등에 의해 리스크를 보유할 수 있게 된다.

④ 리스크의 전가

리스크통제에서 리스크의 전가란 리스크파이낸싱의 리스크이전과는 달리 계약을 통해서 재산 또는 배상책임 등 리스크 자체를 다른 분야에 전가하는 것이다. 예를 들면, 리스계약이나 업무의 외부위탁 등이 리스크전가의 사례이다.

(3) 리스크파이낸싱

리스크파이낸싱(Risk Financing)은 리스크가 발생한 후에 필요한 자금을 조달하는 활동이다. 리스크파이낸싱은 사업재무(Business Finance)와 달리, 그 자금조달에 의한 추가적인 사업수입을 예상하지 못하고, 대재해 등에 의해 손실이 발생한 상황에서 실시하는 것이다.

리스크파이낸싱은 보유와 이전으로 분류된다.

① 보유

보유(Retention)란 리스크를 인식한 후에 보유하는 것이다. 인식하지 못하는 사이에 리스크를 안고 있는 경우는 「리스크파이낸싱」으로서의 「리스크보유(Retention)」에 해당되지 않는다. 적립금, 캡티브(Captive), 차입금, 자가보험 등이 그 사례이다. 경상비는 당장의 자금, 잉여금 등의 일반자금을 이용하는 방법이며, 적립금은 특정 리스크에 의해 발생하는 손해처리를 위해 자금을 유보하는 방법이다. 캡티브(Captive)는 단적으로 말하면 자사 전용의 위험인수 자회사라고 할 수 있지만 자사 이외의 위험을 맡는 것도 있어 보험회사로 발전하는 경우도 있다. 차입 등은 금융기관 차입이나 사채발행 등의 자금조달 등이다. 자가보험(Self-Insurance)은 일정한 발생확률에 근거하여 예상손실액 또는 그 이상의 금액을 조직 내에 유보하는 방법이다.

② 이전

리스크파이낸싱에서 리스크이전(Risk Transfer)은 리스크통제에서의 리스크전가와 달리 리스크보유(Risk Retention)와 반대되는 부분으로, 재무적인 손실이전을 의미한다. 손실의 이전에는 보험(Insurance)과 보험 이외의 이전이 있다. 보험은 순수리스크만을 대상으로 하고 있으며, 후술한 ART는 순수리스크를 포함하여 시장리스크도 그 대상으로 하고 있다. 보험은 전통적인 리스크이전 수단이지만 보험회사에 보험료를 지불하고 장래 발생할 수 있는 손실을 보험회사가 부담하는 것으로 리스크이전의 수단으로 가장 널리 이용되고 있다. 보험에 의한 재무적 손실이전의 이점은 불규칙한 손실발생을 보험료라는 형태의 경상적 비용으로 대응할 수 있다는 점과 사고 발생 시, 보험금에 의한 기업의 손실을 보전할 수 있다는 점이다.

한편, 보험에 의한 리스크이전은 기업의 입장에서 리스크의 대응으로서는 기능하고 있지만, 사회 전체적으로 리스크는 저감되지 않는 것이어서 근본적인 리스크 저감이 되지 않는다는 한계가 있다. 예를 들면, 공장에서 폭발에 의해 발생한 손해에 대해서 보험은 그 손실을 보전하지만, 폭발이라고 하는 사고 그 자체를 방지하고, 그로 인해 발생하는 사회적인 손실을 직접적으로 저감시키지는 못한다.

보험 이외의 이전으로는 보험과 유사한 수단, 리스크이전계약, 리스크상쇄, 대체적리스크이전(ART) 등이 있다. 공제, 보증, 각종 풀의 보험과 유사한 수단이 있으며, 당사자 또는 집단으로 손해에 대비하는 구조이다. 리스크이전계약은 손해발생 시 상대방의 부담을 계약에 의해 명확화하는 방법이다. 리스크상쇄는 역상관 관계에 있는 리스크(가격변동 등)를 조합하여 리스크를 줄이는 방법이며, ART는 보험과 금융기술이 융합된 리스크 헤지 기법이다.

3. ART와 리스크파이낸싱

ART(Alternative Risk Transfer)는 문자 그대로 대체적(Alternative)과 리스크이전(Risk Transfer)이라는 두 가지 요소가 있다. 「Alternative」에는 또 하나의 선택안 즉, 대체적인, 전통에 얽매이지 않는, 새로운 등의 의미가 있다. 협의의 ART는 보험 이외의 새로운 리스크이전 수단의 총칭으로 사용되어 보험과 대조적인 의미로서 대체적리스크이전이라고도 번역된다. 한편, 넓은 의미의 ART는 전통적인 보험을 대신하는 새로운 기법을 이용한 리스크관리 기법을 총칭하게 되었다. 이 ART에는 혁신적인 보험적 기법도 포함된다.

ART의 정의는 다양하지만, ART란 「리스크관리의 목표를 달성하기 위해서 보험시장과 자본시장 사이에 리스크를 이전하는 새로운 상품, 인수 수단, 또는 솔루션이며, ART시장은 혁신적인 보험과 자본시장의 솔루션이 복합된 리스크관리시장이다」라고 정의할 수 있다.[2] 리스크를 이전하는 새로운 상품, 인수 수단(Vehicles) 또는 솔루션에는 다음과 같은 것이 있다. ①리스크를 이전하는 새로운 상품(Products)에는 리스크관리 목표를 달성하기 위해 사용되는 수단 또는 구조의 대표적인 것으로 보험연계증권과 컨틴전트 캐피털(조건부자본), 보험파생상품 등이 있다. ②리스크를 이전하는 새로운 인수 수단(Vehicles)의 대표적인 것으로는 리스크관리 목표를 달성하기 위해 사용되는 캡티브, 특별목적회사 등(SPC)이 있다. ③리스크를 이전하는 새로운 솔루션으로 리스크관리 목표를 달성하기 위해 사용되는 복수의 상품 또는 수용할 수 있는 광범위한 프로그램으로 대표적인 것으로는 기업리스크관리 프로그램이 있다.

주요 리스크파이낸싱 기법은 <표 16>과 같다.

표 16 리스크파이낸싱 기법

카테고리	리스크파이낸싱 기법	인수처의 리스크와 특징	구체적인 예
보유	사내적립	사내에 적립하는 충당금 등	사내적립
	캡티브보험회사	사업회사 등이 자사 또는 자사 그룹회사의 리스크를 전문적으로 인수시키기 위해서 설립·소유 관리하고 있는 보험회사	보험계약
	조건부자본(채무)	사전에 정한 융자 한도나 금리 조건에 근거하여 긴급사태 시, 자금 차입을 가능하게 하는 구조	컨틴전트 커미트먼트 라인(조건부 사전약정 한도)
	담보제한보험	복수년을 계약으로 하고, 보험료를 일정기간, 일정 금액씩 적립하는 보험 프로그램	보험계약

---

2 Erik Banks, Alternative Risk Transfer, John Wily & Sons, Ltd, 2004, pp.49-50.

카테고리	리스크파이낸싱 기법	인수처의 리스크와 특징	구체적인 예
이전	보험	손실발생 시 보험금 지급	보험, 재보험
	보험연계증권(ILS)	리스크의 증권화를 통하여 손실발생 시 보험금 지급	CAT본드, 사이드카, ILW, 담보부재보험
	조건부자본 (주주자본)	긴급사태 시, 미리 정한 가격에 의한 주식 발행 등을 할 수 있는 옵션을 기업이 구입하는 구조	컨틴전트 에퀴티 풋
	보험파생상품	보험관련 리스크에 연동하는 지표의 변동 등을 대상으로 한 파생상품거래 (옵션·스왑거래 등)	날씨파생상품

(출처) 각종 자료를 참고하여 작성

리스크파이낸싱과 ART는 <그림 38>과 같이 분류할 수 있다.

그림 38   리스크파이낸싱과 ART의 분류

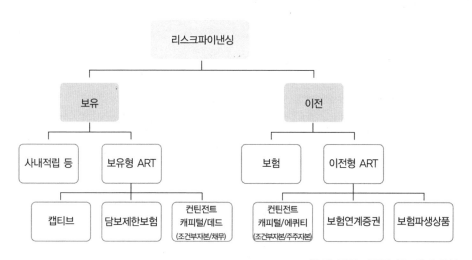

(출처) 각종 자료를 참고하여 작성

ART는 담보제한보험(Finite)과 같이 보험에 타이밍리스크 분산으로 한정하는 구조를 도입하거나 파생상품이나 증권화라고 불리는 혁신적인 금융 기법을 보험

분야에 활용하여 금융시장에서 자금을 조달하는 시스템을 갖게 됨으로써. 보험과 금융이 중첩되는 필드에 존재하는 것으로 다양화되어 보험과 금융의 특징을 겸비하게 되었다.

ART의 분류를 그림으로 나타내면 <그림 39>와 같다.

그림 39 리스크관리에서의 ART 분류

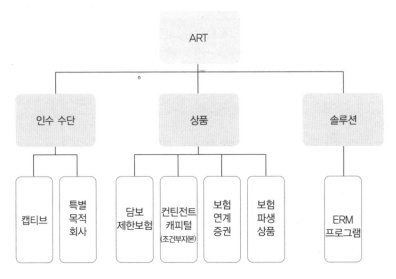

(출처) 각종 자료를 참고하여 작성

이 ART는 리스크이전경로에서 단계별로 이루어진다. 사업회사는 보유 리스크의 일부를 원수보험회사와 금융시장에 이전하고 잔여리스크를 보유한다. 또한 사업회사로부터 리스크이전을 받은 원수보험회사는 그 리스크의 일부를 보유하며, 잔여리스크는 금융시장에 이전하거나 재보험(재보험회사 또는 캡티브)에 출재한다. 또한 재보험회사 또는 캡티브는 그 인수위험의 일부를 보유하고, 잔여리스크를 재보험시장 또는 금융시장에 이전한다.

그림 40 리스크파이낸싱의 단계별 대응

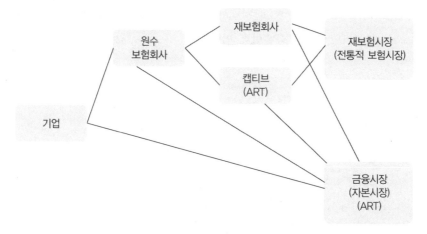

(출처) 각종 자료를 참고하여 작성

또한 보험회사의 입장에서 보험리스크는 보험인수리스크(Underwriting Risk)와 타이밍리스크(Timing Risk)로 구성된다. 보험인수리스크는 발생리스크(Occurrence Risk or Frequency Risk)와 규모리스크(Severity Risk)이며, 타이밍리스크란 사고 발생 시기의 불확실성이다.[3] 예를 들어, 종신보험은 타이밍리스크만이 존재하는 보험이다. 종신보험은 사망 시 보험금이 지급되는 사망보험이지만 보험기간은 무제한이며, 사람은 반드시 사망하므로 모든 계약에 대해 반드시 보험금이 지급되어 보험인수리스크는 존재하지 않는다. 종신보험에서 타이밍리스크란 보험회사의 입장에서 보험사고 발생 시기의 예측에 관한 불확실성을 의미하고 있다.

한편, 사업회사는 자금조달 타이밍의 차이 때문에 생기는 손해발생가능성으로부터 기업가치를 보호하기 위해 주로 금융을 이용하지만, 자금조달 타이밍의 차이에 따라 기업가치를 훼손할 가능성도 「타이밍리스크」라고 부른다.[4]

「대수(大數)의 법칙」이란 보험에서 동종의 계약을 다수 모집함으로써 통계적인 확률을 안정적으로 하여 리스크 발생확률의 변동을 낮추려는 보험의 법칙이다.

---

3 吉澤卓哉,「保険リスクとしてのタイミング・リスク について」,『保険学雑誌』, 제600호, 2008.3.
4 銀泉株式会社,『企業におけるリスクファイナンス手法 -代替的リスク移転手法(ART)の種類と活用事例』, 2014, pp.3-4.

ART는 주로 대수의 법칙이 작용하지 않는 리스크를 복수년 계약에 의해서 시간적으로 분산하는 등, 새로운 금융 기법을 도입하여 자금량이 풍부한 금융자본시장을 활용하고, 나아가 이들 통합에 의한 보험과 금융의 기능상 상호 보완하는 새로운 리스크파이낸싱 기법으로도 활용되고 있다.

4. 금융시장

금융시장(Financial Market)은 넓은 의미의 자금대차 거래를 하는 장 또는 자금의 수요와 공급이 조절되는 시장을 말한다. 금리는 금융시장에서 형성되는 금융거래가격이다. 금융시장은 거래되는 자금의 기간에 따라 그 기간이 1년 미만인 단기금융시장(Money Market)과 그 기간이 1년 초과인 장기금융시장(Capital Market)으로 분류된다. 단기금융시장은 금융기관 상호간에 거래되고 인터뱅크시장과 일반 기업이나 투자자도 참여할 수 있는 오픈시장으로 분류되고 장기금융시장은 주식시장과 채권시장으로 분류된다.

단기금융시장에는 인터뱅크시장과 오픈시장이 있다. 콜시장·어음시장은 금융기관 상호간에 단기자금의 대차가 이루어지는 인터뱅크시장이다. 이에 비하여 현선시장·CD시장·정부단기증권시장은 일반 기업이나 투자자도 거래에 참가하고 있으므로 오픈시장이다.

장기금융시장은 자본시장 또는 증권시장이라고도 불린다. 광의의 금융시장이므로 자본시장(증권시장)을 제외한 것을 금융시장이라고 부르는 경우도 있다.

금융시장(Financial Market)의 분류는 <그림 41>과 같다.

그림 41 금융시장(Financial Market)

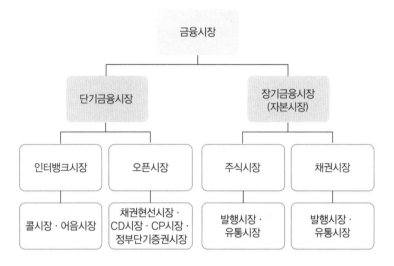

(출처) 각종 자료를 참고하여 작성

5. ART의 재무에의 영향

일반적으로 리스크가 발생할 때 재무제표에 미치는 영향의 관점에서 보면 손익계산서 및 대차대조표에 마이너스의 영향이 발생한다. 즉, 수익의 감소, 비용의 증가, 손해의 발생으로 인해 손익계산서상의 이익이 감소한다. 또한 적자의 경우에는 대차대조표의 이익잉여금·자본잉여금·자본금이라는 순자산 부분이 감소한다. 반면 리스크의 발생은 기업의 이익과 순자산에 영향을 주고 자금의 수지에도 영향을 미친다.

ART의 종류와 대차대조표상의 재무에 대한 영향(B/S)을 도식화하면, <그림 42>와 같다.

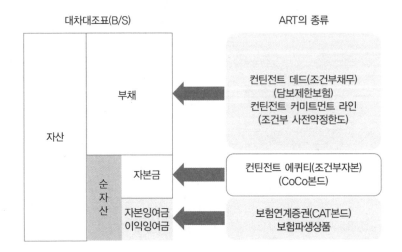

그림 42 ART의 종류와 재무에의 영향관계(B/S)

대차대조표(B/S)

ART의 종류

자산

부채

순자산

자본금

자본잉여금
이익잉여금

컨틴전트 데드(조건부채무)
(담보제한보험)
컨틴전트 커미트먼트 라인
(조건부 사전약정한도)

컨틴전트 에퀴티(조건부자본)
(CoCo본드)

보험연계증권(CAT본드)
보험파생상품

(출처) 각종 자료를 참고하여 작성

　　보험은 리스크 발생에 따른 손익계산서상의 이익과 대차대조표상의 순자산의 마이너스 영향을 경감하는 손해전보의 기능을 가지지만, 손해조사와 보험금 지급에 일정기간이 필요하기 때문에 긴급한 자금으로서는 적합하지 않은 경우가 있다. 한편, 금융은 자금의 결제 불능이나 지불 지연에 빠지는 리스크를 방지하는 기능을 가지고 있지만, 기업의 이익과 순자산을 직접적으로 보호하는 기능은 가지지 않는다. 따라서 리스크파이낸싱 기법의 선택에 있어서 리스크의 발생이 기업의 재무제표의 어느 부분에 어느 정도의 영향을 미칠 가능성이 있는지를 분석하고, 그에 적합한 효과를 가진 수단을 선택할 필요가 있다.

　　손해보험의 보험금은 이익으로 인식된다. 또한 보험파생상품 등은 실제 회계처리가 다양하지만 그 결제금과 옵션료의 차액은 수익으로 인식된다. 그러나, 컨틴전트 에퀴티(Contingent Equity: 조건부자본)는 출자금 형태가 되며, 컨틴전트 데드(Contingent Debt: 조건부채무)는 차입금의 형태가 되어 이들은 대차대조표에는 영향을 주지 않고 손익계산서에 영향을 준다.

　　그 결과, 손해보험 또는 보험파생상품이 손실해소 효과가 가장 크고 그 다음으로 컨틴전트 에퀴티(조건부자본), 컨틴전트 데드(조건부채무)의 순서로 효과가 있지만 일반적으로 그 대가는 그 반대의 순서로 손해보험이 가장 비용이 높고, 컨틴전트 데드(조건부채무)가 가장 싸다. 보험은 보험금이 회계상 이익이 되기 때문에 재해로 인한 손실을 보전하는 수단으로서의 효과가 크지만 비용도 높아진다.

컨틴전트 에퀴티(우발자본 또는 조건부자본)는 리스크발생 시에 자본으로서 자금조달이 되므로 상환의 의무가 없어 부채비율을 악화시키지 않고 손실보전이 가능하다. 그러나 리스크가 발생한 후에 주가가 하락할 가능성이 높은 상황에서는 신주를 발행하게 되므로 추가적인 주가하락이 되어 리스크를 부담할 투자자를 모으기 어렵다.

ART의 종류와 손익계산서상의 재무에 대한 영향관계(P/L) 도식화는 <그림 43>과 같다.

그림 43 ART의 종류와 재무에의 영향관계(P/L)

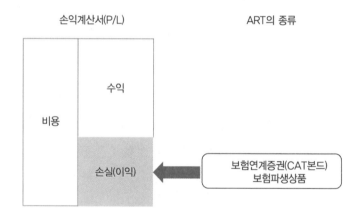

(출처) 각종 자료를 참고하여 작성

제9장
리스크파이낸싱 수단으로서 보험의 한계

전통적인 리스크파이낸싱 수단으로서 보험이 있다. 그러나 보험은 그 구조에서 유래하는 리스크파이낸싱의 수단으로서의 한계가 있다. 본 장에서는 리스크파이낸싱의 수단으로서의 보험의 한계에 대해 개설한다.

1. 보험과 리스크파이낸싱

리스크에는 제1장에서 서술한 바와 같이 보험으로 대응 가능한 순수리스크와 보험으로 대응할 수 없는 투기적리스크가 존재하며, 투기적리스크에 대한 보험은 존재하지 않는다. 이러한 투기적리스크에 대한 보험이 존재하지 않는 점이 리스크파이낸싱에서 보험의 한계가 되었다. 리스크파이낸싱에서는 리스크의 구분에 관계없이 대응할 필요가 있기 때문이다.

또한 보험제도에서는 보험과 도박을 구분하기 위해 후술하는 18세기에 피보험이익이라는 개념이 도입되었다. 이에 따라 보험을 이용한 도박은 불가능해지고, 더욱이 이득금지의 원칙을 관철하기 위한 실손전보의 원칙이 있으며, 대위가 이뤄진다. 그 결과, 보험제도는 사회적으로 유익한 것으로 평가되어 보험산업은 지속적인 발전을 이루어 왔다.

그러나, 보험제도에 피보험이익의 개념을 도입함으로써 보험에 의한 이득의 획득이 불가능하게 되어, 보험시장은 이익을 추구하는 투자자에게 매력적인 시장이 아니게 되었다. 또한 보험사고 발생 시 손해전보의 원칙을 지키기 위한 손해조사 등이 필요하게 되어 보험금 지급업무에는 시간이 걸리게 되었다. 또한 후술하는 보험가액과 보험금액의 관계에 의해 보험금액이 보험가액보다 적은 일부보험의 경우에는 비례전보의 원칙에 따라 손해액에 보험가액에 대한 보험금액의 비율을 곱해 보험금이 지급된다. 보험에서 대응할 수 있는 리스크조차 보험시장의 변동에 따라서 보험료가 급등하거나 보험회사가 보험인수를 거절하는 보험위기가 발생했다.

이러한 보험의 한계라고 할 수 있는 문제점은 보험시장의 인수능력 부족과 보험실무의 복잡화를 초래하여 ART 등 새로운 리스크파이낸싱 수단의 발전을 촉진시키는 결과가 되었다. 본 장에서는 이 리스크파이낸싱의 수단으로서 보험의 한계를 검토한다.

2. 피보험이익과 보험

(1) 피보험이익과 이득금지

보험은 리스크이전의 대가로 보험계약자가 보험회사에 보험료를 지불하고, 담보한 리스크에 의한 손해가 발생했을 경우, 보험회사가 보험계약자(피보험자)에게 보험금을 지급하는 제도로서 전통적인 리스크파이낸싱 수단으로 사용되어 왔다. 보험은 17세기경 귀족이나 유명인의 사망이나 재산에 대해 그 사람의 재산과 이해관계가 없는 제3자가 보험에 가입함으로써 보험을 투기 수단으로 이용했다. 이러한 이해관계가 없는 사람이나 재산에 대한 보험계약은 도박보험(Gambling Insurance Policy)이라고 불렸다.

도박보험을 금지하기 위해 보험계약에 피보험이익이라는 개념이 도입됐다. 피보험이익(Insurable Interest)이란 특정 사물에 우연한 사고가 발생했을 때 어떤 사람이 손해를 입을 우려가 있는 경우, 특정의 사물과 특정인 사이의 이해관계(Interest)로 정의된다. 피보험이익이 없는 보험계약은 손해를 입을 가능성(위험)이 없는 사람이나 재산에 대한 보험계약이 되기 때문에 피보험자에게 손해가 발생할 수 없다.

손해보험은 손해에 대해 보험금을 지급하는 것을 목적으로 하기 때문에, 그 계약의 전제 조건으로 피보험이익의 존재가 필요하다. 이것에 의해서, 손해보험 계약의 목적(Subject of Insurance)이 피보험이익이 되고, 피보험목적물 또는 피보험물

(Subject-matter Insured)은 선박, 화물 등의 물건에서 피보험자가 가진 이익으로 변화해서 도박과 보험이 구별되었다.

영국의 Marine Insurance Act 1745에서는 피보험이익이 없는 보험증권의 발행을 금지했고, 1909년 영국해상보험법(the Marine Insurance (Gambling Policies) Act 1909)에서는 피보험이익이 없는 보험계약을 도박보험으로 정의하고, 도박보험계약을 체결한 자는 6개월 이내 금고형 또는 벌금형에 처해진다고 규정하고 있다. 또한 영국에서 타인의 생명보험계약체결에 제약은 없었지만 18세기에 이르러 그 폐해가 많아져 1774년 생명보험법(Life Assurance Act 1774)이 제정되어 피보험이익이 없는 보험계약이 금지되었다.

일본의 보험법에서도 피보험이익은 「보험의 목적에 대해 보험사고가 발생함으로써 피보험자가 경제상의 손해를 입게 될 관계」(보험법 제3조, 제9조)로 규정되어 있어 피보험이익이 없는 손해보험계약은 무효가 된다. 하나의 보험 목적물에 대해서 소유자, 담보권자, 채권자 등이 각각 다른 입장에서 다른 피보험이익을 가지고 있는 경우에는 각각 독립된 보험계약을 체결하는 것이 가능하다.

피보험이익은 금전으로 평가할 수 있어야 한다. 「손해전보의 원칙」이란 보험금의 지불액은 실제 손해액을 한도로 하는 원칙으로 피보험이익 개념의 파생적인 것으로도 이해할 수 있다. 또한 이득금지의 원칙은 손해가 발생한 경우 실제 손해액을 초과하여 보험금을 받을 수 없다는 원칙이다. 「손해전보의 원칙」이 보험회사의 보험금 지급 관점이라면, 이득금지의 원칙은 피보험자의 보험금 수취의 관점이라고도 말할 수 있다. 손해전보의 원칙과 이득금지의 원칙에 의해 보험계약자 등은 손해액을 한도로 하여 보험금을 받고 보험에 의해 이득을 얻을 수 없게 되어 도덕적 위험을 방지하고 있다. 도덕적 위험 또는 도덕적리스크(Moral Risk)란 보험에 가입한 후에 보험제도를 이용하여 이득을 얻으려는 보험계약자 또는 피보험자의 심리적인 현상을 말한다.

한편, 일본의 생명보험계약에서는 피보험이익의 유무는 계약의 성립 및 그 효력에 관해서 문제가 되지 않는다. 생명보험은 인간의 생사에 관한 리스크를 그 고유한 사업영역으로 하고 있으며 피보험자, 보험금 수취인, 보험금액을 당사자가 자유롭게 결정할 수 있다. 손해보험계약은 피보험이익을 평가한 것을 보험가액으로 하고 있지만, 생명보험에서는 피보험이익을 계약 요건으로 하고 있지 않기 때문에, 평가액도 존재하지 않는다. 따라서 생명보험계약에서는 손해전보의 원칙과 이득금지의 원칙이라는 개념은 없다.

일본의 생명보험은 피보험이익의 존재를 필요로 하는 영미의 그것과는 달리, 피보험이익의 존재를 요건으로 하지 않고, 타인의 생명(사망)의 보험계약에 대해서만 그 타인(피보험자)의 동의를 필요로 하는 동의주의가 채택되고 있다. 피보험이익은 도박보험 방지에 효과적이며, 동의주의는 도덕적 위험 방지에 효과적이라고 여겨진다. 손해보험에 있어서 피보험자(The insured)란 보험금을 수령할 가능성이 있는 사람을 가리키지만, 생명보험에서는 보험계약의 대상이 된 사람(Insured Life)이며, 보험금을 받을 가능성이 있는 사람은 보험금 수취인(Beneficiary)이라고 부른다.

이와 같이, 보험계약이 유효하다는 전제 조건으로서 피보험이익 개념이 도입됨으로써 보험과 도박이 구분되었다. 이로 인해 보험산업의 평판이 높아져, 보험제도가 사회에 유익한 것으로 인정받게 되었다.

(2) 보험가액과 보험금액과의 관계

피보험이익을 평가한 금액을 보험가액(Insurable Value)이라고 하며 손해를 입을 가능성이 있는 최대금액이다. 또한 보험회사가 전보해야 할 금액의 최고 한도로서 당사자가 계약상 약정하는 금액은 보험금액(Insurance to Value)이라고 한다. 보험계약체결 시에 모든 계약의 보험가액을 평가하는 것은 실무상 곤란하며, 보험계약자는 보험료 절약을 위해 반드시 보험가액 전부에 대해 보험을 원한다고는 볼 수 없기 때문에 계약당사자 간에 보험금액을 자유롭게 정하도록 하고 있다.

또한 보험사고가 발생했을 경우, 보험회사가 피보험자에게 지급하는 금전을 보험금(Insurance Payout: Insurance Money: Insurance Proceeds)이라 한다. 손해보험에서 보험금은 보험가액·보험금액·손해액 중에서 가장 낮은 금액이 한도액이 된다(단, 신가보험 등 예외도 있다). 이것에 의해 이득금지의 원칙이 관철되었다.

한편, 보험금액이 보험가액보다 적은 경우는 일부보험(Under-Insurance)이라 하는데, 손해가 발생했을 경우 특약 등이 없는 한 원칙적으로 비례보상의 원칙(Principle of Average)이 적용된다.[5]

---

5 비례전보가 인정되는 이유는 보험료 부족을 근거로 하는 설이 유력하다. 즉, 소손해가 많이

비례보상에 의한 보험금은 다음과 같이 산출된다.

$$보험금 = 손해액 \times \frac{보험금액}{보험가액}$$

예를 들면, 차량가격(보험가액) 500만 엔의 자동차에 대해서 보험금액 300만 엔의 보험계약을 체결했을 경우 지급보험금은 손해액에 대해서 보험가액에 대한 보험금액 비율인 60%가 지불된다. 이 자동차에 300만 엔의 손해가 발생했을 경우 보험금은 300만 엔이 아니고, 가격협정 보험특약 등이 첨부되어 있지 않는 한 비례전보의 원칙이 적용되어 그 손해액의 60%인 180만 엔(300만 엔×60%)이 보험금으로 지급된다.

보험금액이 보험가액보다 큰 보험계약은 초과보험(Over-Insurance)으로 부르며, 그 보험금액이 보험가액보다 큰 부분인 초과부분은 지급되지 않는다. 또한 중복보험(Double Insurance)은 초과보험의 특수한 형태이지만, 동일한 보험의 목적물에 대해서 피보험이익·담보위험이 같으면서 보험기간이 중복되는 손해보험계약이 복수 존재하고, 동시에 그러한 보험금액의 합계가 보험가액을 넘는 경우이다. 즉, 중복보험이란 동일 피보험이익에 대해서 복수의 보험계약이 존재한 결과 초과보험이 된 경우이며, 복수의 계약 일부가 중복되어도 중복된 부분은 중복보험으로 피보험이익과 담보위험, 그리고 보험기간의 3가지 요소 모두가 각각 일부라도 중복되는 경우를 가리킨다. 이 중복보험에서 각 보험회사는 다른 보험계약이 없었다면 자사가 부담했을 보험금의 금액을 산출하여, 그 산출액의 전액을 지급한다. 이를 독립책임액전액주의라고 말한다.

이에 대해 공동보험(Coinsurance)은 동일 피보험이익에 대해 복수의 보험회사가 보험금액 즉, 위험을 분담하여 인수하는 것을 칭한다. 공동보험은 복수의 보험회사가 하나의 보험계약으로 리스크를 분담하는 구조이며 간사회사를 결정하고 그 간사회사를 창구로 하여 사무처리가 이루어지는 것으로 중복보험과는 구분된다.

발생하므로, 그 처리에는 고액의 비용이 발생한다. 하지만, 보험료는 전부보험을 전제로 산출되어 발생확률이 높은 소손해에 대한 요율은 산출되지 않고 있다. 이러한 실무를 보완하기 위해서 일부보험의 보험료율을 높여야 하는데, 실무상 어렵기 때문에 지급 시에 조정하고 있다는 논리이다.

이와 같이 일부보험에서는 비례전보의 원칙이 적용되고, 초과보험 또는 중복보험에서는 보험가액을 초과해 보험금이 지급되는 일이 없도록 제도화되고 있다.

한편, 일본에서 생명보험은 손해보험과 달리 피보험이익을 계약의 요건으로 하지 않기 때문에 실제 손해를 문제 삼지 않고, 계약 시 정한 보험금액이 보험금으로 지불되는 「정액보험」이다. 이 생명보험에서는 피보험이익을 요건으로 하고 있지 않기 때문에, 피보험이익과 보험가액의 관계인 일부보험·전부보험·초과보험·중복보험의 개념이 없다.

(3) 대위

손해보험에서만 인정되는 대위(Subrogation)는 잔존물대위(Subrogation Regarding Lost or Destroyed Property)와 청구권대위(Subrogation Regarding Claim)가 있다. 잔존물대위란 전손으로 보험금액 전액을 지급했을 경우, 보험회사가 피보험자의 보험목적물에 대한 권리를 취득하는 것이다. 일부보험의 경우, 보험회사는 보험금액의 보험가액에 대한 비율에 따라 권리를 취득하고, 잔존물은 피보험자와 공유한다. 피보험자가 보험금과 잔존물에 대한 권리 양쪽을 취득하여 손해가 발생했을 경우, 오히려 피보험자에게 이득이 생기는 경우가 있기 때문이다(이득방지설). 여기서의 전손이란 보험의 목적물을 기존의 사용법으로 이용하는 것이 불가능해진 것(다른 용도로 사용할 수 있는 경우도 있다)이다. 또한 물리적으로는 수선 가능하지만 수선비의 견적액이 보험가액을 초과하기 때문에 전손으로 여겨지는 경우도 있다(경제적 수선 불능).

잔존물대위에 의해 보험회사가 전손으로 보험금을 지급하면 보험목적의 잔존물에 관한 권리는 법률상 당연히 취득한다. 또한 잔존물대위에 의한 권리의 취득은 피보험자의 권리이전에 관한 의사표시를 필요로 하지 않고, 보험회사가 소정의 요건을 채우는 것과 동시에 발생한다. 잔존물대위에 의해 보험회사는 지급보험금의 일부를 회수할 수 있지만, 잔존물의 권리취득에 의해 소유자로서 잔존물의 철거 의무를 지게 되어, 오히려 거액의 비용을 부담하게 되는 경우도 생각할 수 있다.

이에 대처하기 위하여, 보험회사는 약관에서 보험회사가 잔존물 권리를 취득하지 않겠다는 의사를 표시해서 보험금을 지급한 경우, 피보험자가 갖고 있는 권리는 보험회사로 이전하지 않는다는 취지를 규정하거나(자가용 자동차 종합보험 등)

또는 잔존물 소유권을 취득할 의사표시를 하지 않는 한 그 소유권을 보험회사로 이전하지 않는다는 취지를 규정해서(주택종합보험 등), 잔존물대위에 의한 권리취득을 포기하고 잔존물권리이전에 따른 보험회사의 부담을 회피하고 있다.

또한 청구권대위란 제3자의 행위에 의해 보험사고에 의한 손해가 생겨 보험회사가 피보험자에게 보험금을 지급했을 경우, 보험회사는 그 지급한 금액의 한도에서 피보험자가 제3자에 대해서 가지는 권리(손해배상청구권)를 취득하는 것이다.

청구권대위의 도식화는 <그림 44>와 같다.

그림 44 청구권대위

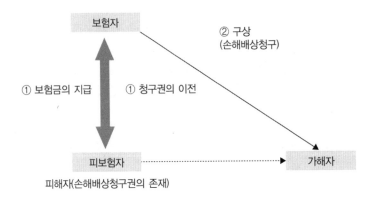

(출처) 각종 자료를 참고하여 작성

청구권대위의 요건은 보험사고의 발생에 의해 피보험자가 제3자에 대해서 권리를 취득한 것(분손의 경우에도 인정된다)과 보험회사가 피보험자에 대해서 보험금을 지급한 경우이다. 그 효과로서 보험회사가 피보험자에게 지불한 금액의 한도에서 피보험자의 제3자에 대한 권리가 보험회사로 이전한다.

대위는 법의 규정에 따라 당연히 발생하는 것이며, 당사자의 의사표시·대항요건의 구비는 필요 없다. 보험계약자·피보험자는 권리보전의무를 진다(약관). 이 대위에 의해서도 보험제도상 이득금지의 원칙이 관철되어 있다.

3. 미국발 보험위기

기업(피보험자) 입장에서 보험의 특징은 일정 보험료를 지불함으로써 큰 금액의 손해발생가능성을 보험회사로 이전하는 것이다. 그러나 미국에서 보험위기가 발생하여 보험료가 급등하면서 보험회사는 보험계약인수를 거절하게 되었다. 이러한 상황은 기업의 안정적인 리스크관리를 어렵게 하였다.

(1) 미국발 보험위기의 발생

보험위기(Commercial Insurance Crisis)란 보험회사의 인수능력의 문제로 이른바 「보험회사가 판매하지 않기 때문에 보험을 살 수가 없다」는 입수불가능(Unavailability)과 「보험료가 너무 비싸서 살 수 없다」는 구입불가능(Unaffordability)의 문제이다. 미국의 보험위기는 제1차 보험위기와 제2차 보험위기가 있다.

① 제1차 보험위기

1960년대 말부터 1970년대에 걸쳐 석면(Asbestos) 소송 등 PL(Product Liability) 소송이 갑자기 증가했다. 그 결과 보험회사의 수익이 악화되면서 보험료가 전년도의 5~7배나 올랐다. 이로 인해 PL보험을 사지 못하여 폐업하거나 도산하는 기업이 증가했다. 이는 사회문제가 되었으며, 이것이 1974~76년 제1차 보험위기(Commercial Insurance Crisis)이다.

② 제2차 보험위기

1985년부터 1987년에는 제1차 보험위기인 PL위기를 훨씬 웃도는 규모로 두 번째 「보험위기」가 발생했다. 예를 들어, 이때는 배상책임보험료가 반년 사이에 5배 이상으로 급등한 결과, 아이스 스케이트장의 절반 정도가 폐쇄되고, 산부인과의 12%는 분만을 거부하는 사태가 발생했다.

이때 로이즈(Lloyd's of London)사가 300년 역사상 최대의 사업손실을 계상하고, 피터 밀러(Peter Miller) 회장이 수익 개선을 위해 미국의 보험회사가 배상책임리스크에 관한 요율을 대폭인상하고 클레임스 메이드 베이스(Claims made basis) 및 소송비용 포함 지불 조건에 따른 인수, 나아가 미국의 법제도 개선이 이뤄지지 않으면 배상책임보험 또는 그 재보험을 인수할 수 없다고 경고하는 사태에 이르렀다.[6] 클레임스 메이드 베이스(Claims made basis)란 손해배상청구의 원인이 되는 신체상해 또는 재물손괴가 소급일(Retroactive Date) 이후에 발생한 것으로, 보험기간 내 보험금이 청구된 경우에 한하여 보험금 지급 대상이 되는 것이다.

이들 보험위기의 원인으로 여러가지 설이 있지만 언더라이팅 사이클, 캐시 플로 언더라이팅, 징벌적 손해배상, 재판제도 등이 지적된다.

(2) 언더라이팅 사이클

언더라이팅 사이클(Underwriting Cycle)이란 소프트마켓(Soft Market)과 하드마켓(Hard Market)이 변동하는 사이클 즉, 보험료 상승과 하락이 주기적으로 변동하는 사이클이다. 보험료가 급등하고 보험회사가 보험인수를 제한하는 현상은 보험시장의 하드화 또는 하드마켓(Hard Market)이라 부른다. 이에 반해, 보험료가 하락하고 보험회사가 보험인수 요건을 완화하는 현상은 보험시장의 소프트화 또는 소프트마켓(Soft Market)이라 한다.

앞서 서술한 보험위기는 소프트마켓과 하드마켓이 몇 년 간격으로 반복되는 언더라이팅 사이클에 있어서 하드마켓 문제라는 주장이 있다.

미국에서 1989년부터 1993년까지 4년간 지진위험보험료는 대략 2.5배로 상승했다. 이러한 보험시장의 하드화는 한번 시작되면 적어도 몇 년 지속되고, 대폭적인 요율 상승이 발생하여, 보험회사의 인수능력(Capacity)이 고갈된다. 또한 1993년부터 1999년까지 6년간은 지진관련 보험료율이 계속 저하되었다. 이런 소프트마켓에서는 보험료율이 떨어질 뿐만 아니라 보험금액과 담보범위 등의 인수조건도 완화된다.

(3) 캐시플로 언더라이팅

캐시플로 언더라이팅(Cash Flow Underwriting)은 수취한 보험료의 보험금 지급 시점까지의 예상운용수익을 감안한 후, 보험요율을 설정하는 보험인수를 말한다. 미국에서는 보험료율 인하경쟁으로 인해 보험사업손익에서 이익이 감소한 부

6　金光, 『米国の保険危機』 保険毎日新聞社, 1987, pp.24-27.

분을 금융수익으로 메우는 캐시플로 언더라이팅이 이루어지고 있었다.

캐시플로 언더라이팅은 보험료 수입부터 보험금 지급까지 장기간을 필요로 하는 롱테일(Long Tail)이 존재하는 생산물배상책임보험(Products Liability Insurance)이나 전문직업인배상책임보험(Professional Liability Insurance) 등에 적합하다고 여겨져 1980년 전후 고금리 시대에 활발히 행해졌다. 이러한 배상책임보험은 재판 등으로 인해 실제 손해액이 확정되며 보험금이 지급되기까지는 긴 시간이 소요되는 롱테일이 나타나는 경우가 많아, 그 사이 적립금의 자산운용이 가능하기 때문이다.

롱테일(Long Tail)의 도식화는 <그림 45>와 같다.

그림 45 롱테일(Long Tail)

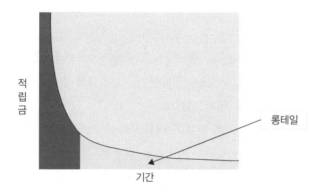

(출처) 각종 자료를 참고하여 작성

그러나 이러한 캐시플로 언더라이팅은 금융시장 변화에 따른 저금리 국면에서는 기대한 운용이익을 내지 못하게 되었으며, 그 결과 보험회사들은 큰 손실을 입게 되었다. 보험회사들은 이에 대응하기 위해 보험료를 대폭 인상하면서 인수조건을 엄격하게 제한하게 되었다.

캐시플로 언더라이팅(Cash Flow Underwriting)의 사례는 다음과 같다. 예를 들어, A보험회사는 보험금액 10만 달러, 보험기간 10년 · 연간보험료 250달러(총보험료 2,500달러)의 자동차보험계약을 체결했다고 가정한다. 그런데, 이 보험계약자는 DUI(Driving Under Influence: 알코올 · 약물의 영향 하에서 운전)의 기록이 있어,

보험회사는 2,500달러 이상의 보험금 지급이 예측되는 것을 알고 보험인수손실을 전제로 보험계약을 체결하고 있는 경우이다. 이 캐시플로 언더라이팅은 저가의 단기 판매전술로 사용되며, 보험회사는 수입보험료를 고수익률이 기대되는 방법으로 자산운용을 해서 보험료 할인금액 이상의 투자수익을 올리는 데 걸고 있는 것이다.

(4) 징벌적 손해배상

징벌적 손해배상(Punitive Damages, Exemplary Damages)이란 손해배상제도에서 가해자가 악질이라고 판단될 경우, 법원 또는 배심 재량에 의해 손해전보를 위한 배상금(Compensatory Damages)에 추가하여 추가되는 손해배상이다. 주로 영미법계 국가에서 채택된 손해배상제도로 일본에는 존재하지 않는다. 미국에서는 영국법을 계승한 건국 직후에도 징벌적 손해배상 판례가 있었다.[7]

징벌적 손해배상 사례로 유명한 포드 핀토(Ford Pinto) 사건은 다음과 같다. 포드사의 북미시장 대상의 자동차 모델인 핀토는 1970년 9월 11일에 출시되었다. 이 핀토는 1972년 인터스테이트 하이웨이를 주행 중에 엔진고장이 발생하여, 약 50km/h의 후속 차에 추돌당해 화재가 발생했다. 이 교통사고로 운전자 남성은 사망하고 탑승자는 큰 화상을 입게 되었다.

포드사는 핀토 개발 시 기존 차종인 머큐리와의 부품공통화 등을 통해 보통 약 43개월 정도가 필요한 개발기간을 25개월로 단축해 출시했다. 이 개발 단계에서 휘발유 탱크와 범퍼의 거리가 근접해 있었다는 사실과 범퍼의 강도가 충분하지 않아 추돌사고 때 화재 위험이 있는 결함이 드러났다. 미국 교통부는 1973년 포드사에 대해 연방 자동차 안전기준 제301조에 의거하여, 연료시스템에 대한 문제를 해결할 것을 제안했다. 그러나, 포드사는 교통부의 제안에 대해 「제품의 결함은 존재하지만, 설계의 변경과 제품의 수리에 필요한 비용이 크기 때문에 사건발생 개별 사안에 대해서 차량의 결함을 판단하여 손해배상금의 지급을 실시하는 것이 합리적이다」라고 하는 회답서를 제출했다.

포드사는 설계변경과 제품 수리를 할 경우 비용감소가 4,953만 달러(사망 감소: 180명×20만 달러=3,600만 달러, 중상자 감소: 180명×6.7만 달러=1,206만 달러, 차량 사고 감소: 2,100대×0.07만 달러=147만 달러)로 추산했고, 한편 제품

---

7 1784년의 제네이 대 노리스 사건(Genay vs. Norris(1784) 등이 알려져 있다.

수리를 위한 제조비용 증가분을 13,750만 달러(1,250만대×11달러)로 추산했다. 포드사는 이 추산에 따라 설계의 변경과 제품 수리를 하지 않을 경우의 비용이 적다고 판단해서 안전대책을 강구하지 않았다.

포드사의 전직사원들은 이 회사가 결함의 존재를 알면서도 안전대책을 마련하지 않고 개발했다고 증언하였으며, 회사가 비용을 비교 계산한 결과 안전대책을 마련하지 않고 결함차를 판매개시했다는 것이 발각되었다.

이 포드 핀토(Ford Pinto) 사건은 1억 달러가 넘는 손해배상금 배심원 평결이 나와 유명해졌다(전보배상: 280만 달러, 징벌배상: 12,500만 달러). 이 사건은 20세기 폭스에 의해 1991년 제작된 영화 「소송」(원제: Class Action)의 소재가 되기도 했다.

(5) PL(Products Liability)소송

제조물책임(PL: Product Liability)은 제조물 결함에 의한 피해자 구제를 목적으로 1960년대 미국에서 확립되었으며, 일본에서도 1994년 6월 22일 제조물책임법이 제정되어, 1995년 7월 1일부터 시행되고 있다. PL법이라고도 불리는 제조물책임법은 제조물의 결함으로 인해 생명·신체 또는 재산에 손해가 발생했을 경우, 피해자는 제조회사 등에 대해 상대의 과실을 입증하지 않고 손해배상을 청구할 수 있도록 하고 있다.

미국의 PL소송에는 다음과 같은 사례가 있다. 10대 여성이 방 안에 향기를 내려고 촛불에 오드콜롱을 뿌렸는데 기화한 알코올에 불이 붙어 같은 방에 있던 친구가 화상을 입으면서 오드콜롱 메이커가 책임을 지게 되었다.

또한 비에 젖은 개를 말리려고 오븐에 넣은 결과 개가 화상을 입어 죽었다. 이 사례에서는 애완동물을 건조시킬 경우의 위험성에 대해 경고하지 않은 업체에게 손해배상책임이 인정되었다. 그리고 천장에서 떨어져 부상당한 강도가 집주인에게 손해배상금을 청구해 재판에서 그 배상책임이 인정됐다.

석면(Asbestos)의 사례도 있다. 석면은 직경 0.02에서 0.2미크로미터 광물성 섬유로 단열성, 절연성, 흡습성이 뛰어나고 가공하기 쉬워서 건축자재, 전기제품, 자동차부품 등에 폭넓게 사용되었다. 미국에서 1960년대 석면 섬유를 들이마시면 그것이 폐에 박혀, 폐암의 원인이 되는 것이 판명되었다. 미국환경보호국(EPA:

Environmental Protection Agency)이 실시한 조사에 의해 미 전역에서 석면이 사용된 건물에서 1,500만 명의 어린이가 공부를 하고 140만 명의 노동자가 일하고 있는 것으로 밝혀졌다. 이후 EPA는 1986년 석면의 부분적 사용 금지를 명령하고, 10년 뒤에는 전면적으로 사용 금지를 결정했다.

그러자 학교와 기업은 석면 철거비용을 손해로 하여(일부는 징벌배상액 포함), 석면업체에 대한 손해배상을 요구하며 제소했다. 특히, 1973년 제조사에 대한 제조물책임(PL)이 인정 받고나서부터는 석면제조사에 대한 PL소송이 급증하였다. 석면 손해배상청구소송에서 원고의 승소율은 80%에 육박하여 그 승소판결에서의 손해배상액은 평균 702,000달러였다.

(6) 재판제도

미국 변호사 제도의 문제점이 지적된다. 미국에서 기업 측의 변호사보수는 시간제로 시간당 150~500달러 정도라고 한다. 반면, 개인손해배상소송에 있어서 변호사의 보수는 성공보수제로 소송의뢰주의 보수는 받지 않고 승소했을 경우, 상대로부터 받게 된 손해배상액의 30~50%를 보수로 받는다.

미국에서는 대학 졸업 후, 일반적으로 3년 과정의 로스쿨을 졸업하고, 사법시험에 합격하면 변호사 자격을 취득할 수 있다. 사법시험은 절대평가이기 때문에 일정한 기준을 충족시키면 인원수에 관계없이 합격하는 구조다. 시험의 합격률은 어렵다고 여겨지는 뉴욕주나 캘리포니아주 등(약 60%)을 제외하면, 80% 정도이다.[8]

한편 영국은 민사소송에서 배심제(Jury System)는 원칙적으로 폐지됐지만, 미국은 민사소송에서 배심제가 유지되고 있으며 징벌적 손해배상액 인정도 원칙적으로 배심원에 의해서 이뤄진다. 이러한 배심제는 주로 미국이나 영국을 중심으로 한 영미법 국가에서 운용되고 있다.

배심제는 보통 12명의 배심원으로 구성되는 합의체인 배심원이 형사소송과 민사소송에서 법관이 참여하지 않는 평의에 따라 사실인정을 하고 법률을 적용하는 것이다. 민사소송에서 배심원은 원칙적으로 피고인의 유죄·무죄를 판단하는 형사소송과는 달리, 피고의 배상책임 유무에 더해 손해배상액의 인정도 실시한다.

---

8 미국은 2016년 현재 약 133만 명의 변호사가 있다고 한다. 반면, 일본변호사연합회에 등록된 변호사의 수는 2017년을 기준으로 38,980명이다.

배심원은 손해배상금의 법리 및 산정 기준에 대해 법관 설명(Jury Instruction)을 받는데 그 내용은 일반적 기준을 나타낸다.

배심원은 재판 시작부터 끝날 때까지 법정 배심원으로 출석해 증거를 확인하고 증인의 진술과 변호사 및 검사의 변론을 듣고 별실에서 전원 협의하여 원칙적으로 만장일치에 의해 법관으로부터 독립된 평결(Verdict)을 내린다. 미국에서 배심원이 되기 위한 요건은 18세 이상의 미국 국민이라는 것, 해당 지역에서 1년 이상 거주하고 있으며, 읽고 쓰기를 할 수 있는 것, 정신적·육체적으로 건강할 것, 1년 이상의 형벌 전과나 계류 중인 사건이 없어야 한다. 법원은 이들 요건에 맞는 자를 선거인명부, 과세대장, 전화번호부 등에서 무작위로 추출해 소환장을 발송한다. 이 소환에는 응할 의무가 있고 정당한 사유 없이 불응할 경우 벌금이 부과되기도 한다. 배심원은 그 사건의 평결이 끝나면 해임되지만 재판 진행기간에는 배심원과 변호사 등의 접촉이 금지된다.

소환에 응하는 배심원은 일정한 직업이 있는 사람의 경우, 재판이 끝날 때까지 일을 못하게 되므로 시간적으로 여유 있는 주부, 노인, 실업자가 많게 된다. 이들은 법적 소양이 적은 경우도 적지 않고 정에 휩쓸리기 쉬워서 원고가 중증 또는 사망 사례에서는 피해자에게 유리한 평결을 내리는 경향을 볼 수 있다.

한편, 일본의 재판원제도는 2009년 5월 21일부터 실시된 재판원이 참가하는 재판제도이다. 이는 미국의 배심원제도와 달리 형사사건의 중대한 범죄에 국한하게 되고, 민사사건에는 적용되지 않는다. 또한 이 재판원제도는 일정한 중대한 범죄에 관한 형사재판에 사건별로 선출된 6명의 재판원이 법관과 함께 심리에 참여하는 것이다. 이 제도의 대상은 지방재판소의 형사재판 중 살인죄, 상해치사죄, 강도치사상죄, 현주건조물 등 방화죄, 금품 목적 유괴죄 등에 관한 재판이다.

제10장
캡티브보험회사와 담보제한보험

사업회사는 보험자회사인 캡티브보험회사를 설립하고, 자사 또는 자사 그룹의 리스크를 유연하게 인수시킴으로써 보험시장의 하드화에 대응하고 있다. 한편, 담보제한보험에 의해서 보험회사와 사업회사가 리스크를 분담함으로써 일반적인 보험에서 인수하기 어려운 거대리스크에 대응하고 있다.

본 장에서는 보유형 ART의 일종인 캡티브와 담보제한보험에 대해 개설한다. 보유형 ART의 일종인 컨틴전트 데드(Contingent Debt: 조건부채무)에 대해서는 제11장의 컨틴전트 캐피털(Contingent Capital: 조건부자본)에서 개설하기로 한다.

1. 캡티브보험회사

(1) 캡티브보험회사의 정의

캡티브보험회사(Captive Insurance Company) 또는 캡티브란 보험업 이외의 사업회사 또는 그 사업회사 그룹이 자사 또는 자사 그룹의 리스크만을 인수하는 것을 목적으로 하는 자회사를 설립한 보험회사이다. 사업회사는 이 보험자회사를 이용하여 일반적으로 보험회사가 인수하지 않는 리스크도 안정적으로 보험으로 확보할 수 있다.

캡티브(Captive)란 「잡힌 것」, 「포로」, 「지배하에 놓인다」의 의미가 있어 보험에서는 「모회사 전용」 혹은 「전속의」라는 의미로 쓰인다.

캡티브보험회사의 상당수는 그 유치에 적극적인 국가·지역을 의미하는 캡티브도미사일(Captive Domicile)에 설립되며, 이곳에서 캡티브보험회사의 운영을 위한 운영 관리 회사·변호사·회계사·보험계리인·금융기관 등이 지원하고 있다.

캡티브보험회사는 1950년 버뮤다(Bermuda)에서 면세회사법(Exempted Companies Act)에 의해서 법인화됐다. 북대서양에 있는 영국의 해외 영토인 버뮤다는 금융 부문과 관광산업이 주요 산업인 조세피난처(Tax Haven)[9]로도 알려져 있다.

1960년대 후반부터는 주로 미국의 대형 사업회사가 유리한 입지 조건과 규제·조세 환경을 추구하여 다수의 캡티브보험회사를 설립했다. 1960년대 캡티브보험회사의 설립은 제9장에서 서술한 제1차 보험위기의 발생에 의해 영리 목적의 보험거래에서는 보험의 확보가 불가능하거나 보험료가 고액인 리스크의 이전을 목적으로 하고 있었다. 1980년대 중반 미국에서 손해배상책임소송이 격증하고, 그 배상판결액도 급등한 제9장에서 설명한 제2차 보험위기의 발생으로 거대한 다국적기업조차 기업의 배상책임보험, 임원배상책임보험 등의 배상책임보험의 확보가 어려워졌다. 따라서 GM, GE, 듀폰, 다우케미칼, IBM 등, 미국의 포춘 500의 사업회사 34사가 모여 자신들의 리스크만을 인수하는 보험회사를 케이맨 제도(후에 버뮤다로 이관)에 설립해서, 이후 다국적 보험 그룹으로 발전해 가는 사례(Chubb손해보험)도 있다.

또한 1992년 미국 플로리다주를 강타한 허리케인 앤드류의 손해로 자연재해리스크에 대한 보험 확보가 어려워지면서 재보험료가 급등했다. 이에 대응하기 위하여 미국을 중심으로 한 브로커, 투자자, 재보험회사에 의해 이상재해 재보험 인수에 특화한 캡티브보험회사가 설립되었다. 보험회사만으로는 충분하지 않은 인수능력 해소책으로 보험리스크를 증권화한 새로운 노하우도 발전되어 보험과 금융의 융합이 본격화되었다.

---

9 택스 헤이븐(Tax Haven)은 조세피난처로 번역되며 외국 자본 또는 부유층의 자산을 유치하기 위해 무세 또는 극히 낮은 세율을 채택하고 있는 국가나 지역을 말한다. 대부분은 수익이 될 만한 산업이 없고, 국가 규모도 작은 나라 또는 지역이며, 그 일부에는 돈세탁을 위해 폭력집단 등의 자금이 대량 유입되고 있다고도 한다. 영국령 케이맨 제도, 버진아일랜드 등 카리브해의 섬나라가 유명한데 F1 그랑프리의 개최지인 모나코공국과 산마리노공화국도 유명하다. 중동에는 두바이(아랍에미리트)와 바레인 등이 있고, 아시아 지역의 홍콩, 마카오, 싱가폴 등도 세율이 지극히 낮기 때문에, 사실상 택스헤이븐이라고 불린다.

(2) 캡티브보험회사의 형태

① 캡티브보험회사의 성격

캡티브보험회사는 사업회사 등이 보험자회사를 이용하여, 리스크를 보유하는 자가보험의 일종이다. 자가보험이란 사업회사 등이 리스크의 발생확률과 손해액에 부합하는 준비금과 충당금을 사내에 적립하는 것이다. 단순한 자가보험에는 내부 유보 또는 임의의 충당금에 의한 리스크펀드를 형성한다. 캡티브보험회사를 이용한 자가보험에는 캡티브라는 구조를 사용한다는 형식이 다를 뿐, 리스크를 보유하고 있다는 점에서 자가보험과 같다.

리스크파이낸싱에서 예측 가능한 소액의 리스크에 대해서는 자가보험이 바람직하고, 발생확률이 낮은 거대리스크에 대해서는 보험을 포함한 제3자에 대한 리스크이전이 적합하다고 알려져 있다. 그러나, 보험회사의 보험을 구입할 수 없는 거대리스크는 보유 즉, 자가보험을 피할 수 없게 된다. 캡티브보험회사가 발전한 배경에는 전통적인 보험시장에서 보험의 확보 곤란, 보험비용의 절감, 보험이익의 내부유보 등이다.

② 보험 인수형태에 따른 분류

보험 인수형태에 의해 원수캡티브보험회사와 재보험캡티브로 분류된다. 원수캡티브보험회사는 보험회사를 통하지 않고 모사업회사로부터 직접 보험계약을 인수하는 구조이다. 또한 재보험캡티브보험회사는 모사업회사로부터 리스크를 인수한 일반 손해보험회사를 통해서 그 계약의 일부 또는 전부를 재보험으로 인수한다. 각각의 캡티브보험회사도 보험회사로서 스스로의 리스크관리를 위해서 필요한 재보험 또는 재재보험을 수배한다. 캡티브보험회사는 인수한 보험계약의 사고 발생이 적으면 보험인수이익이 발생하고, 보험계약의 사고 발생이 많으면 보험인수손실이 발생한다.

원수캡티브보험회사는 보험회사로서 보험증권 교부 의무(일본에서는 보험업법 제649조 제1항, 제683조 제1항), 손해조사업무 등이 발생하여 업무부담이 크다. 따라서, 캡티브보험회사가 업무부담이 큰 원수캡티브보험회사(Direct Captive Insurance Company)로 설립되는 사례는 적으며, 그 대부분은 재보험캡티브보험회사(Reinsurance Captive Insurance Company)로 설립된다. 재보험캡티브는 일반적인 손해보험회사(프론팅회사)가 사업회사 등 모기업으로부터의 리스크를 원수보험으로서 인수한 보험계약의 일부 또는 전부를 재보험으로 인수하는 캡티브이며, 그 운영은 캡티브 보험회사 설립국의 전문운영회사에 업무를 위탁하는 경우가 많다.

재보험캡티브보험회사의 구조는 <그림 46>과 같다.

그림 46 재보험캡티브보험회사

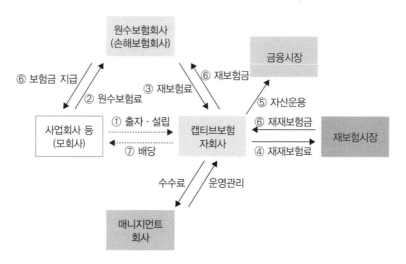

(출처) 경제산업성 자료를 참고하여 작성

③ 소유관계에 따른 분류

캡티브보험회사의 소유 형태에 따라 단일 사업회사 또는 사업회사 그룹에 의해 소유되는 퓨어캡티브보험회사(Pure Captive Insurance Company), 자본관계가 없는 복수의 사업회사 또는 사업회사 그룹에 의해 공동으로 소유되는 어소시에이션 캡티브(Association Captive Insurance Company), 캡티브의 기능만을 임차하는 렌터캡티브(Rent-a-Captive Company)로 분류된다. 렌터캡티브보험회사는 많은 경우에 보증금만으로 설립이 가능하고, 설립을 위한 출자도 필요 없으나 운영의 자유에 제약을 받는다.

렌터캡티브보험회사는 보험회사나 보험브로커 등이 사업회사에 대해 캡티브보험회사의 편리성을 제공하고, 그 관리수수료 및 대여수수료를 받는다. 렌터캡티브 보험회사는 리스크는 보유하지 않고, 리스크 인수로부터의 이익은 이용자에게 환원하는 구조이다. 사업회사는 렌터캡티브보험회사의 우선주를 취득하고, 셀에 보험 인수이익이 발생한 경우 배당을 받을 수 있다. 렌터캡티브보험회사는 보험회사 면허가 있으므로 렌터캡티브보험회사를 통해서 재보험시장으로 출재가 가능하다.

렌터캡티브보험회사의 한 가지 형태로 프로텍티드 셀 캡티브보험회사(Protected Cell Captive Insurance Company)라고 칭해지는 것이 있는데, 이것은 보험회사 면허를 가진 해외의 렌터캡티브보험회사의 일부인 셀(방)을 「렌탈」할 수 있도록 하는 것이다. 모회사로부터의 리스크를 맡은 원수보험회사는 셀(Cell)이라고 불리는 부분에 출재한다.

프로텍티드 셀 캡티브보험회사는 복수의 사업회사의 리스크를 하나의 캡티브 보험회사가 인수할 수 있는 구조로, 셀 상호간에 재무적인 영향이 미치지 않도록 차단되어 있다.

렌터캡티브보험회사의 설립의 배경은 다음과 같다. 캡티브보험회사의 설립 비용은 통상 최저로 잡더라도 최하 2~3천만 엔 정도는 필요하며, 해외에서 캡티브보험회사의 운영을 위한 인건비와 사무실의 임대료 등 연간 운영을 위한 사무부담·비용도 상당한 금액이 된다. 렌터캡티브보험회사는 사무부담과 비용이 소요되는 캡티브보험회사의 운영은 전문가에게 맡기고 그 장점만을 취할 수 있도록 한 것이다.

렌터캡티브보험회사와 보험계약자의 관계는 다음과 같다. ①사업회사는 렌터캡티브보험회사로부터 「셀」을 빌려 임대료를 지불한다. ②국내의 원수보험회사를 개재시켜, 「셀」에 사업회사의 리스크를 재보험할 수 있다. ③「셀」로부터 재재보험회사에 재재보험을 할 수 있다. ④「셀」에 인수이익이 있는 경우, 우선주를 취득하고 있는 사업회사에 주식배당을 통해서 환원된다.

프로텍티드 셀 캡티브보험회사의 구조는 <그림 47>과 같다.

그림 47   프로텍티드 셀 캡티브보험회사

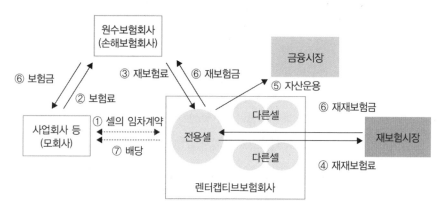

(출처) 경제산업성 자료를 참고하여 작성

(3) 일본 사업회사와 캡티브보험회사

일본의 사업회사는 일반적으로 캡티브보험회사를 국내에 설립하지 않고 해외에 재보험캡티브보험회사로 설립한다. 일본 국내에 캡티브보험회사 설립을 검토할 경우는 다음 사항을 생각할 수 있다. 우선, 국내에 원수캡티브보험회사를 설립하는 것은 가능하다. 그러나, 해당 캡티브보험회사가 모회사의 리스크만을 인수하는 경우 보험회사 면허를 취득할 수 없다고 보여지기 때문에, 그 캡티브는 보험회사가 아닌 사업회사라고 하는 위치가 설정된다. 따라서, 모회사가 캡티브에 지불한 보험료는 보험료로 인정받지 못하기 때문에 세법에 의한 손금산입을 할 수 없게 된다. 또한 일본 내에 재보험캡티브보험회사를 설립하는 경우, 모회사의 리스크만으로는 보험회사 면허의 취득을 할 수 없다고 보여지므로 원수손해보험회사가 해당 캡티브보험회사에 출재 시, 그 원수손해보험회사의 출재부분에 대한 책임준비금의 공제가 인정되지 않고, 캡티브보험회사의 준비금 적립에 대해서도 과세 대상이 된다(준비금 적립).

더욱이 일본에서는 사업회사 등 국내의 보험계약자가 해외의 보험회사에 직접 부보하는 것은 인정되지 않는다. 보험업법에서는 효과적인 감독을 통해 국내 보험계약자를 보호하기 위해 해상보험·항공보험 등을 제외하고, 국내 보험계약자가 해외 보험회사에 직접 부보하는 것이 원칙적으로 금지되어 있기 때문이다(보험업법

제186조). 그러나, 보험회사가 해외의 보험회사 또는 재보험회사와 재보험 거래를 하는 것에는 부보 규제가 없다. 따라서 설립된 국내 캡티브보험회사가 사업회사로서 간주되는 경우에는 그 캡티브보험회사는 해외의 보험회사와의 재보험 거래가 불가능해질 우려가 있다.

국내에 설립되는 원수보험회사로서의 캡티브보험회사에는 보험증권 교부 등의 업무부담이 있다. 이러한 문제를 고려하여 일본 국내의 사업회사가 설립하는 캡티브보험회사는 대부분 해외 재보험캡티브보험회사이다.

사업회사가 해외에 재보험캡티브보험회사로 설립할 경우, 그 사업회사와 해외의 캡티브보험회사 사이에 국내의 손해보험회사를 개재시킴으로써 다음의 문제를 해결하고 있다. ①지불한 보험료의 손금산입이 인정되는 것, ②해외에서 설립된 캡티브보험회사는 당해 국가의 낮은 세율로 준비금 적립이 가능하다는 것, ③국내의 손해보험회사와 캡티브보험회사(해외보험회사)와의 재보험계약이 가능한 것, ④캡티브보험회사는 해외에서 보험회사 면허를 취득하고 있어, 국내보험회사는 해당 캡티브보험회사와의 재보험계약에 대해서 책임준비금의 적립이 경감 또는 공제되는 것 등이다.

국내 보험회사가 사업회사의 리스크를 인수하고, 해외의 캡티브보험회사에 재보험으로 출재하기 위해서는 해당 캡티브보험회사의 보험금지급능력인 솔벤시(Solvency)가 충분할 필요가 있다. 이 조건은 국내 보험회사가 캡티브보험회사를 포함한 재보험 거래를 하는 모든 보험회사에 대해 요구된다. 원수보험과 재보험은 독립된 계약이기 때문에 보험사고가 발생했을 경우, 보험회사는 해외의 캡티브보험회사의 재보험으로부터의 재보험금을 회수할 수 없는 경우에도 사업회사에 대한 보험금을 지급할 의무를 지기 때문이다. 즉, 원수보험회사는 재보험 거래에 있어서의 신용리스크를 안게 된다.

해외에 설립된 재보험캡티브보험회사의 보험경로는 <그림 48>과 같다.

그림 48 해외에 설립된 재보험캡티브보험회사의 보험경로

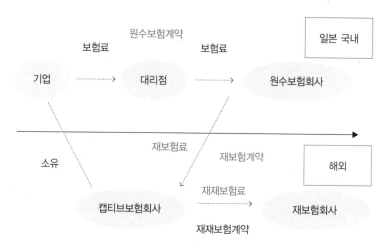

(출처) 각종 자료를 참고하여 작성

한편, 해외의 캡티브보험회사의 상당수는 단독으로 그 솔벤시 조건을 채울 수 없는 경우가 많다. 이러한 경우, 솔벤시의 담보로서 국내 원수보험회사는 그 모회사인 사업회사에 채무보증 또는 은행이 지불을 보증하는 보증서인 보증신용장(Stand-by L/C), 혹은 금전신탁 등의 설정을 요구하는 경우가 증가하고 있다. 이러한 보증 대신에 캡티브보험회사에 대한 재무등급을 취득하는 방법이 있다. 그 캡티브보험회사에 대한 등급은 평가기관에 따라 다르지만, 원칙적으로 모회사의 재무등급을 기준으로 이루어진다.

(4) 캡티브보험회사의 이점

캡티브보험회사의 이점은 다음과 같다.

① 리스크관리

사업회사의 리스크를 캡티브보험회사에 집합함으로써 그 사업회사 전체가 가지고 있는 리스크 파악과 리스크의 수치화가 가능해진다. 이를 통해서 그 리스크를 개량하여 보험금의 지급이 적어지면 캡티브보험회사의 이익이 증대하고, 그 이익은 최종적으로 모회사인 사업회사의 것이 된다.

② 비용의 최적화

사업회사는 지금까지 「블랙박스」였던 보험료와 해외 재보험 수배방법 등을 사업회사가 파악할 수 있게 되었다. 이 정보를 이용해 그룹 사업회사의 리스크를 집약·통합하고, 그것을 일괄하여 보험회사와 교섭할 수 있으며, 강력해진 교섭력을 바탕으로 보험료의 삭감과 리스크관리비용의 최적화를 기대할 수 있다.

또한, 사업회사가 부담하는 보험료는 순보험료(Risk Premium)와 부가보험료(Loading Premium)로 구성된다. 순보험료는 보험금 지급을 위한 것이며, 부가보험료는 보험회사의 경비(대리점 수수료, 영업 경비, 일반 경비)와 이윤이 포함되어 있다. 사업회사가 지불하는 보험비용을 자가보험과 비교하면 보험비용이 자가보험비용보다 부가보험료만큼 많다. 보험금은 사고발생 비용이므로 이론상 자가보험의 경우에도 같은 액수가 발생하기 때문이다. 캡티브보험회사는 자가보험의 일종으로 이해되므로 적어도 이론상으로는 보험과 비교하여 보험에 있어서의 부가보험료분이 절약된다고 생각된다. 하지만 캡티브보험회사는 설립 비용과 운영비가 드는 것도 고려해야 한다.

③ 보험부보가 어려운 리스크에 대한 대응 수단

환경오염리스크 등 일반적으로 보험부보가 어려운 리스크에 대해서 자사 보유와 출재를 조합하여 비용을 평준화할 수 있다. 직접 해외의 재보험시장에 접속함으로써 보다 많은 리스크의 인수자를 찾아낼 수가 있다.

④ 보험료율변동의 평준화

보험료율이 급등할 경우 일부는 자사 그룹 내에서 보유하고 나머지를 출재에 돌리는 것처럼, 상황에 따라 리스크 보유량을 통제함으로써 보험료율의 평준화를 기대할 수 있다.

⑤ 프로핏 센터(Profit-Center)

캡티브보험회사가 안정된 이익을 확보하는 것이 가능해지면, 캡티브보험회사를 프로핏 센터로 만들 수도 있다. 보다 안정된 수익을 위해, 모사업회사 이외의 리스크를 인수하거나 보험사업을 적극적으로 행함으로써 모사업회사의 수익센터로 성장시킬 수도 있다.

2. 담보제한보험(Finite)

영어의 Finite란 「한정적인」이라는 뜻인데, 담보제한보험(Finite Insurance)은 말그대로 전통적인 보험에 비해 한정적인 리스크이전만 이루어지며, 보상이 한정된보험이다. 즉, 담보제한보험은 기업이 보험회사에 개별의 리스크에 맞는 보험료를일정기간에 일정한 금액까지 적립해 가는 보험이다. 그리고 보험회사는 재해 등이발생했을 경우, 기업이 적립해 온 보험료와 보험회사의 리스크 부담분을 합계한금액 등을 일정한 한도액까지 보험금으로 지급하는 것이다.

통계적으로 그 발생확률과 손해의 정도 파악이 어렵다고 여겨지는 환경오염·자연재해리스크 등은 대수(大數)의 법칙이 작용하지 않아 전통적인 보험에 의한리스크 분산이 곤란하다. 담보제한보험은 이러한 리스크를 대상으로 하여 보험회사가 리스크를 인수하기 쉽게 하기 위해서 보험회사에는 타이밍리스크만을 이전하는 계약을 함으로써 보험회사에 이전되는 리스크를 한정적(Finite)인 것으로 하고,보험회사와 보험계약자가 리스크를 분담하는 구조이다. 담보제한보험은 재보험계약인 경우가 많아서, 담보제한재보험(Finite Reinsurance)이라고 불리는 경우도있다.

한편, 타이밍리스크(Timing Risk)란 예금 또는 융자 등의 파이낸스에 의해 대응할 수 있는 리스크이다. 타이밍리스크에 대응하는 보험은 파이낸셜(재)보험(Financial(Re) Insurance)이라고 칭해져 왔지만, 최근에는 담보제한리스크보험(Finite Risk Insurance) 또는 담보제한보험(Finite Insurance)이라 불리게 되었다.담보제한보험이란 보험회사에 이전되는 리스크가 타이밍리스크에 한정(Finite)되는 구조를 가진 보험의 총칭이다. 담보제한보험은 여러 형태가 있어 보유의 일종인 내부유보로 분류되지만 보험으로 분류되는 경우도 있다.

담보제한보험은 기본적으로는 보험회사의 보험금 지급이 선행되고, 보험료가 후불이 되기 때문에 보험회사는 보험계약자인 기업에 대한 신용리스크를 안게 된다.따라서 보험회사는 후불의 보험료를 확실히 지불할 수 있는 신용력이 높은 기업만을 담보제한보험의 계약 대상으로 삼으려는 경향이 있다. 담보제한보험은 계약기간내에 보험사고가 발생하지 않았을 경우, 계약 종료 시에 보험계약자인 기업이 통산의 보험료 합계액에 운용 수익을 가산한 환불금을 받고, 보험사고가 발생한 경우는통산의 보험료 합계액으로 손해액의 대부분을 부담하는 구조이다.

이로 인해 담보제한보험은 보험이나 재보험이 아니고, 캐시플로플랜이라고도 한다. 담보제한보험에서 전통적인 보험의 특징인 대수(大數)의 법칙에 의한 밸류리스크(Value Risk)의 이전은 없지만, 피보험자인 기업이 보험회사에 타이밍리스크(Timing Risk)의 이전을 실시함으로써 리스크분담을 하고 있다.

담보제한보험은 보험의 특징으로 여겨지고 있는 대수(大數)의 법칙에 의한 위험분산이 충분히 이루어지지 않기 때문에 보험계약이라고 할 수 없다고 하는 주장도 있다. 리스크이전이 한정적인 담보제한보험이 보험상품으로서 인정되기 위해서는「밸류리스크이전이 상당(Considerable)한 수준」일 필요가 있다. 이 리스크의 범위에 타이밍리스크를 포함시키는 시각도 있지만 여기서의 보험료는 일종의 예치금이기 때문에「금융」이며, 보험으로 인정하기 어렵다는 시각이 많다. 만일, 보험상품으로서 인정되지 않는 경우, 보험회사에 지불한 자금은 보험료가 아니고, 세무상의 손금산입을 할 수 없게 된다. 그 결과, 최근의 담보제한보험은 보험으로서 밸류리스크의 이전 수준을 확대하기 위해 전통적 보험을 일부 조합한 형태의 것이 많아지고 있다.

담보제한보험과 리스크이전의 관계는 <그림 49>와 같다.

그림 49 담보제한보험과 리스크이전

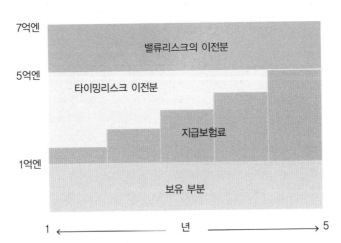

(출처) 각종 자료를 참고하여 작성

담보제한보험은 환경오염·PL 등의 단순히 보험 조성이 어려운 리스크나 보험료가 고액이 되는 리스크에 대처하는 기법으로 사용되는 경우가 많다. 따라서 담보제한보험에는 보험회사가 거대리스크를 인수하기 쉽게 하기 위하여, 한 사고당 지급한도액, 연간 지급한도액, 기간 중 총지급한도액 등이 단수 또는 복수로 설정되는 경우가 많다. 담보제한보험은 계약마다 계약기업의 사정에 맞춘 주문 계약으로 되어 있으며, 그 계약내용도 기업별로 독자성이 강하고 다양하지만 대표적인 것으로서 다음의 3가지 종류가 있다.

① 손실포트폴리오 이전

손실포트폴리오 이전(Loss Portfolio Transfer)이란 보험료를 일괄 선불하는 담보제한보험의 원형이라고 할 수 있다. 예를 들면, 계약기간 10년의 경우 첫해부터 10년간의 지급보험금을 예상하여, 거기에 보험회사의 예상경비와 이익을 더하고, 거기에서 자금의 예상운용이익을 차감한 금액을 보험료로서 보험회사에 일괄 선불로 하는 것이다. 이 종류는 보험료가 일괄 선불된 것 외에 통상적으로 연간 지급한도액과 총지급한도액이 설정되어 있어 타이밍리스크의 이전효과와 밸류리스크의 이전효과도 인정되지 않는 것이라고 할 수 있다.

② 스프레드 손실

스프레드 손실(Spread Loss)은 일정기간 내에 예상되는 지급보험금에 대해 그 보험료를 각 연도로 평준화한 일정액의 보험료를 지불하기로 하고, 매년도 수익을 안정시키는 것을 목적으로 한 담보제한보험이다. 이 담보제한보험은 일정기간에 보험금 지급이 발생할 것이 거의 확실하지만, 그 지불 시기가 미정인 경우 일시적인 큰 금액의 보험금 지급에 의해 발생하는 타이밍리스크를 보험회사로 이전하기 위해 사용된다.

상품의 계약기간은 5년에서 10년 정도 장기적인 것이 일반적이며, 중도 해약은 불가능하다. 통상적으로 연간 보험료는 예상지급보험금과 보험회사의 예상경비 및 이익의 합계액을 보험기간으로 나누어 산출된다. 그 결과, 지불보험료의 평준화를 도모하게 된다. 또한 계약기간의 예상보험료총액을 상회하는 손해가 발생한 경우에도 손실포트폴리오 이전과 달리 초과부분의 보험금도 지급된다. 이 초과부분의 지급액은 보험기간을 연장함으로써 후불보험료로서 보험회사에 지불하게 되므로,

밸류리스크의 이전은 인정되지 않는다. 반대로 계약기간의 총지급보험금이 예상보험료 총액보다 적었을 경우는 환급금이 발생하는 계약이 많다.

③ 손실후자금조달계획

손실후자금조달계획(Post Loss Funding Program)은 보험사고 발생 후에 보험금을 수취하여 보험료를 후불하는 담보제한보험이다. 이는 제11장에서 설명하는 사전약정한도(Commitment Line)라 불리는 융자한도 예약계약(금융상품)의 개념을 보험분야에 도입한 것이다. 이 방식은 「사전약정(commitment)보험료」를 계약기업이 보험회사에 지불하고, 보험회사와의 사이에 「보험의 예약」 계약을 하는 것이다. 사전약정보험료는 보험료의 형태를 취하고 있지만, 실태는 보험계약의 예약수수료이며 리스크이전의 직접적인 대가로서의 성격은 가지고 있지 않다.

계약기업이 지불하는 사전약정보험료는 보험사고가 발생했을 경우, 보험회사가 지급하는 보험금에 보험회사의 경비·이익·이자 등을 합계한 금액의 일부가 상환되고, 나머지 금액은 사전에 협정된 지불기간으로 분할하여, 보험료로서 후불된다. 이 담보제한보험도 보험사고 발생 후의 보험금 지급에 의해 일시적인 자금보전이 되기 때문에 타이밍리스크의 이전 효과는 인정된다. 그러나 계약기업이 받은 보험금은 보험료로 갚게 되므로 손익의 평준화 기능은 있지만, 밸류리스크의 이전 효과는 인정되지 않는다.

제11장
컨틴전트 캐피털(조건부자본)

> 컨틴전트 캐피털(Contingent Capital: 조건부자본)에는 손실이 발생한 후 부채로서 자금을 조달하는 방법과 자본으로서 자금을 조달하는 방법이 있다. 본 장에서는 컨틴전트 캐피털(조건부자본)에 대해 개설한다.

1. 컨틴전트 캐피털의 개요

컨틴전트 캐피털(Contingent Capital: 조건부자본)의 Contingent는 자연재해 발생과 같은 예상외 또는 우발적인 것을 의미하는데, ART에서는 자연재해와 같은 우발적 사고현상의 발생을 「비상시」로 칭하는 경우가 많다. 따라서, 컨틴전트 캐피털(조건부자본)은 비상사태 발생에 대비한 자본을 의미하며, 일정기간 내 사전에 설정한 비상사태가 발생했을 경우 기업의 자금조달을 가능하게 하는 기법이다. 여기에서 캐피털은 자기자본인 자본뿐 아니라 타인자본인 부채도 포함하는 개념이다.

컨틴전트 캐피털(조건부자본)은 보험과 달리 대차대조표상의 자본 또는 부채에 영향을 주기 때문에 트리거(Trigger)가 발동해도 손익계산서에는 영향을 주지 않고, 보험연계증권에 포함되지 않으며, 융자계약 또는 투자계약의 하나로 분류되는 것이 일반적이다.

컨틴전트 캐피털(조건부자본)을 이용하는 기업은 오프밸런스거래 중 자금제공 측에 대해 비상사태 발생 여부에 관계없이 수수료인 사전약정수수료(Commitment Fee)를 지불한다. 사전약정수수료는 비상사태가 발생한 경우의 자금제공 약속에 대한 대가인 일종의 보험료 같은 것이어서 비상사태가 발생하지 않은 경우에도 반환되지 않는다. 이 기법은 비상사태 발생 전에 수배되어 비상사태 발생이 명확해진 후 사전에 정해 놓은 조건으로, 사업회사 등의 신용상태 등이 반영되지 않은 조달비용으로 자금을 조달할 수 있는 것이다. 사업회사 등이 비상사태 발생 후 자금조달을 하려고 하면 신용상태가 나빠져 자금조달 비용이 높아진다. 보험회사 또는 재보험회사도 비상 시 자금조달 수단에 더하여 재보험 등에 의한 리스크분산 대신이 컨틴전트 캐피털(조건부자본)을 사용하는 사례가 많다.

컨틴전트 캐피털(조건부자본)에는 부채로서 자금을 조달하는 컨틴전트 데드 (Contingent Debt: 조건부채무), 자본으로서 자금을 조달하는 컨틴전트 에쿼티 (Contingent Equity: 조건부자본)로 분류된다. 컨틴전트 캐피털(조건부자본)의 캐피털에는 금융기관으로부터 자금의 차입뿐만 아니라 채권이나 주식 또는 구조상품 등 여러 가지 증권에 의한 자금의 조달이 포함되기 때문에 자기자본인 자본금뿐 아니라 타인자본인 부채도 포함된다.

컨틴전트 캐피털(조건부자본)의 분류는 <그림 50>과 같다.

그림 50 컨틴전트 캐피털(조건부자본)의 분류

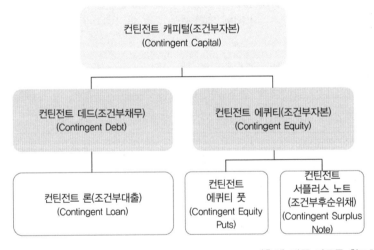

(출처) 각종 자료를 참고하여 작성

2. 컨틴전트 데드(조건부채무)

(1) 사전약정한도

사전약정한도(Commitment Line)는 은행이 사업회사 등에 대한 대출을 약속(Commit)하는 계약으로 대출한도예약 또는 은행융자한도로 불린다. 은행과 사업회사 등의 기업이 미리 융자한도를 정해 두고, 그 융자범위 내에서 일정기간 내에는 비상사태 발생에 관계없이 심사를 하지 않고 은행이 기업에 자금을 빌려주는 계약이다. 사업회사 등은 사전약정한도에 의한 융자를 시장환경의 급변 등 예측불가능한 사태에 대한 대응뿐 아니라 평상시의 운전자금에도 사용할 수 있다.

즉, 사전약정한도는 비상시의 자금조달인 컨틴전트 캐피털(조건부자본)이 아니라 평상시에도 사용할 수 있는 자금조달방법이다. 사업회사 등은 그 대가로 은행 등에 대해 수수료인 사전약정수수료(Commitment Fee)를 지불한다. 따라서 은행은 사전약정한도의 설정에 의해 대출이 실행되었을 경우, 통상적인 금리에 더하여 융자한도의 금액에 따른 사전약정수수료를 받을 수 있다.

사전약정한도는 미국 등에서는 전통적으로 자주 사용됐지만 일본에서는 1990년대 후반까지 거의 이용되지 않았다. 그 이유는 다음과 같다. 첫째, 일본에는 주거래은행제가 있었기 때문에 비상시에는 사업회사가 주거래은행으로부터 필요에 따라 대출을 받았다. 그러나 1990년대 후반에는 은행의 부실채권 처리 등을 계기로 은행업계가 재편되면서 주거래은행을 중심으로 한 대출이 예전처럼 기능을 할수 없게 되었다. 둘째, 종래에는 사전약정수수료가 이자로 간주될 가능성이 있으며, 그 결과 이자제한법이나 출자법상의 상한 이율을 상회하여 동법에 저촉될 가능성이 있었다. 동법에서는 채권자가 받는 원금 이외의 금전은 그 명칭과 상관없고, 이자로 간주한다고 정해져 있었다.

한편으로 사전약정수수료는 융자한도 전체에 대한 것이지만 차입이 없거나 소액의 차입을 하는 경우, 그 차입금액에 대한 사전약정수수료는 상한이율을 초과할 가능성이 있었다. 그러나 1999년 3월 「특정융자한도계약에 관한 법률」이 제정되면서 사전약정수수료에 대해서는 이자제한법이나 출자법상의 이자로 간주되는 대상에서 제외됐다.

사전약정한도의 계약형태에는 상대형(Bilateral) 방식과 신디케이트(Syndicated:

협조형) 방식이 있다. 상대형 방식은 <그림 51>에서 나타내는 것처럼 사업회사
가 각각의 금융기관과 계약을 하는 방법이다.

그림 51 사전약정한도의 상대형(Bilateral) 방식

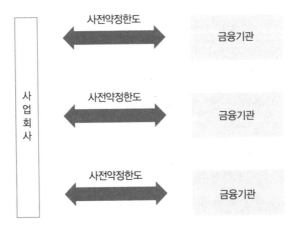

(출처) 각종 자료를 참고하여 작성

한편 신디케이트 방식은 간사금융기관이 복수의 금융기관(신디케이트)을 취합
하여 복수의 금융기관에서 동일한 조건으로 사전약정한도를 설정하는 방법이다.

그림 52 사전약정한도의 신디케이트 방식(Syndicated · 협조형) 방식

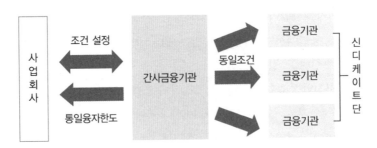

(출처) 각종 자료를 참고하여 작성

그러나, 사전약정한도계약에는 은행이 융자를 거절할 수 있는 대출실행 전제조건 (CP: Condition Precedent)[10]이 규정되어 이것에 저촉되는 경우 대출이 실행되지 않는다. 사전약정한도계약에는 재해나 시스템 장애 등 긴급사태로 인해 은행이 금융시장에서 자금조달이나 송금이 곤란해진 경우, 은행의 대출의무를 면제하는 불가항력(Force Majeure)조항 또는 MAC(Material Adverse Change: 중대한 악화)가 삽입되는 경우가 많다. 이로 인해 대재해 등으로 기업이 막대한 손해를 입고, 그 사업의 계속성에 중대한 의문이 생겨 대출 전제 조건이 충족되지 않는다고 은행이 판단할 경우 대출이 이루어지지 않을 수 있다. 이 비상시에 융자가 실행되지 않을 가능성이 있는 사전약정한도의 문제점을 해결한 것이 후술하는 컨틴전트 론이다.

(2) 컨틴전트 론

컨틴전트 론(Contingent Loan: 조건부대출)은 비상시 융자한도예약이지만, 조건부사전약정한도(Contingent Commitment Line)라고도 칭한다. 이는 사전약정수수료 지불에 의한 비상시 융자가능한도의 예약계약이다. 사전약정한도계약의 조항 중에는 융자면책조항이 있다. 융자면책조항의 하나는 은행의 책임 외가 되는 천재지변 등의 불가항력으로 인해 대출을 실행할 수 없는 상황에 빠진 경우의 면책조항인 「불가항력조항」이며, 다른 하나는 대출처의 재무 내용이 현저하게 대출에 적합하지 않은 상태가 되었다고 판단되는 경우의 면책조항인 「재무제한조항」이다. 이들 2가지 면책조항을 삭제하여 비상시에 금융기관으로부터 리스크대응 자금을 조달할 수 있는 내용으로 한 것이 컨틴전트 론 (조건부대출)계약이다. 따라서, 컨틴전트 론(조건부대출)에서 금융기관은 재해 및 이에 수반하는 기업의 재무내용악화를 이유로 대출범위의 이용을 거부할 수 없다.

컨틴전트 론(조건부대출)에서 사업회사 등은 은행 등 금융기관과의 사이에 미

---

10 Condition Precedent의 condition은 「조건」을 의미하며 precedent는 「앞서 간다」는 의미이다. 즉, 선행하는 조건=전제조건이므로 그 전제로 되어 있는 조건 내용이 실현되어야만 계약서에 기재된 효과가 생긴다고 하는 내용을 정지조건=Condition Precedent라고 부른다. 전제인 이상 그 내용이 실현되지 않으면 계약서에 쓰여진 내용에 효력을 발생시키는 전제가 부족한 것이 되므로, 원래는 효력이 생기지 않는다.
반대로 Condition Subsequent는 해제조건으로 칭해지고, 어떠한 사태나 행위가 발생할 때까지 계약은 계속된다는 조항을 말한다. 예를 들어, 연금은 수급받는 본인이 사망하는 사태가 발생할 때까지는 계속 지불된다는 해제조건의 경우가 있다.

리 컨틴전트 론(조건부대출) 계약을 체결해 두고 지진 등의 비상사태가 발생했을 경우, 자금을 차입할 수 있다. 기업이 긴급사태 시 은행 대출을 받을 경우, 대출을 거절하거나 평상시에 비해 대출 조건이 까다로워질 가능성이 높지만 컨틴전트 론 (조건부대출) 계약에 따라 미리 긴급시 대출조건을 정해놓음으로써 긴급사태 시 차입조건을 고정할 수 있다. 이 방법은 융자한도 내에서는 즉시 자금조달이 가능하지만, 부채이기 때문에 원리금을 갚아야 한다. 또한 <그림 53>과 같이 SPC를 개재시킨 컨틴전트 론(조건부대출) 계약도 실시된다.

<그림 53>은 비상시 확실하게 자금을 조달할 수 있도록 SPC를 사용하여, 사전에 자금을 조달한 것이다. SPC는 사업회사와 컨틴전트 론 계약을 하고 금융기관과는 대출 계약을 맺고 대출을 받는다. 평상시 사업회사는 SPC에 대해 사전약정수수료를 지불하고, SPC는 그 사전약정수수료와 대출의 자금을 안전자산으로 운용한 수익으로 금융기관에 대한 이자를 지불한다. 비상시에 SPC는 안전한 운용을 하고 있던 자산을 현금화하고, 사업회사에 대한 컨틴전트 론(조건부대출) 계약에 의한 자금을 제공한다. 그 자금 제공 후에 SPC는 사업회사에서 원리금을 회수하여 금융기관에 상환한다.

컨틴전트 론(조건부대출)의 구조는 <그림 53>과 같다.

그림 53 컨틴전트 론(조건부대출)

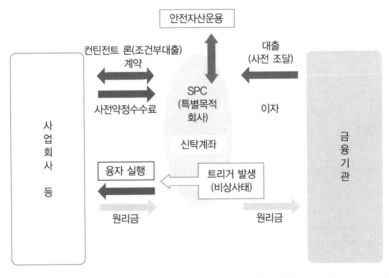

(출처) 경제산업성 자료를 참고하여 작성

3. 컨틴전트 에쿼티(조건부자본)

(1) 컨틴전트 에쿼티(CoCo본드)

컨틴전트 에쿼티(Contingent Equity: 조건부자본)는 「비상시 주식발행」이라고도 번역되어 비상시에 주식을 인수시킬 권리를 사전에 확보하는 계약이다. 컨틴전트 론은 부채가 되기 때문에 상환할 필요가 있지만, 컨틴전트 에쿼티(조건부자본)는 자본으로서 자금조달이기 때문에 상환의 필요가 없다. 따라서, 컨틴전트 에쿼티(조건부자본)는 비상시에 사업회사 등의 자본 감소에 의한 신용력의 저하를 막는 기능을 가진다.

컨틴전트 에쿼티(조건부자본)도 후술하는 CoCo본드처럼 처음에는 부채 형태로 자금조달이 이루어져 비상시에 일정조건이 충족될 경우 자본으로 전환되도록 설계되는 경우가 많다. 비상시에 부채가 자본으로 전환되는 구조에 의해 타이밍리스크의 이전 기능에 밸류리스크의 이전 기능이 추가되어 보험과 유사한 경제 기능을 가지게 된다. 그러나 보험이 「손익거래」인 것에 비해, 컨틴전트 에쿼티(조건부자본)는 「자본거래」이기 때문에 대차대조표의 자본 및 자본잉여금의 방어에는 기여하지만, 손익계산서의 이익이나 대차대조표의 이익잉여금을 지키는 기능은 가지지 않는다. 또한 밸류리스크의 이전처가 보험에서는 보험회사인데 비해, 컨틴전트 에쿼티(조건부자본)에서는 주주가 되는 것도 다른 점이다.

한편 CoCo본드(Contingent Convertible Bonds)는 우발전환사채라고도 불리며 제한조항이 붙은 전환사채를 가리킨다. 이는 주식과 채권의 중간성격을 가진 신형증권(하이블릿증권)으로 세계적인 금융위기의 반성으로부터 자기자본규제를 강화하는 흐름 속에서 2010년경부터 유럽 금융기관을 중심으로 발행되었으며, 이후 아시아와 미국 등 전 세계 금융기관에 자본증강 수단의 하나로 확산됐다. CoCo본드는 발행체인 금융기관의 자기자본비율이 미리 정해진 수준을 밑돌았을 경우, 원금의 일부 또는 전부가 주식으로 전환되는 구조를 갖고 있다. CoCo본드는 동일 발행체의 보통 사채나 후순위채 등과 비교해서 수익률 수준이 높은 경향이 있다.

컨틴전트 에쿼티(CoCo본드)의 구조는 <그림 54>와 같다.

그림 54 컨틴전트 에퀴티(CoCo본드)

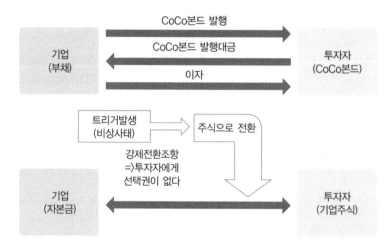

(출처) 각종 자료를 참고하여 작성

CoCo본드는 비상시에 자본으로 전환되는 시스템을 가진 회사채이기 때문에 「비상시 전환사채」라 불린다. 캣본드는 원리금 감면 구조에 의해 투자자가 사업회사 등의 리스크이전을 인수하는 구조인데 반해, CoCo본드는 부채의 자본전환구조에 의해 자본을 보강함으로써 투자자가 리스크를 인수하는 것으로 그 경제적인 효과에 차이가 있다.

사업회사 등은 투자자에게 CoCo본드를 발행하여 발행대금을 지급받지만 이 발행조건에는 일정조건이 충족될 경우, 강제로 주식 전환이 실행되도록 한 강제전환조항이 포함된다. 그리고 트리거 현상의 발생으로 이 조건이 충족되면 미리 정해진 비율로 회사채에 대신하는 주식이 발행되어 투자자에게 교부된다. 그 결과 기업에는 CoCo본드의 발행대금이 자본금으로 남고, 투자자에게는 사채를 대신하는 기업의 주식이 남게 된다.

CoCo본드기간은 통상 10년 내지 15년 정도 장기가 많다. 또한 장기에 걸쳐 전환권이 발행자에게 있는 것이나, 주식에의 전환이 이루어지는 시점에서는 주가가 하락 국면에 있는 것이 예상되므로, 투자자의 리스크는 높다고 생각할 수 있다. 이로 인해, CoCo본드의 이자는 통상적인 전환사채보다 높은 수준으로 설정된다. CoCo본드의 발행은 투자자의 리스크가 높게 되어, 발행비용 등의 조건측면에서 교섭이 어려워질 가능성이 있다. 또한 전환 후의 주식에 의결권이 있는 주주로서의 「경영참가권」이 부수되는 경우, 전환(발행)에 의해 지금까지의 주주 구성이 변화되어 경영의 불안정성을 초래할 가능성이 있다.

(2) 컨틴전트 서플러스 노트와 컨틴전트 에쿼티 풋

컨틴전트 서플러스 노트(Contingent Surplus Note: 조건부후순위채)는 상호회사 조직의 보험회사가 비상사태 시에 후순위채에 의한 자금조달 형태를 취하는 것이며, 컨틴전트 에쿼티(Contingent Equity: 조건부자본)는 주식회사 조직의 보험회사 및 사업회사 등에 의해 이용되는 우선주에 의한 자금조달 형태를 취하는 것이다.

컨틴전트 서플러스 노트는 비상시 후순위채라고도 번역되어, 보험업법에 따라 보험회사만 인정받는 회사 형태인 상호회사(Mutual Company)가 부채로서 자금을 조달하는 수단이다. 상호회사는 주식회사와는 달리, 자본금을 가지지 않고 주로 보험계약자의 보험료로 운영되고 있다.

서플러스 노트(Surplus Note)는 1990년대에 자본금이 없는 상호회사 조직의 보험회사가 자본을 조달하는 방법으로 많이 사용됐다. 이것은 회사채와 유사하며 만기일을 가지고 이자를 지불하는 구조이다. 이로 인해 조달한 자금은 주식을 발행할 수 없는 상호회사 조직의 보험회사에 자금조달방법을 부여하는 것이지만, 자본으로 분류된다. 그 이유는 회사의 청산 시에 자본과 같이 투자자는 마지막으로 재산의 배분을 받기 때문이다.

비상사태 시에 서플러스 노트를 발행하여 자금조달을 하는 시스템이 컨틴전트 서플러스 노트(조건부후순위채)이다. 컨틴전트 서플러스 노트(조건부후순위채)에서는 상호회사 등의 보험회사는 신탁계좌의 자산으로, 비상시에 후순위채권을 구입하게 하는 풋옵션을 가지고 있다. 이 후순위채 발행에 의해 보험회사의 담보력(자본)을 증강하게 된다.

컨틴전트 서플러스 노트(조건부후순위채)와 컨틴전트 에쿼티 풋의 구조는 <그림 55>와 같다.

그림 55　컨틴전트 서플러스 노트(조건부후순위채)와 컨틴전트 에쿼티 풋

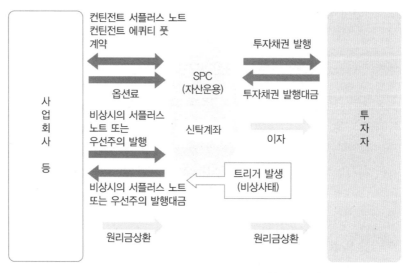

컨틴전트 서플러스 노트
컨틴전트 에쿼티 풋
계약

투자채권 발행

SPC
(자산운용)

옵션료

투자채권 발행대금

사업회사 등

비상시의 서플러스
노트 또는
우선주의 발행

신탁계좌

이자

투자자

비상시의 서플러스 노트
또는 우선주의 발행대금

트리거 발생
(비상사태)

원리금상환

원리금상환

(출처) 각종 자료를 참고하여 작성

　투자자 입장에서 보면 출자대상 기업이 채무초과 또는 지급불능 상태에서도 출자의무를 진다는 것은 채무보증과 동등한 우발채무로 받아들여진다. 따라서, 컨틴전트 캐피털(조건부자본) 계약에 있어서 풋옵션 권리행사의 경우, 출자대상인 기업이 지속가능한 재무상황일 조건이 요구된다. 이에 비해, 보험이나 재보험의 경우 보험계약자인 기업이 파산했을 경우라도 관재인이 채권자로서 보험금을 청구할 수 있기 때문에, 컨틴전트 캐피털(조건부자본)의 대가는 보험·재보험의 보험료에 비하면 상당히 저렴하게 된다.

　앞에서 서술한 사전약정한도에서는 사업회사 등의 차입인의 입장으로서 은행이 비상 시에 융자를 실행해 주지 않을 가능성인 신용위험을 안고 있다. 한편, 은행의 입장에서 볼 경우, 거액의 보험금 지급의무 등의 손해가 발생한 보험회사 또는 거액의 손해를 입은 사업회사 등에 융자를 하게 되어, 그 상환에 대한 불안인 신용위험을 안고 있다. 컨틴전트 에쿼티(조건부자본)는 이러한 사전약정한도에 있어서 문제점을 해결하기 위한 구조이기도 하다.

　컨틴전트 서플러스 노트(Contingent Surplus Note: 조건부후순위채) 혹은 컨틴전트 에쿼티 풋(Contingent Equity Puts) 시스템의 구조에서는 자금확보를 확실

히 하기 위하여, 미리 사업회사 등이 자금을 조달해 신탁기금으로 운영하는 방법이 채택되고 있다. 즉, 사업회사 등이 신탁계좌를 설립하여, 거기에 투자자의 자금을 모집해서 그 자금은 유동성·신용도가 높은 국채가 높은 국채 등으로 운용된다. 사업회사(보험회사)는 미리 결정된 트리거 현상이 발생했을 경우, 신탁계좌 내의 자산을 서플러스 노트 혹은 우선주로 변환할 수 있는 옵션을 가지고 있다. 그 권리를 유지하기 위해서 사업회사(보험회사)가 지불하는 옵션료가 운용자산에 추가되고 그 운용이익으로 투자자에 대하여 이자가 지불된다. 투자자들은 사업회사(보험회사)와 분리된 신탁계좌에 투자하고 있기 때문에 트리거 현상이 발생하지 않는한 신용리스크를 거의 부담하지 않는다. 또한 사업회사(보험회사)도 트리거 현상 발생 시의 자금조달에 대해서, 미리 신탁계좌에 자금이 준비되어 있기 때문에 신용리스크를 부담하지 않는다.

제12장
증권화와 보험연계증권

> 자산의 증권화 구조를 보험리스크에 적용하여 보험연계증권의 구조가 만들어졌다. 본 장에서는 자산의 증권화와 보험연계증권의 구조에 대해 개설한다.

1. 자산담보증권

증권화(Securitization)는 직접금융의 하나로 금전채권 또는 부동산 등의 자산을 담보로 하여 유가증권을 발행하고, 그 판매를 통하여 자금을 조달하는 것이다. 증권화는 미국에서 1970년대 주택융자 담보증권(MBS: Mortgage Backed Security)에 의해 본격적으로 시작되었다. 그 후 자동차론, 신용카드채권, 외상매출금, 리스채권 등을 담보로 한 ABS(Asset Backed Security: 자산담보증권)가 발행되었다. 미국의 증권화 시장은 국채나 사채시장에 뒤지지 않을 정도로 거대하다.

ABS(자산담보증권)는 부동산 또는 자산을 담보로 하는 유가증권이다. 증권화를 하는 기업은 특별목적회사(SPC: Special Purpose Company)를 설립하여 증권화할 자산을 SPC에 양도하고, SPC는 그 자산을 담보로 한 유가증권을 발행해 투자자에게 판매한다. SPC는 특별목적사업체(SPV: Special Purpose Vehicle) 중 법인격을 가진 것을 가리킨다.

ABS는 그 담보가 된 자산의 소유권이 SPC로 이전되고 있기 때문에, 그 자산을 소유하고 있던 기업이 도산하는 경우에도 SPC는 그 영향을 받지 않고 투자자에게 지불할 수 있는 구조이다. 예를 들어, 대출채권이 담보로 된 자산담보증권은 대출채권이 SPC로 이전되고 있어 대출채권에 문제가 없다면 채권 보유은행 등이 파산했을 경우라도 SPC는 그 영향을 받지 않고 투자자에게 계속 지급할 수 있다.

2. 부동산의 증권화

부동산을 소유한 기업은 SPC를 설립하여 소유한 부동산을 SPC에 매각하고, SPC는 그 부동산을 담보로 한 유가증권을 발행해서 투자자에게 매각한다. SPC는 임차인 등으로부터의 임대료 등 부동산 수입으로 투자자에게 이자를 지급하거나 배당을 한다.

부동산 증권화의 구조는 <그림 56>과 같다.

그림 56 부동산 증권화의 구조

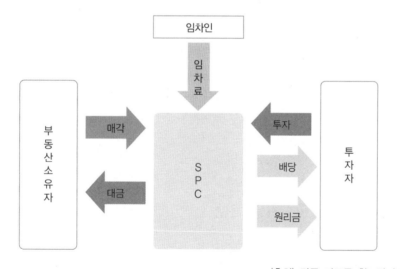

(출처) 각종 자료를 참고하여 작성

부동산의 증권화 기법으로는 SPC를 사용하는 방법 외, 신탁은행이 자산을 수익권 등의 형태로 소액 상품화하는 신탁 방식, 또는 회사형의 투자 신탁을 만들어 그 주식을 판매하는 부동산 투자신탁이라는 방법 등이 있다.

부동산 투자에는 다음과 같은 문제점이 지적된다. 첫째, 부동산 매매는 시간이 걸리는 경우가 많기 때문에 유동성(환금성)이 낮다. 둘째, 투자규모가 상대적으로 크다. 셋째, 관리비용 또는 사무부담이 수반된다. 하지만 부동산의 증권화로 이러한 부동산 투자의 문제점들이 대부분 해소된다.

투자자 입장에서 부동산의 증권화 효과는 다음과 같다. 첫째, 현물 부동산에 비해 유동성(환금성)이 높다. 둘째, 여러 곳의 부동산에 소액으로 나누어 분산투자할 수 있다. 또한 부동산의 원소유자 입장에서 부동산의 증권화 효과는 다음과 같다. 첫째, 부동산의 원소유주는 대상 부동산을 매각한 것과 같은 효과를 얻을 수 있어 앞으로 부동산가격이 하락할 위험을 피할 수 있다. 둘째, 부동산 증권화를 통해 조달한 자금으로 이자부담이 있는 부채를 삭감하는 등 기업의 재무체질을 개선하는 것이 가능하다. 본사 건물조차도 증권화의 대상으로 하고 있는 사례도 있다.

또한, 부동산투자신탁인 REIT(Real Estate Investment Trust)는 증권거래소에 상장되어 있다. REIT는 투자자에게서 모은 자금으로 부동산과 부동산 대출을 구입하여 여기서 나오는 임대료와 이자 등을 재원으로 투자자들에게 배당하고 있다. 일본에서는 2000년에 「투자신탁법(투자신탁 및 투자법인에 관한 법률)」이 개정되어, 투자신탁의 투자대상으로 부동산이 인정됨에 따라 J-REIT가 2001년에 2종목으로 발매되었다. 미국의 부동산투자신탁이 REIT(리트: Real Estate Investment Trust)라고 하는 약칭으로 불리고 있기 때문에, 그 일본판이라는 의미로 J리트(J-REIT: Japanese Real Estate Investment Trust)라고 한다.

3. 채권의 증권화

채권의 증권화 종류는 다음과 같다.

① CMBS

상업용 부동산 모기지 담보증권(CMBS: Commercial Mortgage Backed Securisties)은 자산담보증권(ABS)의 일종으로, 주로 상업용 부동산을 담보로 한 융자인 상업용 부동산 모기지를 담보로 증권화한 상품이다. 논리코스론(Non-Recourse Debt, Nonrecourse Loan: 비소구금융)이 일본에서도 보급됨에 따라 CMBS의 활용도 시작되었다. 일본 최초의 상업용 부동산 모기지 담보증권(CMBS)은 1999년 2월, 모건스탠리사가 건설회사인 대경에서 아파트 1,200호를 취득했을 때, 외자계 은행이 융자한 논리코스론(비소구금융)의 원리금 상환을 원자로 하여 실시한 증권화였다.

논리코스론(비소구금융)이란 담보의 부동산만이 책임재산인 것으로, 채무자인 기업이 도산 시 등에는 그 대출의 담보 부동산을 매각하여 상환에 충당하고도, 대출의 잔액이 남는 경우 채무자는 그 잔액의 상환 책임을 지지 않는 것이다. 그러나 일반적인 주택융자에서는 대출금의 상환을 할 수 없게 되어, 담보인 주택을 매각하여 상환에 충당해도 대출 잔액이 남는 경우, 채무자는 그 대출의 잔액에 대한 상환의 의무를 진다. 이 종래의 주택융자는 「사람」에 대한 대출이라고 할 수 있지만, 논리코스론(비소구금융)은 「부동산」에 대한 대출이라고 할 수 있다. 그러나 일반적인 주택담보대출은 상업용 부동산대출과 달리 상환자금이 부동산소득이 아닌 개인소득이기 때문에 미국, 일본 모두 리코스론이 주를 이룬다.[11]

② RMBS

RMBS(Residential Mortgage−Backed Security)는 MBS(모기지 증권)의 일종이며, 주택융자의 원리 상환금을 담보로 발행되는 「주택융자담보증권」이다. 일반적으로 MBS는 부동산담보대출채권을 담보로 발행되는 증권이다.

또 다른 주택융자의 증권화 사례는 다음과 같다. 독립행정법인 주택금융지원기구는 구 주택금융공고의 조직을 개편한 독립행정법인으로서 2007년 4월 1일 발족했다. 주택금융공고 시절인 2003년 10월 「증권화 지원을 통한 신형 주택담보대출」이라는 명칭의 주택담보대출을 시작했는데, 이 35년까지 고정금리 주택담보대출은 2004년 12월 「플랫 35」로 명칭이 바뀌었다. 주택담보대출은 은행·신용금고·노동금고 등 예금취급 금융기관 일부와 모기지뱅크·신용판매·주택금융 전문회사 등 비은행계 금융기관이 취급하고 있다. 플랫 35는 「매입형」과 「보증형」이 있다.

플랫 35의 매입형 구조는 <그림 57>과 같다.

---

11 캘리포니아 등 몇몇 주에서는 주택담보대출을 받아 집을 샀을 때 대출 상환이 완료될 때까지 해당 주택을 금융기관 소유로 하고 있다. 이로 인해, 채무자가 디폴트 시, 금융기관은 재판절차를 거치지 않고 주택을 처분할 권리인 「Foreclosure by Power of Sale」이 인정된다. 그 대신에, 은행은 담보 물건 처분으로 부족이 생겨도 개인 재산에는 소급할 수 없게 하고 있다(小林正宏·安田裕美子(전게서), pp.150−152). 미국의 일부 주에서는 주택담보대출을 논리코스론(Non Recourse Loan)으로 운용하고 있다.

그림 57 플랫 35의 「매수형」

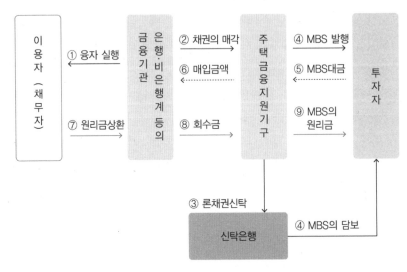

(출처) 각종 자료를 참고하여 작성

　　매입형은 주택금융지원기구가 플랫 35를 제공하는 민간금융기관에서 이를 매입하여 증권화한 것이다. 금융기관은 이용자(채무자)에 대해 주택융자를 실시함과 동시에 해당 주택융자채권을 주택금융지원기구에 양도한다. 이후 주택금융지원기구는 금융기관으로부터 양도받은 주택담보대출채권을 신탁은행 등에 담보목적으로 신탁하여 신탁한 주택담보대출채권을 담보로 MBS를 발행하여 투자자에게 매각한다. 주택금융지원기구는 MBS 발행대금으로 금융기관에 주택담보대출채권 매입대금을 지급하게 되며, 채무자는 금융기관에 주택담보대출 원리금을 상환하고 그 자금은 주택금융지원기구를 통해 MBS를 매입한 투자자에 대한 원리금상환의 자금이 된다.

　　한편 보증형의 주택융자채권은 취급 금융기관으로부터 신탁은행 등에 신탁되어 증권화된다. 금융기관은 채무자가 주택담보대출금을 갚지 못하게 될 경우를 대비하여, 주택금융지원기구인 주택융자보험(보증형)에 가입하고 있다. 주택금융지원기구가 금융기관에 보험금을 지불한 경우, 주택금융지원기구는 금융기관이 소유하고 있던 채무자에 대한 주택담보대출채권을 취득한다.

　　플랫 35의 보증형 구조는 <그림 58>과 같다.

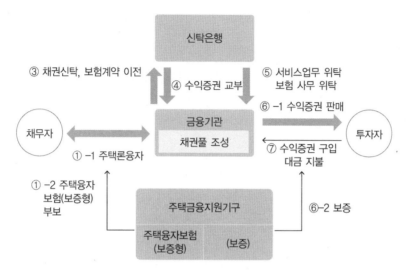

그림 58 플랫 35의 「보증형」

③ 채권신탁, 보험계약 이전
④ 수익증권 교부
⑤ 서비스업무 위탁 보험 사무 위탁
⑥ -1 수익증권 판매
⑦ 수익증권 구입 대금 지불
⑥-2 보증

신탁은행

금융기관
채권풀 조성

채무자
① -1 주택론융자

투자자

① -2 주택융자 보험(보증형) 부보

주택금융지원기구
주택융자보험 (보증형) (보증)

(출처) 각종 자료를 참고하여 작성

③ CDO

CDO(Collateralized Debt Obligation)는 채무담보증권이라고도 칭해지며, 자산담보증권(ABS) 중 담보가 되는 자산이 국가나 기업에 대한 대출채권이나 공사채와 같은 대규모 금전채권의 경우이다. 특히 담보자산이 공사채로만 구성되는 것은 CBO(Collateralized Bond Obligation)라 하며, 대부채권만으로 구성되는 것은 CLO(Collateralized Loan Obligation)라 부른다. CDO는 상환기한이 있는 공사채나 금전채권 등이 담보이기 때문에, 발행하는 증권에도 상환기한이 설정된다.

자산의 원보유자는 증권회사 등이 설립한 특별목적회사(SPC)에 원자산(대출자산, 공사채 등)을 매각한다. SPC는 원자산과 그 이후 생기는 캐시플로우를 담보로 하는 증권을 발행해 증권사 등을 통해 투자자에게 매각한다. SPC는 증권 매각으로 얻은 자금을 원자산 구입대금으로 원보유자에게 지급한다. SPC는 원자산을 보유하는 동시에 회수업무를 회수전문업체 등에 위탁하여 자금을 회수한다. SPC는 원자산에서 회수한 자금에 의해 투자자에게 원리금을 지불한다.

CDO의 구조는 <그림 59>와 같다.

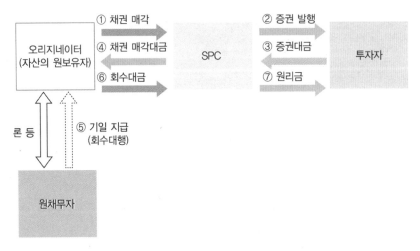

그림 59 CDO의 구조

(출처) 각종 자료를 참고하여 작성

자산의 원보유자 입장에서 채권의 증권화 효과는 다음과 같다. ①자금조달방법의 다양화를 도모할 수 있다. ②오프밸런스화를 도모할 수 있다. ③증권화에 의해서 조달한 자금으로 유이자부채를 갚아, 재무구조의 건전화를 도모할 수 있다. ④보유한 외상매출채권의 신용위험을 이전할 수 있다. 채권의 리스크를 SPC에 매각하고 있기 때문에, 외상판매처 등의 도산리스크로부터 격리된다.

CDO에는 대출, 회사채, ABS, REIT, 신용파생상품스왑(CDS) 등의 편입 대상이다. 2007년 미국에서 시작된 서브프라임 론 문제에 의해 담보로 잡혀 있던 융자가 많아 파산했다. 그 결과 높은 등급으로 운용되던 채무담보증권도 훼손되어 많은 투자자가 거액의 손실을 입었고 담보로 잡혔던 자산의 불투명성 등의 위험이 드러났다.

4. 증권화와 금융위기

(1) 서브프라임 론

서브프라임 론(Subprime Lending/Subprime Mortgage)이란 신용력이 낮은 저

소득자를 대상으로 하는 미국의 고금리 주택담보대출로 은행이 아니라 주택대출업체가 취급하는 상품이다. 우량고객(프라임층)보다도 하위의 서브프라임층이나, 과거에 연체 또는 파산 경력이 있는 신용력이 낮은 소비자를 위한 주택융자이다. 이러한 신용력이 낮은 사람은 통상의 주택융자 심사에 통과하지 못하기 때문에 그만큼 금리는 높게 설정된다. 그러나 차입 초기 2~3년 동안은 낮게 설정된 금리만 지불하면 되고 원금 부분은 갚지 않기 때문에 서브프라임은 저금리 대출이 된다. 그 몇년 후에는 2배 이상의 고금리로 전환된다. 당시의 실제 서브프라임 론의 당초 금리는 8~9% 정도로 6%의 프라임론보다 3% 정도 높고, 3%의 LIBOR보다 6% 정도 높은 것이었다.

서브프라임 론은 당시 이용건수가 775만 건으로 큰 시장이었다. 뉴욕연방준비은행 조사(2008년 1월) 등에 따르면 그 대출비율은 84.9%로 높고, 2000년경부터 급증해 2005부터 2006년에는 전체 주택담보대출의 약 20%를 차지하기에 이르렀다.[12] 한편 주택가격이 상승하면 구입한 주택의 담보가치도 높아진다. 미국에서는 2001년부터 2006년경까지 이어진 집값 상승을 배경으로 금리가 낮은 일반 주택융자로 차환되어 증액된 대출을 소비로 돌리는 일도 발생하고 있었다.

서브프라임 모기지(Subprime Mortgage)는 주택담보대출 담보증권(RMBS 혹은 MBS: Residential Mortgage Backed Securities) 형태로 증권화되고, 이들이 채무담보증권(CDO: Collateralized Debt Obligation) 형태로 재증권화되었으며, 신용평가기관은 이에 대해 높은 평가를 매기고 다른 금융상품 등과 조합되어 세계 각국의 투자자에게 판매되었다.

미국의 주택담보대출 증권화(MBS) 구조는 <그림 60>과 같다.

12　小林正宏 · 安田裕美子, 『サブプライム問題と住宅金融市場』, 住宅新報社, 2008.10, pp.16~17.

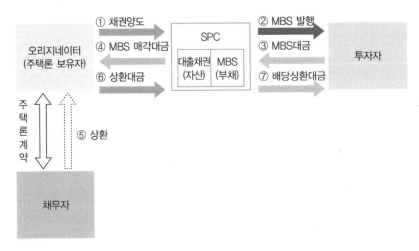

그림 60 미국의 주택담보대출 증권화(MBS)

(출처) 각종 자료를 참고하여 작성

<그림 60>과 같이 금융기관(Originator: 오리지네이터)은 주택담보대출을 채무자에게 대출하고 이를 SPC에 매각한다. SPC는 그 주택담보대출 채권을 담보로 MBS 등을 발행한다. 금융기관(오리지네이터)은 그 MBS의 발행대금을 받아, 다음의 융자에 돌린다. 주택대출상환이 시작되면 금융기관(오리지네이터)은 채무자로부터 상환금 등을 회수해 SPC에 지급하고 SPC는 투자자에게 상환한다. 이 구조에서는 만약 금융기관(오리지네이터)이 파산하더라도 금융기관(오리지네이터)의 채권자로서의 이해관계는 SPC의 자산인 양도를 받은 주택담보대출에 미치지 않고 MBS 투자자는 안심하고 배당 등을 받을 수 있다.

미국에서 당시 주택담보대출의 잔액 10조 달러 가운데 약 60%가 증권화되고 있었다. 또한 은행 부문의 예금 잔액보다 주택담보대출의 잔액이 훨씬 크다. 예를 들면, 은행 부문의 예금이 5조 달러밖에 없고, 은행이 10조 달러의 주택담보대출을 실행할 경우, 차액의 자금조달은 증권화에 의존하지 않을 수 없는 구조로 되어 있었다.

이런 상황에서 대공황 이후 주택가격이 하락한 것은 처음이었던 2007년 여름경부터 주택담보대출금 상환 연체율이 상승하기 시작하자 서브프라임 론 관련 채권이 편입된 금융상품 신용보증마저 신용을 잃고 시장에서는 증권화 상품의 투매가 발생했다. 또한 저금리 거치기간이 끝난 서브프라임 론의 대출금리가 16%를 넘어서자 이자상환이 어려워지면서 상환연체가 급증하기 시작했다.

대출의 상환불능이 급증하면서 주택담보대출회사가 도산하기 시작하면서 주택담보대출회사에 자금을 공급했던 은행들은 큰 손실을 입었다. 2008년 막판에는 뉴욕에 본사를 둔 리먼브러더스 홀딩스(Lehman Brothers Holdings Inc.)의 도산으로 인한 리먼 쇼크 등이 초래되어 높은 신용력을 갖고 있던 AIG, 패니메이와 프레디맥이 국유화되는 사태에 이르렀다. 이로 인해 전 세계의 금융기관에서 신용경색의 연쇄가 일어나 CDS와 함께 세계 금융위기(2007) 발생의 원인이 되었다.

(2) CDS

CDS(Credit Default Swap)는 보증거래인데, 대출채권이나 회사채의 신용위험을 매매(이전)하는 파생상품(옵션)으로 채권을 보유한 채 신용위험만 이전할 수 있다. CDS는 스왑 방식으로 거래되는 경우가 많아 신용부도스왑으로도 불리는데, 신용사건(채무불이행이나 파산 등)이 발생했을 때 지불이 이뤄지는 옵션이다. CDS는 신용파생상품의 대표상품으로 채무불이행과 같은 신용리스크에 대비한 파생상품 계약으로 주로 금융기관 간 상대거래로 이루어지고 있으며 신용보험과 유사하며 프로텍션(Protection)으로 불리운다.

CDS는 정기적인 금전의 지불과 교환으로 「참조기업(Reference Entity)」이라고 칭해지는 특정 국가나 기업의 채무의 일정한 원금(가상원본)에 대한 신용리스크의 프로텍션을 구입함으로써 신용리스크를 이전하는 거래이다. 신용리스크를 회피하고자 하는 금융기관이 프로텍션의 구매자가 되어, 프로텍션의 판매자에 대하여 일정기간동안 고정보증료를 지불한다. 일정기간 중에 신용사건이 발생하였을 때에는 프로텍션의 구매자는 론채권의 상환보증을 받을 수 있다. 그 결제방법에는 손실액이 현금으로 지불되는 현금결제와 프로텍션의 구매자로부터 판매자에게 채권을 양도하여, 판매자가 가상원금 총액의 현금을 지불하는 현물결제의 2가지가 있지만, 현물결제가 주류를 이루고 있다.

일정 기간 중에 신용사건의 발생이 없으면, 프로텍션의 판매자로부터 구매자에 대한 지불이 발생하지 않기 때문에, 프로텍션의 구매자가 판매자에 대해서 고정의 보증료가 지불하는 것만으로 계약은 종료한다.

CDS 거래(현물결제)의 구조는 <그림 61>과 같다.

그림 61 CDS 거래(현물결제)의 구조

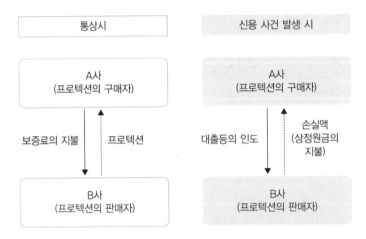

통상시	신용 사건 발생 시

통상시

A사
(프로텍션의 구매자)

보증료의 지불 | 프로텍션

B사
(프로텍션의 판매자)

신용 사건 발생 시

A사
(프로텍션의 구매자)

대출등의 인도 | 손실액
(상정원금의
지불)

B사
(프로텍션의 판매자)

(출처) 각종 자료를 참고하여 작성

CDS는 보증의 판매자는 보증료를 받고 참조기업이 도산했을 경우의 일정 금액의 지급을 약속하며, 보증의 구매자는 보증료를 내고 참조기업이 도산했을 경우에 일정금액을 받는 계약이다. CDS는 참조기업 회사채를 갖고 있지 않은 주체 간 거래도 가능하기 때문에 도산 가능성이 높은 기업을 참조기업으로 해서 베팅할 수도 있다.

(3) CDS와 서브프라임

AIG는 「American International Group」의 약어로, 미국 뉴욕에 본거지를 둔 세계적인 보험·금융 서비스 그룹이다. AIG그룹은 세계의 보험·금융 서비스업계의 리더로서 130개 이상의 국가·지역에서 사업을 전개해 왔다. AIG는 그 자회사의 AIGFP(AIG Financial Products)가 보증보험업무를 전문으로 하는 모노라인보험회사(Monoline Insurers)와 같은 보증 업무를 실시하고 있었다. 그 보증은 금융기관이 AIG(AIGFP)에 보증료를 지급하는 대신 AIG는 주택담보대출 증권화 상품의 대손이 생기면 원금 지급을 약속하는 계약이었다.

2000년 1,000억 달러였던 CDS 시장규모는 2007년 말에는 약 62조 달러에 이르고 있었다. 이때 AIG의 CDS 보증 잔액은 4,400억 달러에 이르고 있었다. 뉴욕

타임스에 따르면 2005년 AIG 전체 이익의 17.5%는 CDS에 의한 보증료에 의한 것이었다.

하지만 주택버블 붕괴로 주택담보대출이 일시에 상환불능이 되면서 주택담보대출 증권화 상품이 잇달아 채무불이행에 빠지자 AIG의 지불능력을 초과하는 보증청구가 한꺼번에 발생해 140억 달러에 이르는 CDS의 지급에 차질을 빚었다.

이로 인해, AIG는 2007년에 미국에서 발생한 서브프라임 문제로, 그 보증상품인 CDS 거래에 따른 큰 리스크가 표면화되었다. 그 결과, 산하의 금융상품 부문이 CDS로 거액의 손실을 입고, 미국 정부가 AIG의 주식을 79.9% 취득하는 권리를 얻어 최대 850억 달러를 융자하기로 결정함에 따라 2008년 미국 정부의 관리하에 들어갔다.

일본에서도 서브프라임 론 문제의 영향으로 야마토생명이 경영파탄했다. 야마토생명은 생명보험계약의 예정이율을 강제적으로 인하한 과거의 경영파탄 처리로 기존의 다른 생명보험회사와 비교하면 낮은 예정이율 등 현저히 유리한 조건의 보험계약을 갖고 있었다. 그러나 증권사 출신 사장에 의해 위험한 자산운용이 이루어진 이 회사의 유가증권 보유 잔액 중 외국증권 기타 비율이 42.2%였고, 고위험·고수익의 자산운용이 경영파탄의 원인이 됐다. 경영파탄한 원인은 주식이나 얼터너티브 자산 등 운용상품의 가격이 큰 폭으로 하락해서 2008년 9월 중간 결산의 당기순손실이 110억 4,300만 엔이 된 것이었다. 2008년 3월 말 시점의 운용자산 잔액은 약 2,800억 엔으로, 이 중 얼터너티브 투자가 차지하는 비율은 약 30%였다. 얼터너티브 투자의 구체적 내용은 스트럭처드채권과 헤지펀드 투자, CLO(Collateralized Loan Obligation: 대출채권담보부증권), REIT 등의 부동산 관련 투자이다.

5. 보험연계증권

(1) 보험연계증권의 등장

보험연계증권(ILS: Insurance-Linked Securities)은 보험 대상의 리스크를 투자자에게 이전하는 보험 대상리스크의 증권화 상품의 총칭이다. 보험연계증권에는 그 거래 종류에 의해서 캣본드(CAT Bond), ILW(Industry Loss Warranties), 사이드카(Sidecar), 담보부재보험(Collateralized Reinsurance) 등이 있다.

보험연계증권의 종류는 <그림 62>와 같다.

그림 62 보험연계증권의 종류

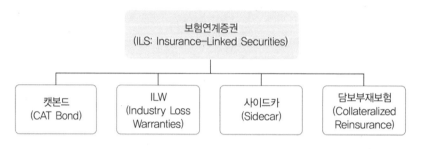

보험회사는 대수의 법칙이 작용하기 어려운 이상 재해 등을 인수하는 경우 인수능력의 부족에 직면하는 경우가 있어, 그 인수능력을 보강하려면 자본금을 증가시킬 필요가 있다. 또한 보험회사는 인수능력을 초과하는 위험을 인수할 경우 재보험을 이용해왔다. 근년, 보험회사는 인수능력을 보완하는 수단으로 이러한 자본금 증가나 재보험 외에 보험연계증권을 이용할 수 있게 되었다.

보험연계증권은 1992년 미국에서 허리케인 앤드루(Hurricane Andrew)가 발생했을 때, 보험회사의 인수능력이 부족[13]했던 것을 배경으로 하여 자본시장에 보험리스크를 이전하는 수단으로서 개발되었다.

한편, 보험회사의 리스크 분산은 전통적으로 재보험에 의해 이루어지고 있다. 예를 들어, 손해보험회사가 석유 콤비나트와 같은 거대리스크의 보험계약을 인수할 경우 보험사고 발생 시 그 보험금의 지급액이 지급능력을 초과할 가능성이 있다. 손해보험회사는 이 같은 거액의 보험금 지급의 경우, 자사의 재무상황에 큰 영향이 없도록 인수한 리스크의 일부 또는 전부를 재보험회사 등에 재보험함으로써 리스크분산을 하고 있다. 보험업계는 이 재보험을 통해 보험업계 안에서 위험을

---

13 1980년대 미국의 보험위기와 북해에서의 파이퍼 알파 석유의 폭발·화재사고(1988) 등의 경우. 보험시장의 인수능력 부족이 지적되었고 허리케인 앤드류(1992), 노스리지 지진(1994) 때에도 보험시장의 인수능력 부족으로 인한 재보험 수배가 어려워졌다.

분산시켜 보험업계 전체의 인수능력을 효과적으로 활용해 왔다. 그러나 그 인수능력은 손해보험업계 전체의 자본금 합계에 의해 제한된다. 따라서 보험업계의 인수능력은 그 자기자본의 합계에 의해 제한되기 때문에 대재해 또는 금융위기 등으로인해 보험회사가 큰 손해를 입었을 때 보험업계는 인수능력 부족에 직면했고, 보험시장이 경색되면서 보험료율이 급등했다. 이상재해에 대한 보험회사의 인수능력부족을 보완하기 위해 보험시장보다 자금량이 풍부한 자본시장이 리스크의 이전처로서 주목받았다.

보험회사의 리스크분산을 위한 재보험은 「보험의 보험」이기 때문에 「재보험 (Reinsurance)」이라 칭한다. 재보험에 대한 재보험은 재재보험(Retrocession)이라한다. 보험회사가 보유하는 리스크의 일부 또는 전부를 다른 보험회사로 이전하는것은 출재보험이라 하며 보험회사가 이를 인수하는 것은 수재보험이라고 한다. 한편, 원수보험(Primary Insurance)이란 보험회사가 개별의 보험계약자와 체결하는보험계약을 가리키는 경우가 있는데, 「특정보험계약」에 대해 재보험계약이 체결되어 있는 경우, 그 재보험계약에 대해 그 「특정보험계약」은 원수보험이라 한다.

원수보험과 재보험의 구조는 <그림 63>과 같다.

그림 63 원수보험과 재보험의 구조

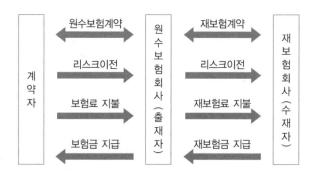

(출처) 각종 자료를 참고하여 작성

재보험은 손해보험의 일종으로 대부분의 손해보험회사가 행하고 있지만 재보험전문회사도 있다. 일본에서는 토아재보험주식회사와 일본지진재보험주식회사가재보험전문회사다. 생명보험의 재보험은 손해보험회사 이외에도 생명보험회사도 인수할 수 있다. 재보험계약은 원수보험과는 독립된 계약이며, 원수보험회사는 재보험회사로부터의 재보험금 수령에 관계없이 원수보험 계약에 따른 보험금의 지급 책임을 진다. 또한 원수보험계약자는 재보험의 계약당사자가 아니기 때문에 재보험회사에 대해 아무런 권리도 갖지 못하고 직접 보험금을 청구할 수도 없다.

재보험은 보험업계 안에서 리스크를 분산시키고, 원수보험회사의 수익 안정화와 추가 인수능력 확보를 통해 보험시장의 확대와 안정화에 기여하고 있다. 그러나, 재재보험의 연쇄에 의해서 관계된 재보험회사가 많아지면 많아질수록, 관련된 보험회사의 신용리스크가 커진다. 보험사고 발생 시, 재보험회사가 재보험금을 지급할 수 없게 될 가능성이 있는데, 한 재보험회사의 지급불능상태는 연쇄적인 지급불능 사태를 일으킬 수 있기 때문이다.

지급불능 연쇄가 발생한 실제 사례로서 1980년대 런던의 재보험시장에서 발생한 초과재보험계약(Excess of Loss Cover)인 LMX(London Market Excess of Loss)의 스파이럴(Spiral)이 있다. 초과재보험계약이란 재보험계약의 일종으로, 한 사고에 의한 손해액이 재보험계약으로 정한 금액을 넘었을 경우 초과한 부분에 대해 보상하는 것이다. 런던 재보험시장 신디케이트의 언더라이터는 이 재보험계약을 반복해서 체결했고, 자사가 출재한 리스크가 돌고 돌아서 다시 인수하는 사태가 되었다. 이 상태에서 1987년과 1990년 사이에 발생한 태풍과 지진 등 대재앙의 연속이 원인이 되어 많은 신디케이트가 파탄하게 되었다.

그러나, ILS 거래는 이러한 지급불능연쇄의 가능성이 없고, 재보험을 대신하는 새로운 리스크이전 방법으로서 정착하고 있다. ILS의 보급에 의해서 보험업계는 새로운 비즈니스모델을 모색하지 않을 수 없게 되었다.

(2) 보험연계증권의 구조

자산담보증권(ABS)이나 모기지담보증권(MBS) 등은 모두 자산의 증권화이지만 ILS(Insurance Linked Securities)는 부채의 증권화이다. 보험연계증권은 금융 기법인 「증권화」의 구조를 사용해 자본시장으로부터 자금조달을 실시하는 것이지만, 비상시에는 그 채권의 「원금 또는 이자의 감면」이 발동되는 구조를 가진 ART이다. 특히, 지진·허리케인·태풍 등의 대재해(Catastrophe) 발생 시에 일정한 조건이 충족되면, 채권의 원본 또는 이자의 감면이 이루어진다. 그 감면 상당액이 보험금과 같이 기업에 지불되는 구조를 가지는 것은 「캣본드(Catastrophe Bond)」라고 칭해진다.

한편, 전미보험감독관협회(NAIC: National Association of Insurance Commissioners)는 보험연계증권이란 「그 실적이 있는 특정 보험리스크의 손해 실적에 연동된 증권화 상품[14]」이라고 정의하고 있다. 보험연계증권은 보험회사가 재보험에 추가하거나 재보험을 대신해서 이용하는 경우가 많다.

보험연계증권에서 투자자는 보험회사나 재보험회사 등에 대한 보상금을 지급할 위험을 인수하는 대가로 프리미엄(수수료)을 받는다. 투자자가 인수하는 보상금의 지급리스크란 재해 등의 리스크가 발생했을 경우, 투자 원금의 일부 또는 전액의 상환이 면제되는 리스크이며, 그만큼이 보험금과 같이 보험회사나 재보험회사 등에 지급되어 보험금 또는 보상금의 재원이 되는 구조이다.

보험연계증권과 유통시장의 관계는 <그림 64>와 같다.

그림 64 보험연계증권과 유통시장의 관계

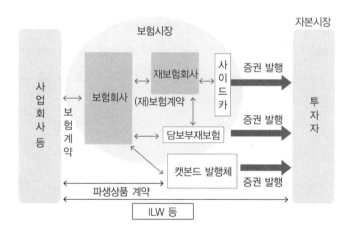

(출처) 각종 자료를 참고하여 작성

세계의 5대 리스크는 미국의 허리케인·지진, 유럽의 폭풍우, 일본의 태풍·지진이며, 캣본드는 이 세계의 5대 리스크를 대상으로 한 것이 많다. 보험연계증권의

---

14 Insurance linked securities(ILS) are securities whose performance is linked to the performance of some pre-specified insurance risk(NAIC, Capital Markets Special Report: Insurance Linked Securities: Recovering Slowly After the Crisis, Feb, 2011).

대상이 되는 리스크는 캣본드로 대표되는 거대 자연재해리스크가 많지만, 사망률 또는 수명(사망률 상승, 장수 리스크 등), 의료비 청구 등에 관련되는 리스크를 대상으로 하는 것도 나타나고 있다.

ILS는 보험회사 등이 자본시장에 리스크의 이전처를 원하고 있기 때문에 보험리스크의 이전처를 비약적으로 확대시키는 것이다. 또한 보험회사는 ILS의 구조에서 재보험을 통하여 보험회사가 부담하는 신용리스크를 회피할 수 있다. 재보험의 경우, 거대리스크가 발생했을 때에는 재보험회사의 지급능력 부족에 의해서 재보험금이 지급되지 않을 가능성인 신용리스크가 문제가 되지만, ILS에서는 특별목적회사 등에 그 자금이 처음부터 투자자로부터 조달되고 있기 때문에, 신용리스크가 문제시 되지 않는다. 투자자의 입장에서도 ILS는 높은 수익률을 얻을 수 있는 장점이 있다. 또한 자연재해는 경기변동과는 상관관계가 없기 때문에 ILS는 경제동향과는 독립적인 리스크와 리턴을 갖는다는 특성이 있다. 따라서 투자자는 ILS를 투자의 포트폴리오에 추가함으로써 리스크의 다양성을 높여 분산투자를 할 수 있다.

그 특성과 내재하는 리스크가 난해하기 때문에, 종래의 ILS의 주된 투자자는 보험회사나 재보험회사였다. ILS에 대한 일반투자자의 투자를 확대시킨 것이 보험전문펀드다. 최초의 보험전문펀드는 1997년 영국의 대형보험 브로커회사 Willisk의 자회사인 Nephila Capital에 의해 설정되었다. 이후 보험회사와 대형 자산운용사도 보험전문펀드를 설정하게 되었다.

(3) 트리거

트리거(Trigger)는 총 등을 작동시키는 방아쇠를 뜻한다. ILS 발행 시, 정해진 보상금의 지급조건(이벤트)을 트리거라고 칭한다. 트리거가 발생했을 때, 본드는 디폴트가 되어 투자금의 일부 또는 전부가 스폰서에 대한 지불에 충당되며, 투자자에 대한 상환이 감액 또는 면제됨으로써 투자자는 원리금의 감액 또는 면제 리스크를 부담하게 된다. 트리거의 종류는 <표 17>과 같다.

표 17   트리거의 종류

트리거		내용
실손전보형(Indemnity)		실제로 발생한 손해를 기준으로 하여 보상됨. 보험계약 또는 재보험계약과 유사한 손해전보방식
인덱스형 (Index: 손해형)	모델로스 인덱스형 (Modeled Loss Index)	사전에 정한 개별 모델에 풍속, 강우량 등을 입력하여 발생하는 손해액을 추산하는 방식
	업계손해액 인덱스형 (Industry Loss Index)	업계 전체의 손해예측금액에 근거한 방식
	파라메트릭 인덱스형 (Parametric Index)	손해액과는 관계없이 허리케인의 풍속이나 지진의 규모 등의 관측 지표에 근거하는 방식

(출처) 각종 자료에서 발췌하여 작성

　재해 발생 시, 채권 원리금의 일부 또는 전부가 감면되는 경우 투자자에게 손해가 발생한다. 이러한 트리거에는 실손전보형과 인덱스형이 있다. 이전에는 인덱스형이 주류였지만, 근래에는 실손전보형이 많아지고 있다. 실손전보형 트리거에서는 지진 등의 특정 현상의 발생만으로는 지급이 이루어지지 않고, 보험회사의 보험금 지급액이 일정액에 달한 경우에 지급된다.

　인덱스형 트리거에는 개별 추계모델을 사용한 지수를 산출하는 모델로스 인덱스형(Modeled Loss Index), 업계 전체의 손해예측액에 근거한 지수를 산출하는 업계손해액 인덱스형(Industry Loss Index), 허리케인 풍속과 지진의 규모 등 관측 지표에 기초한 지수를 산출하는 파라메트릭 인덱스형(Parametric Index) 등이 있다.

　한편, 보상액이 실제 손해액과 차이가 생길 가능성은 베이시스리스크(Basis Risk)라고 칭해진다. 금융시장에서 현물가격과 선물가격의 차이는 「베이시스(Basis)」라고 하며 현물의 리스크를 헤지하기 위해 선물을 매각하는 경우, 이 베이시스에 의해 손익이 크게 변동하는 리스크는 베이시스리스크라 칭해진다. 베이시스리스크가 발생하면 헤지가 불충분해진다. 금융시장에서 베이시스리스크라는 용어가 보험 분야에 전용되어 실제 손해액과 보상금의 차이를 의미하는 용어로 사용되고 있다. 실손전보형 트리거에서는 보험회사의 보험금 지급액이 트리거가 되기 때문에 보험회사의 베이시스리스크는 발생하지 않는다.

　그러나 투자자 입장에서 실손전보형 트리거는 거대재해가 발생했을 경우, 보험회사가 자사의 평판 등을 위해 보험금을 부당하게 많이 지급하는 경향인 도덕적 해이(Moral Hazard)가 지적되고 있으며, 손해액 산출의 객관성이 의심되고 있다. 또한 투자자들은 보험회사가 인수하고 있는 리스크의 내용을 정확히 파악하기 어렵고, 나쁜 내용의 위험을 증권화하는 역선택(Adverse Selection)도 지적된다. 또한 보험회사의 캣본드 등은 발행자 입장에서 실손전보형 트리거의 판정을 위한 손해액 확정까지 시간이 걸리기 때문에 보상금을 수취할 때까지의 시간이 걸리는 문제점이 있다.

인덱스형 트리거는 표준화가 쉽고 거래비용도 비교적 적기 때문에 증권화에 적합하다고 한다. 투자자 입장에서는 인덱스형 트리거가 보험회사에 유리한 조건으로 설정되는 도덕적 해이와 역선택 가능성도 적고, 그 투명성도 높다.

6. 일본의 지진보험과 ILS

일본의 화재보험에서는 지진리스크가 면책되어 지진·분화 또는 이들에 의한 해일을 직접 또는 간접 원인으로 하는 손해가 보상되지 않는다. 따라서 지진리스크를 보험으로 담보하려면 지진보험에 별도로 가입해야 한다. 일본의 지진보험은 1964년 니가타 지진이 계기가 된 「지진보험에 관한 법률(1966)」에 따라 출범하여 정부가 재보험을 맡게 됐다. 이 법률에 의한 지진보험은 일정한 금액을 한도로 가계용의 거주용 건물과 생활용 동산(귀금속이나 보석·미술품 등은 제외)을 대상으로 하고 기업 전용의 공장이나 사무소 전용의 건물·집기 비품·기계 등은 대상 외가 되었다. 가계용 지진보험은 주택의 재건을 목적으로 하는 것이 아니라 생활의 재건 자금을 확보해 이재민의 생활 안정에 이바지하는 것을 목적으로 하고 있다. 따라서, 지진보험은 주택의 재건을 위한 자금으로서는 충분하지 못하다. 이 부분에 있어서 일본의 지진보험은 일정한 금액 내의 정부 재보험이 있는 가계용 지진보험과 그 한도액을 초과한 지진리스크와 기업용의 정부 재보험이 없는 지진보험이 존재하게 되었다.

일본의 지진리스크와 보험연계증권(ILS)의 관계는 <그림 65>와 같다.

그림 65　일본 지진리스크와 ILS

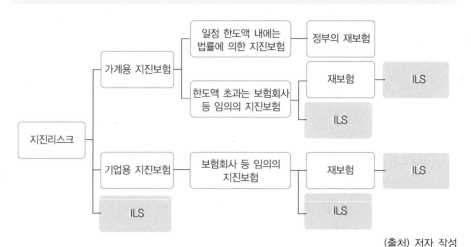

(출처) 저자 작성

<그림 65>와 같이 지진리스크 중에서 가계 분야의 일정한 한도액 내의 지진리스크는 정부의 재보험에 의해 대처하고 있지만, 그 외의 지진리스크는 민영지진보험과 재보험, 그리고 ILS에 의해 대응해야 하는 상황이다. 본 장에서 설명하는 지진보험은 정부의 재보험에 의해서 대처하고 있는 일정 한도액 내의 가계용 지진보험이다. 일본의 지진보험의 재보험 구조는 <그림 66>과 같다.

그림 66　일본의 지진보험의 재보험 구조

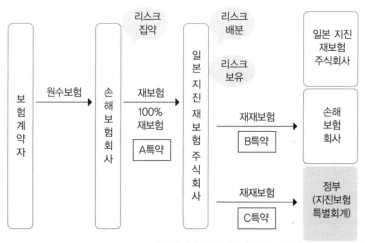

(출처) 일본지진재보험주식회사의 자료를 참고하여 작성

일본지진재보험주식회사는 「지진보험에 관한 법률」로 규정된 지진보험의 재보험 업무를 행하는 손해보험회사로 설립됐다. 일본지진재보험주식회사는 원수손해보험회사가 인수한 지진보험계약의 보험 책임을 재보험에 의해 전액 인수해서 그 책임 중 일정 부분을 초과손해액 재보험방식(일정액을 초과한 손해액을 재보험하는 방식)에 의해 정부에 재보험하고 있다. 또한 정부에 대한 재보험을 제외한 보험 책임 중 일정 부분을 동일하게 초과손해액 재보험방식에 의해 원수손해보험회사 등에 재보험하고 있다.

지진보험은 단독으로 가입할 수 없고 화재보험(주택화재보험, 주택종합보험, 보통화재보험, 점포종합보험 등)에 특약으로서 첨부하도록 하고 있다. 이로 인해, 보험회사의 계약비용을 억제하고 그만큼의 보험료를 싸게 하고 있다. 지진보험의 첨부를 희망하지 않는 경우에는 지진보험에 가입하지 않는다는 의사확인을 위한 「화재보험계약신청서」의 '지진보험 확인란'에 날인하도록 하고 있다(가입을 희망하는 경우는 날인하지 않음).

지진보험의 보험금액은 지진보험이 첨부되는 화재보험 보험금액의 30%에서 50% 범위 내에서 설정되지만, 건물에 대해서는 5,000만 엔, 가재(가계의 재물이나 재산)에 대해서는 1,000만 엔을 한도로 하고 있다. 지진보험은 대지진의 경우에도 확실히 보험금을 지급할 수 있도록 하기 위해서 정부에 의한 재보험이 이루어지고 있다. 또한 대지진이 발생했을 경우, 그 손해액이 거액으로 되어 지진보험의 적립금이 부족해질 가능성이 있기 때문에 1회의 지진 등에 의한 정부와 손해보험회사의 지급보험금총액에 한도액이 마련되어 있다.

이 총지급한도액은 과거에 발생한 최대급의 지진인 관동대지진 규모의 지진재해 보험금 지급의 통계결과에 근거하여 그 금액이 설정되어 있다. 관동대지진은 1923년 9월 1일 발생한 M7.9의 지진으로, 지진 이후 발생한 화재로 인해 손해가 확대됐다. 총지급한도액을 초과하여 보험금이 청구된 경우에는 지급해야 할 보험금 총액에 대한 보험금 총지급한도액의 비율로 1건당 계약으로 지불되는 지진보험금이 감액된다. 여기서 1회의 지진 등이란 72시간 이내에 발생한 2개 이상의 지진 등을 일괄해 가리키지만, 재해 지역이 중복되지 않을 때는 별개의 지진이라고 간주되어 감액의 규정은 각각 적용된다.

「지진보험에 관한 법률 시행령」 개정에 따라 보험 개시기가 2017년 1월 1일 이후 지진보험계약에서는 손해구분이 지금까지 세 가지 구분(전손·반손·일부손)

에서 반손이 두 개로 구분되어 네 구분(전손·대반손·소반손·일부손)이 되었다. 이와 같이 손해의 구분을 그 정도에 따라 4가지로 구분하고, 인정 기준을 단순화하고 있는 이유는 지진에 의한 손해는 대량으로 발생하기 때문에 그 지급업무의 효율화를 도모하고, 신속히 처리하기 위해서이다.

여기서 시가란 신축가격으로부터 사용연수에 상당하는 감가액을 공제한 가격이다.

지진보험에 있어서 손해 정도에 따른 보험금지급액 기준은 <표 18>과 같다.

표 18 지진보험의 손해에 해당하는 정도에 따른 보험금

손해정도	보험금지급액
전손	보험금액의 100%(시가가 한도)
대반손	보험금액의 60%(시가의 60%가 한도)
소반손	보험금액의 30%(시가의 30%가 한도)
일부손	보험금액의 5%(시가의 5%가 한도)

(출처) 지진보험에 관한 법률 시행령

지진보험의 손해인정기준은 <표 19>와 같다.

표 19 지진보험의 손해인정기준

손해 정도	건물		가재
	주요구조물의 손해	소실, 유실된 바닥면적 (일부손은 마루 위 침수등)	가계 재물이나 재산의 손해액
전손	건물 시가의 50% 이상	건물바닥면적의 70% 이상	가재 시가의 80% 이상
대반손	건물 시가의 40% 이상 50% 미만	건물바닥면적의 50% 이상 70% 미만	가재 시가의 60% 이상 80% 미만
소반손	건물 시가의 20% 이상 40% 미만	건물바닥면적의 20% 이상 50% 미만	가재 시가의 30% 이상 60% 미만
일부손	건물 시가의 3% 이상 20% 미만	건물이 마루 위 침수 또는 지반면으로부터 45cm 이상을 넘게 침수를 당한 손해가 발생한 경우, 전손, 대반손 또는 소반손까지 이르지 않은 경우	가재 시가의 10% 이상 30% 미만

(출처) 지진보험 손해인정기준

해일에 의한 손해, 지반액상화에 의한 손해의 경우의 「전손」, 「대반손」, 「소반손」, 「일부손」은 <표 20>과 같다.

표 20 지진보험의 해일로 인한 손해, 지반액상화에 의한 손해인정기준

손해 정도		해일로 인한 손해	「지진 등」을 원인으로 하는 지반액상화에 의한 손해	
			경사	최대침하량
전손	하기 이외	180cm 이상의 마루 위 침수가 된 경우 또는 지반면에서 225cm이상의 침수가 된 경우	1.7/100(약1°)을 넘는 경우	30cm 초과 인 경우
	단층집 구조	100cm 이상의 마루 위 침수가 된 경우 또는 지반면에서 145cm이상의 침수가 된 경우		
대반손	하기 이외	115cm 이상 180cm 미만의 마루 위 침수가 된 경우 또는 지반면보다 160cm 이상 225cm 미만의 침수가 된 경우	1.4/100(약0.8°)을 초과, 1.7/100(약1°) 이하인 경우	20cm 초과, 30cm 이하 인 경우
	단층집 구조	75cm 이상 100cm 미만의 마루 위 침수가 된 경우 또는 지반면보다 80cm 이상 145cm 미만의 침수가 된 경우		
소반손	하기 이외	115cm 미만의 마루 위 침수가 된 경우 또는 지반면보다 45cm가 넘어 160cm 미만의 침수가 된 경우	0.9/100(약0.5°)을 초과, 1.4/100(약0.8°) 이하인 경우	15cm 초과, 20cm 이하 인 경우
	단층집 구조	75cm 미만의 마루 침수가 된 경우 또는 지반면보다 45cm가 넘어 80cm 미만의 침수가 된 경우		
일부손		기초 높이 이상의 침수가 된 경우로 전손, 대반손 또는 소반손에 이르지 못할 때	0.4/100(약0.2°)을 초과, 0.9/100(약0.5°) 이하인 경우	10cm 초과, 15cm 이하 인 경우

(출처) 지진보험 손해인정기준

<표 20>와 같이, 건물의 기울기가 1°를 넘는 경우 또는 최대 침하량이 30cm를 넘는 경우는 전손으로 인정된다.

한편, 「매그니튜드」는 지진 그 자체의 규모를 나타내며 Magnitude의 머리글자를 취해 M으로 나타낸다. 「진도」는 일정 장소에서 지진에 의한 흔들림의 강함을

나타내고, 규모는 지진 그 자체의 크기를 나타낸다. 이들의 관계는 전구의 밝음과 주위의 밝기와의 관계로 설명되는 경우가 있는데, 전구의 밝기를 나타내는 값이 규모라면 전구로부터 떨어진 어느 장소의 밝기가 진도에 해당한다. 즉, 전구가 밝아도 먼 곳에서는 어두워지듯이, 규모가 커도 진원에서 먼 곳에서의 진도는 작아진다. 오히려 규모가 작은 지진의 경우에 진원으로부터 거리가 가까우면 지면의 흔들림이 커지기 때문에 진도는 크게 된다. 또한 규모가 큰 지진의 경우에도 진원으로부터 거리가 멀면 지면의 흔들림이 작아지기 때문에 진도는 작아진다. 규모와 진도의 관계를 나타내면, 다음의 <그림 67>과 같다.

그림 67 지진의 규모와 진도의 관계

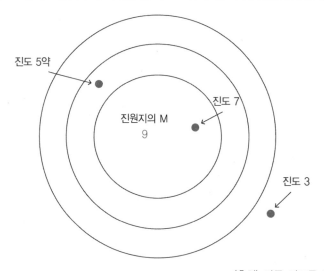

(출처) 각종 자료를 참고하여 작성

1900년 이후의 발생한 지진의 규모와 수준은 <표 21>과 같다.

표 21 1900년 이후 발생한 큰 규모의 지진

순위	발생연월일	진원	규모
1	1960년 5월 23일	칠레	9.5
2	1964년 3월 28일	알래스카만	9.2
3	2004년 12월 26일	인도네시아, 수마트라섬 북부 서쪽바다	9.1
4	2011년 3월 11일	일본, 산리쿠오키 「2011년 도호쿠 지방 태평양바다 지진」	9.0
	1952년 11월 5일	캄차카 반도	9.0
6	2010년 2월 27일	칠레, 마우리 앞바다	8.8
	1906년 2월 1일	에쿠아도루 앞바다	8.8
8	1965년 2월 4일	알래스카, 아류샨 열도	8.7
9	2005년 3월 29일	인도네시아, 수마트라섬 북부	8.6
	1950년 8월 15일	티베트, 아삼	8.6
	1957년 3월 9일	알래스카, 아류샨 열도	8.6

(출처) 기상청

<표 21>과 같이, 2011년 동일본 대지진을 일으킨 「도호쿠 지방 태평양바다 지진」이 네 번째이다.

진도는 <표 22>와 같이 10단계로 나타난다.

표 22 진도와 흔들림의 정도

진도 등급	사람의 체감 · 행동	옥내상황	옥외상황
0	사람들은 흔들림을 느끼지 않지만 지진계에는 기록된다.	-	-
1	실내에서 조용히 있는 사람 중에 흔들림을 약간 느끼는 사람이 있다.	-	-
2	실내에서 조용히 있는 사람 대부분이 흔들림을 느낀다. 잠자는 사람 중에 깨는 사람도 있다.	전등 등의 매달려 있는 것이 약간 흔들린다.	-

진도 등급	사람의 체감 · 행동	옥내상황	옥외상황
3	집 안에 있는 사람 대부분이 흔들림을 느낀다. 걷는 사람 중에 흔들림을 느끼는 사람도 있다. 잠자는 사람 대부분이 잠을 깬다.	선반에 있는 식기류가 소리를 낼 수 있다.	전선이 조금 흔들린다.
4	대부분의 사람들이 놀란다. 걷는 사람 대부분이 흔들림을 느낀다. 잠자는 사람 대부분이 잠에서 깬다.	전등 등 매달려 있는 물건이 크게 흔들리며 선반에 있는 식기류는 소리를 낸다. 안정감 없는 장식들이 쓰러지기도 한다.	전선이 크게 흔들린다. 자동차를 운전하다 흔들림을 느끼는 사람이 있다.
5약	많은 사람이 공포를 느껴 물건을 붙잡고 싶다고 느낀다.	전등 등의 매달려 있는 것은 격렬하게 흔들리며, 선반에 있는 식기류, 책장의 책이 떨어지는 일이 있다. 안정감 없는 장식물의 대부분이 쓰러진다. 고정되지 않은 가구가 이동하는 경우가 있어, 불안정한 것은 넘어질 수 있다.	드물게 유리창이 깨져 떨어질 수 있다. 전봇대가 흔들리는 것을 알 수 있다. 도로에 피해가 생길 수 있다.
5강	대부분의 사람이 물건을 잡지 않으면 걷기 어려운 등, 행동에 지장을 느낀다.	선반에 있는 식기류나 책장의 책이 많이 떨어진다. 텔레비전이 받침대에서 떨어질 수 있다. 고정되지 않은 가구가 넘어질 수 있다.	유리창이 깨져 떨어지는 수가 있다. 보강되지 않은 블록담이 무너질 수 있다. 설치가 불충분한 자동판매기가 쓰러질 수도 있다. 자동차 운전이 어려워져 정지하는 차도 있다.
6약	서 있는 것이 어려워진다.	대부분의 고정된 가구들은 이동하고 심지어는 문이 열릴 수 있다.	벽의 타일과 유리창이 파손, 낙하하는 일이 있다.
6강	서 있을 수 없고, 기지 않으면 움직일 수 없다. 흔들림에 휩싸여 움직이지도 못하고, 날아가기도 한다.	고정되지 않은 가구의 대부분이 이동하여 쓰러지는 것이 많아진다.	벽의 타일과 유리창이 파손, 낙하하는 건물이 많아진다. 보강되지 않은 블록담의 대부분이 무너진다.
7		대부분의 고정되지 않은 가구들은 이동하거나 쓰러지거나 날아간다.	벽의 타일과 유리창이 파손, 낙하하는 건물이 더 많아진다. 보강된 블록담도 파손되는 것이 있다.

(출처) 기상청

진도 5, 6에는 각각 강과 약에 대한 기준이 있다.

「1995년 효고현 남부 지진」은 1995년 1월 17일 5시 46분에 발생한 지진으로 효고현 남부를 중심으로 큰 피해가 발생했다. 이 지진은 대도시 직하를 진원으로 하는 일본에서 첫 대지진이며, 기상청 진도계급에 진도 7이 도입된 이후 처음으로 진도 7(규모 7.2)이 기록된 지진이다.

효고현 남부 지진에 의한 손해는 <그림 68>과 같다.

그림 68 1995년 효고현 남부 지진에 따른 손해

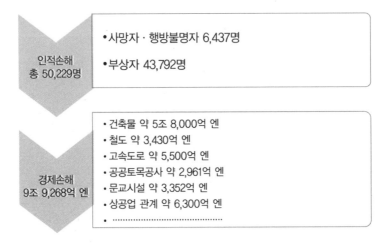

인적손해 총 50,229명	• 사망자 · 행방불명자 6,437명 • 부상자 43,792명
경제손해 9조 9,268억 엔	• 건축물 약 5조 8,000억 엔 • 철도 약 3,430억 엔 • 고속도로 약 5,500억 엔 • 공공토목공사 약 2,961억 엔 • 문교시설 약 3,352억 엔 • 상공업 관계 약 6,300억 엔 • ··

(출처) 일본손해보험협회

효고현 남부 지진에 의한 보험금과 공제금의 지급은 <표 23>과 같다.

표 23 1995년 효고현 남부 지진에 관련된 보험금 · 공제금 지급

가계 지진보험	783억 엔
JA공제	1,188억 엔
전국생협공제	185억 엔

(출처) 일본손해보험협회, JA공제, 전일본노동조합

동일본 대지진은 2011년 3월 11일(금)에 발생한 일본의 관측 사상 최대의 규모 9.0의 도호쿠 지방 태평양 바다 지진과 그것을 원인으로서 발생한 해일, 그 후에 발생한 여진에 의한 재해이다. 동일본 대지진은 전술한 대로, 세계 기록상 네 번째의 큰 지진재해로 막대한 인적 손해와 물적 손해를 가져왔다. 이 지진으로 인해 도쿄전력 후쿠시마 제1원자력 발전소는 정전으로 전원이 상실된 결과, 원자로를 냉각할 수 없게 되어 대량의 방사성 물질이 방출되는 심각한 원자력 사고가 발생했다.

동일본 대지진에 의한 손해는 <그림 69>와 같다.

그림 69　동일본 대지진의 손해

인적손해
총 24,590명
- 사망자 · 행방불명자 15,895명
- 행방불명자 2,539명
- 부상자 6,156명

경제손해
16조 9,000억 엔
- 건축물 약 10조 4,000억 엔
- 인프라 시설(수도 · 가스 · 전기 · 통신설비 등) 약 1조 3,000억 엔
- 사회기반시설(하천 · 도로 · 항만 등) 약 2조 2,000억 엔
- 농림수산관계 약 1조 9,000억 엔
- 그 외 약 1조 1,000억 엔

(출처) 내각부 등(원전사고로 인한 손해는 제외)

동일본 대지진에 의한 보험금과 공제금의 지급은 <표 24>와 같다.

표 24 동일본 대지진 관련 보험금·공제금 지급

손해보험	가계 지진보험	1조 2,346억 엔	2012년 5월 31일 현재
	가계 지진보험 이외의 손해보험(재보험 회수 후)	6,000억 엔 (2,000억 엔)	2011년 5월 19일 결산 발표
공제	건물계	1조 537억 엔	2012년 9월 말 시점
	생명계	645억 엔	
생명보험	사망보험금	1,599억 엔	2012년 3월 말 시점

(출처) 생명보험협회, 손해보험협회, 일본공제협회, 금융청

지진에 의한 이재민에게는 이중대출(loan)의 문제가 발생하는 경우가 많다. 은행 등에서 주택담보대출을 받을 경우, 저당권을 설정하는 주택의 담보가치를 유지하기 위해 은행은 채무자에게 화재보험 가입을 요구하지만, 지진보험 가입까지는 요구하지 않는다. 따라서 지진으로 주택이 파손될 경우, 지진위험을 면책하고 있는 화재보험에서 보상받을 수 없고 주택담보대출은 남는다. 이재민은 주택융자를 부담한 상태로 자택을 재건축하기 위해서 은행 등에서 재차 융자를 받게 되어, 두 개의 주택융자를 부담하는 이중대출 상태가 되어 상환에 어려움을 겪게 된다. 지진보험에 가입했을 경우라도 그 보상 한도인 보험금액은 건물 시가액의 30~50%로 되어 있어 보험금으로 주택담보대출을 완제하지 못하는 경우도 있지만 지진보험은 이중대출 발생방지에 일정한 역할을 하고 있다.

한편, 보험회사 등은 정부에 의한 지진보험의 재보험 대상 외의 지진이나 허리케인 등의 재해리스크(Catastrophe Risk)를 보험계약자로부터 인수하여, 투자자에게 이전하는 ILS의 일종인 캣본드(CAT Bond)를 발행하고 있다.

일본의 지진리스크와 ILS는 <그림 70>과 같다.

그림 70   일본의 지진리스크와 ILS 경로

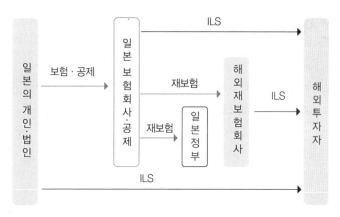

(출처) 각종 자료를 참고하여 작성

그 구조는 리스크를 헤지하는 보험계약자 또는 보험회사 등이 ILS 발행자로서 증권을 발행해서 미리 특정된 리스크가 발생했을 경우, 투자자에 대한 원리금의 지불이 면제되는 것이다. 그 채권금리는 투자자의 원리금 면제 위험 부담에 비례하여 일반 채권보다는 높게 설정된다. 이 방법으로 발행된 채권은 만기 때까지 특정 위험이 발생하지 않을 경우, 원금 전액이 상환되지만 특정 위험이 발생할 경우, 보험회사 등의 스폰서에 대해 원금 전부 또는 일부가 재보험 보험금처럼 지급되며, 투자자에 대한 상환액은 일부 또는 전액 감액된 금액이 된다.

제13장
보험연계증권의 종류

자산의 증권화 구조를 보험리스크에 적용하여 보험연계증권(ILS) 구조가 만들어졌다. 본 장에서는 ILS의 종류와 그 구조에 대해 개설한다.

1. 캣본드

(1) 캣본드의 구조

캣본드(CAT Bond: Catastrophe Bond)는 보험연계증권(ILS)의 일종으로 보험회사 또는 사업회사가 지진, 태풍, 폭풍우 등 자연재해의 위험을 금융시장 투자자에게 이전하는 채권이다. 이것은 Hannover Re가 1994년에 캣본드를 발행한 이후 많은 국내외 보험회사에 의해 발행되었다. 또한 도쿄 디즈니랜드를 운영하는 오리엔탈랜드가 1999년 4월, 세계에서 사업회사로는 최초로 약 200억 엔의「지진본드」를 발행했다.

손해보험업계의 세계 5대 리스크는 그 규모가 큰 순서로 미국의 허리케인, 미국의 지진, 유럽의 폭풍우, 일본의 태풍, 일본의 지진이라고 알려져 왔다. 캣본드는 이 5대 리스크 중 하나 또는 그 조합을 트리거(Trigger)로 발행되는 경우가 많다.

캣본드(CAT Bond)의 구조는 <그림 71>과 같다.

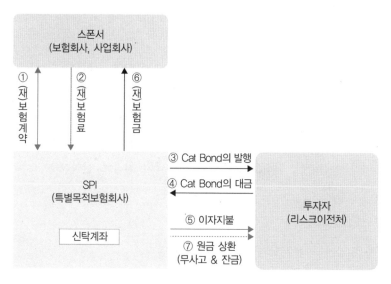

그림 71 캣본드(CAT Bond)의 구조

스폰서
(보험회사, 사업회사)

① (재)보험계약
② (재)보험료
⑥ (재)보험금

SPI
(특별목적보험회사)

신탁계좌

③ Cat Bond의 발행
④ Cat Bond의 대금
⑤ 이자지불
⑦ 원금 상환
(무사고 & 잔금)

투자자
(리스크이전처)

(출처) 각종 자료를 참고하여 작성

캣본드의 구조는 대지진 등의 거대재해위험을 인수한 보험회사 또는 대재해에 의한 리스크를 안고 있는 사업회사 등이 스폰서로서 특별목적보험회사(SPI: Special Purpose Insurer)를 설립하여, SPI에 보험료를 지불하고, 리스크를 이전하는 것이다. SPI는 스폰서로부터 받는 보험료를 재원으로 하여 캣본드(채권)를 발행해서 투자자에게 그 캣본드(채권)를 판매한다.

투자자로부터의 캣본드 발행대금은 SPI의 신탁계좌에서 안전성이 높은 자산으로 운용·관리되고, 투자자에게는 이 자산운용수익과 스폰서로부터의 (재)보험료를 재원으로 정기적으로 캣본드의 이자가 지불된다. 또한 이 신탁계좌의 자금은 트리거 이벤트가 발생했을 경우에 스폰서에게 지급되는 보험금의 재원이 된다. 일반적으로 2년~5년으로 설정되는 상환기간까지 트리거 이벤트가 발생했을 경우에는 캣본드의 판매를 통해 투자자로부터 조달한 대금은 보상금의 지불에 충당되며, 투자자에 대한 원리금의 상환은 감액 또는 면제되지만, 그 기간이 무사고로 경과하면 투자자에게 원금이 반환된다.

신탁계정자금의 운용이율은 일반적으로 LIBOR이며, 이자지불은 발행금액에 대해 연간 2% 등의 프리미엄이 이에 가산된다. 이 프리미엄은 스폰서 입장의 비용이자, 리스크이전의 대가인 보험료이기도 하다. 스폰서는 연 2% 정도의 비용을 지불하고, 거대재해 발생 시 사전에 정해진 발행금액 전액 또는 그 일부 금액을 SPI에서 수취하게 되며, 투자자는 LIBOR의 금리와 프리미엄의 합계액을 투자수익으로 받는다.

손해보험회사는 자신이 인수한 보험의 대재해에 의한 보험금 지급의 리스크를 투자자에게 전가하기 위해 캣본드를 발행하고 있다. 예를 들면, 손해보험회사는 스스로 인수한 지진보험의 보험금 지급에 대비하기 위해 재보험적인 성격의 캣본드를 발행하고, 지진재해 시에는 그 캣본드의 원금 상환금이 감액되고 그 부분은 손해보험회사가 수취하여, 지진보험의 보험금 지급의 원자로 한다.

(2) 캣본드의 효과

발행자 입장에서 캣본드의 효과는 다음과 같다.

① 장기 커버

지진보험은 그 보험기간이 통상적으로는 1년 또는 2년 정도이다. 그러나 캣본드는 발행자가 그 기간을 비교적 자유롭게 설정할 수 있기 때문에 10년 정도까지의 장기 상환기간을 설정할 수도 있다.

② 비용의 확정

지진보험은 앞에서 서술한 것처럼 그 보험기간이 단기이기 때문에 계약을 갱신할 때마다 그때의 보험시장의 상황에 따라 보험료율이 변동하여, 보험료가 2~3배 급등하는 경우도 있다. 그러나 캣본드에서는 그 상환기간을 장기로 설정할 수 있고, 기간 내에는 고정금리로 설정할 수 있어 그 비용을 장기간에 걸쳐 확정할 수 있다.

③ 보험회사의 인수능력 보강

자연재해에 대한 리스크를 투자자로 이전함으로써 보험회사의 인수능력 부족을 보강할 수 있다.

④ 자금의 즉각성

보험에서 손해가 발생했을 경우, 손해조사를 통해서 그 손해의 금액을 확정한다. 보험에는 손해전보의 원칙과 이득금지의 원칙 등이 있어, 실제의 손해액을 넘어 보상할 수 없기 때문이다. 손해조사는 수개월에서 수년이 걸리는 경우가 있다. 그러나 캣본드에서는 트리거를 설정해 두고, 그 조건이 충족되었을 때 즉시 미리 결정된 금액이 발행자에게 지급된다.

⑤ 신용리스크에서 중립성

거대한 재해 발생의 경우에는 그 손해가 보험회사나 재보험회사의 지급능력을 초과하는 경우가 있기 때문에 보험회사나 재보험회사가 보험금을 전액 지급할 수 있다고는 할 수 없다. 그러나 캣본드에서는 채권 발행 시 SPI가 투자자로부터의 출자금을 불입 받고, 그 자금을 SPI의 신탁계정에서 운용하고 있다. 캣본드에서는 대재해 시 발행자에게 지급하기 위한 자금을 처음부터 확보하고 있기 때문에 투자자가 재해 시에 보상금을 지급할 수 없게 되는 신용리스크는 존재하지 않는다.

⑥ 발행 조건의 탄력적인 대응

트리거의 설정, 지불 조건, 금리 등의 발행 조건을 발행자의 상황에 맞추어 설정할 수 있다.

투자자 입장에서의 캣본드의 이점은 다음과 같다.

① 등급

캣본드는 자연재해 발생 시, 그 트리거 조건에 따라 상환이 일부 또는 전부 면제되지만, 국제적인 리스크평가회사가 과거의 기상통계, 지질분석 등을 통해 그 면제조건의 확률을 평가하고 있다. 예를 들면, 캣본드의 발행조건에서는 「만기까지 투자자에게 원금의 지급이 전액면제될 확률이 1%」라는 식으로 그 확률이 명시된다. 이것을 기본으로, 무디스사(Moody's)나 스탠더드 푸어스사(S&P: Standard & Poor's), 피치(Fitch) 등의 국제적인 신용평가기관은 캣본드에 대해 등급설정을 하고 있다(신용등급에 대해서는 제1장 참조). 따라서 투자자들은 캣본드 상환을 위한 신용위험 조사가 쉬워진다.

② 리스크의 독립성

캣본드의 상환리스크는 자연재해에 관한 리스크이기 때문에 각국의 경제활동과는 연동되어 있지 않으며, 사채나 주식의 금융시장과 부동산시장과의 상관관계가 거의 없다. 예를 들어, 동일한 더블A격인 회사채 3종류에 1억 엔씩 투자하는 경우를 가정해 본다. 첫째, 일본기업 3사의 채권에 투자하는 경우는 그 투자리스크는 일본의 경제변동리스크와 연동하고 있다. 둘째, 일본기업과 미국기업, 그리고 유럽기업의 채권에 각각 투자하는 경우는 나라별 경제리스크는 분산되지만, 세계적인 금융위기와 같은 경우는 사채 3종류 모두에 손실이 발생할 가능성도 있다. 셋째, 일본기업 두 개사의 채권과 일본의 「지진재해본드」에 투자하는 경우는 도쿄에서 대지진의 발생이 지진재해본드의 상환면제조건이라고 하면, 도쿄의 대지진의 발생 시에는 지진재해본드의 원본이 상환되지 않게 되지만, 그것과 동시에 일본기업의 대부분이 도산할 가능성도 높다. 넷째, 일본기업 1개 회사, 미국의 「지진재해본드」, 유럽의 「지진재해본드」에 각각 투자하는 경우는 일본 기업의 도산리스크와 미국의 지진재해, 유럽의 지진재해 사이에 리스크의 상관관계가 거의 없다. 이런 이유로 연금기금, 생명보험회사, 재보험회사 등이 캣본드의 비중을 계속 늘려가고 있는 것으로 알려졌다. 동일한 등급에서 캣본드의 이율이 통상의 사채보다 높은(1% 전후) 것도 매력 중 하나이다.

(3) 캣본드의 발행사례

① 오리엔탈랜드 사례(자사발행)

지진보험은 건물의 붕괴 등은 보상하지만 이에 따른 수입 감소는 보상 대상으로 하고 있지 않다. 또한 지진보험은 손해조사 때문에 지진 발생 시부터 보험금을 지급하기까지 시간이 걸리며, 지진보험은 다른 보험에 비해 상대적으로 보험료가 비싸다. 이러한 지진보험의 문제점과 손해보험회사의 인수능력 부족을 배경으로 많은 기업이 지진보험에 가입하고 있지 않은 것이 사실이다. 도쿄디즈니랜드(TDL) 운영사인 오리엔탈랜드는 시설의 충분한 내진성 등을 이유로 지진보험에 가입하지 않았다.

하지만 이 회사는 지진이 발생하면 관람객이 감소할 위험을 우려했다. 오리엔탈랜드사의 1999년 1사분기 수입 총액은 1,877억 7,200만 엔이었지만, 이 전액이

TDL 한 곳으로부터의 수입이었다. 지진재해에 의해서 영업이 정지되면 사업소가 한곳에 집중이 되고 있기 때문에 이 수입액이 전액 없어질 가능성이 있다.

TDL은 영업손실가능성에 대비하기 위해 1999년 6월 특별목적회사(SPC)를 해외에 설립했고, 이를 통해 총 2억 달러(약 240억 엔)의 캣본드「지진채권」을 미국 시장에서 발행했다. 발행된 캣본드는 원금의 일부 또는 전부의 상환이 면제되는「원본리스크형」이 1억 달러였고, 원본은 상환되지만 금리의 지불이 3년간 면제되는「신용리스크 스위치형」이 1억 달러였다. 이 캣본드는 사업회사로서는 세계에서 처음으로 알려져 있다.

그 캣본드는 치바현 우라야스시에 있는 TDL의 반경 75km이내에서 규모 6.5 이상의 지진이 발생했을 경우, 오리엔탈랜드사는 그 지진의 규모에 따라 상환이 면제된 채권의 원금으로부터 자금을 수취할 수 있는 것이었다. 예를 들면, 5년 안에 TDL 반경 10km 이내에서 규모 6.5 이상의 직하형 지진이 발생했을 경우와 원금의 25%, 규모 7.5 이상의 지진이 발생했을 경우에는 원금 전액을 지진 발생 후 바로 수취하는 것이었다. 한편 투자자는 5년 안에 TDL 반경 10km 이내에서 규모 7.5의 지진이 발생했을 경우 원금을 모두 잃을 위험도 있지만, 그 기간 안에 지진 발생이 없을 경우 원금 상환과 함께 연간 약 8%의 고금리 이자를 받는 조건이었다.

② JA공제 캣본드「Muteki」(재보험회사 개입)

뮌헨재보험(Munich Re)은 2008년 5월 케이맨 제도(Cayman Islands)에 특별 목적회사인 MUTEKI Ltd.를 설립해 일본 내 지진을 대상으로 3년 만기 쿠폰(금리) LIBOR+4.4%, 미국 달러화의 액면 3억 달러의 일본전국공제연합회를 수익자로 하는 캣본드를 발행했다. 캣본드「Muteki」는 2011년 3월에 발생한 동일본 대지진에 의해서, 발행 금액 3억 달러(약 240억 엔)가 전액 회수되어 지진재해의 재보험 금이 회수되는 첫 캣본드가 되었다. 캣본드로 원금 상환이 100% 면제되는 것은 지금까지의 역사에서 처음 있는 일이었다. 그 이전에 허리케인「카트리나」에 의해서 스위스의 보험 대기업 취리히 파이낸셜 서비스(ZURN.VX)가 손해를 입어 Kamp Re 2005의 채권(1억 9천만 달러)이 원금의 일부 감액이 발생한 예는 있었다.

③ 태풍리스크의 증권화(재보험회사 개입)

미츠이스미토모해상은 2012년 4월 16일, 특별목적회사「AKIBARE II Limited」를 통해, 상환기간 4년의 태풍리스크증권「AKIBARE II」를 발행했다. 캣본드의 태풍리스크증권은 대형 태풍이 발생했을 경우, 기상청의 관측데이터에 근거한 추정손해를 산출해서 추정손해액이 일정한 수준을 넘었을 경우, 그 초과액에 따라 투자자의 원금 상환이 일부 또는 모두 면제되며, 그 면제된 금액이 미츠이스미토모해상에 지불되는 것이었다.

태풍리스크증권「AKIBARE II」의 구조는 <그림 72>와 같다.

그림 72 태풍리스크증권「AKIBARE II」(미츠이스미토모해상화재보험)

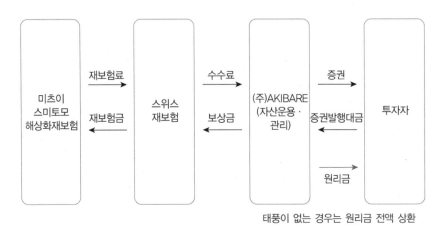

태풍이 없는 경우는 원리금 전액 상환
태풍 발생의 경우는 감액

(출처) 각종 자료를 참고하여 작성

태풍리스크증권「AKIBARE II」는 원금 일부가 감액되는 태풍의 규모가 대체로 60년에 한 번, 전액 감액되는 것은 200년에 한 번 수준의 태풍으로 설정됐다. 이는 일본 국내 재해리스크를 대상으로 한 증권으로서는 처음으로 인덱스로 기상청의 관측데이터를 기준으로 한 태풍의 추정 손해가 채택되었다.

더욱이 MS&AD인슈어런스그룹의 미츠이스미토모해상화재보험과 아이오이닛세이도와손해보험은 2018년 3월에 국내 자연재해리스크를 대상으로 하는 캣본드「Akibare Re 2018-1」를 공동 발행했다. 미츠이스미토모해상화재보험은 네 번째의 발행이며, 아이오이닛세이도와손해보험은 첫 발행이 되었다. 이 캣본드는 국내의 태풍리스크에 더하여 손해보험업계에서 처음으로 홍수리스크를 대상으로 하고 있는 것 외에, 미츠이스미토모해상화재보험이 발행하는 캣본드는 지진화재비용의 리스크도 대상으로 하고 있다. 또한 고정부분의 이율은 1.90%로 설정되었다. 지진화재비용의 리스크는 지진 혹은 분화 또는 이들에 의한 해일을 원인으로 하는 화재로 일정 비율 이상의 손해가 발생했을 경우에 지급되는 보험금이다.

「Akibare Re 2018-1」의 개요는 <표 25>와 같다.

표 25 「Akibare Re 2018-1」의 개요

구분	Class A	Class B
대상회사	미츠이스미토모해상화재보험	아이오이닛세이도와손해보험
발행체	Akibare Re Ltd.	
발행시기	2018년 3월	
만기	2022년 3월 말(기간 4년)	
대상리스크	① 국내의 태풍리스크 ② 국내의 홍수리스크 ③ 국내 지진화재 비용리스크	① 국내의 태풍리스크 ② 국내의 홍수리스크
발행금액	220백만 미달러 (약233억 엔): 1달러=106엔 환산	100백만 미달러 (약106억 엔): 1달러=106엔 환전
이율	담보 채권의 이율+1.90%	담보 채권의 이율+1.90%

(출처) 동사의 뉴스 릴리스

「Akibare Re 2018-1」의 구조(발행시점)는 <그림 73>과 같다.

그림 73 「Akibare Re 2018-1」의 구조(발행시점)

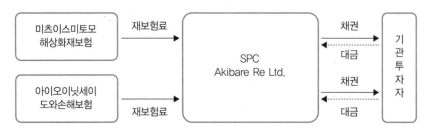

(출처) 동사의 뉴스 릴리스

<그림 73>과 같이 양 회사는 특별목적회사 「Akibare Re Ltd.」를 설립해서 캣본드를 발행하고 있다.

「Akibare Re 2018-1」의 구조(재해발생 시)는 <그림 74>와 같다.

그림 74 「Akibare Re 2018-1」의 구조(재해발행 시)

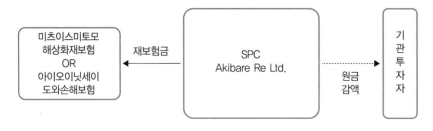

(출처) 동사의 뉴스 릴리스

캣본드는 트리거가 발생했을 경우, 원금의 감액이 이루어져서 그것이 양자에 대한 보험금의 재원이 되는 것이다.

④ 세계은행의 캣본드

세계은행은 2014년 6월 30일 기간 3년, 총액 3,000만 미달러의 캣본드를 처음으로 발행했다. 캣본드의 이자지급과 원금 상환은 세계은행과 「카리브해제국 재해

보험기구(CCRIF)」의 보험스왑거래계약으로 이뤄진다. 일정한 규모를 넘는 자연재해가 발생했을 경우 캣본드의 원금은 재해 규모에 따라 상환이 면제되며, 그 면제·된 상환 원금이 CCRIF에 지급된다.

「카리브해제국 재해보험기구(CCRIF)」는 2007년에 일본 정부로부터의 출연금에 의해서 세계은행이 중심이 되어 설립된 기구이다. 이는 카리브해 제국 16개국 정부를 대상으로 대형 지진이나 허리케인이 발생했을 경우, 신속한 보험금 지급과 가맹 각국의 재해에 대한 대처 지원을 목적으로 하고 있다.

세계은행 최초 캣본드의 개요는 <표 26>과 같다.

표 26   세계은행 첫 캣본드

발행체	세계은행(국제부흥개발은행: IBRD)
발행액	3,000만 미달러
상환액	카리브 제국에서 발생한 사이클론 및 지진이 일정 규모를 넘었을 경우, 원금이 재해 규모에 따른 보험금 지급에 충당되며, 그만큼을 차감한 만큼이 상환액이 된다.
발행일	2014년 6월 30일
금리	6개월 LIBOR + 6.30%(단, 최저금리는 6.50%)
이자지불	3개월마다
상환일	2017년 6월 7일

(출처) 세계은행

2. 사이드카

사이드카(Sidecar)란 <그림 75>와 같이 오토바이나 자전거 등의 이륜차의 옆에 보조적으로 또 한 개의 바퀴를 설치한 삼륜차, 또는 그 옆에 설치한 부분의 명칭이다.

그림 75   사이드카(Sidecar)

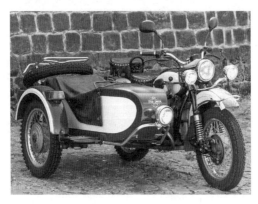

(출처) 게티이미지뱅크(https://www.gettyimagesbank.com/)

한편, ART에서 사이드카(Sidecar or Reinsurance Sidecar)란 특별목적보험회사(SPI: Special Purpose Insurer) 재보험의 일정 비율의 리스크를 투자자가 분담하는 구조이다. 보험회사는 스폰서 출재자가 되고 수재자인 특별목적보험회사의 관리자가 된다. 보험회사가 차를 운전하고 특별목적보험회사가 그 옆에 설치된 사이드카를 타고 있는 이미지의 리스크분담 구조이다.

보험회사(재보험회사)는 기존 재보험회사와의 재보험계약(재재보험계약)을 통해 리스크를 분산하는 대신 재보험회사로서 SPI를 설립하여 이 SPI에 출재한다. SPI는 보험회사(재보험회사)의 재보험계약의 일정 비율을 인수하여 재보험료를 받는다. 또한 이 SPI는 투자자로부터 주식 또는 부채(대출) 형태로 자금조달을 함으로써 투자자에게 리스크를 이전한다.

스폰서(보험회사 또는 재보험회사)가 SPI로 리스크를 이전하고, SPI가 그 리스크를 투자자에게 이전하는 기본 구조는 캣본드 등의 ILS와 같다. 사이드카가 캣본드와 다른 점은 스폰서(보험회사 또는 재보험회사)의 SPI로의 리스크이전이 캣본드에서는 전액이지만, 사이드카에서는 비율적인 분담이라는 것이다.

사이드카는 보험(재보험)과 캣본드의 복합적인 구조로서, 2005년 8월 10일에 미국을 덮쳤던 3개의 허리케인(KRW: Hurricanes Katrina, Rita and Wilma) 이후 보급이 확산되었다.

사이드카의 구조는 <그림 76>과 같다.

그림 76 사이드카의 구조

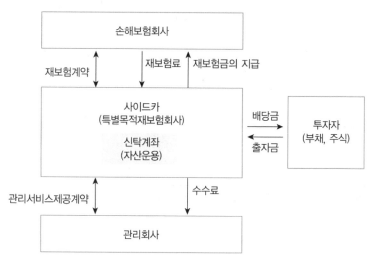

(출처) 각종 자료를 참고하여 작성

투자자는 에퀴티의 경우, 사이드카에 투자함으로써 보험리스크도 부담하게 되어 보험인수이익과 투자자금 운용이익의 양쪽을 노리는 비즈니스모델이 된다. 하지만 투자자는 출재자인 동시에 사이드카의 관리자가 되는 손해보험회사가 질 나쁜 리스크를 선택해 사이드카에 재보험으로 출재하는 역선택을 염려하므로 손해보험회사와 투자자 사이의 신뢰관계가 중요하게 된다.

3. ILW

산업손실보증(ILW: Industry Loss Warranties)은 ILS의 하나이며, 보험회사 등이 손해보험업계 전체가 경험한 손해의 총액에 근거해 보험금을 지불하는 재보험 또는 보험파생 금융계약의 한 형태이다. ILW의 주된 판매자는 재보험회사이다. 주된 구매자는 손해보험회사이지만 재보험의 보완으로서 이용되기 때문에 보험시장과 금융시장의 연결은 그다지 강하지 않다. 또한, 캣본드 등을 구입한 금융시장의 투자자가 그 헤지 수단으로 ILW의 구입자가 되는 경우도 생각할 수 있지만, 이 경우는 금융시장의 리스크가 보험시장에 이전되게 된다.

전통적인 ILW는 재보험계약의 형식이 되지만, 파생상품 또는 스왑 형식도 있다.

재보험 형식의 ILW의 구조는 <그림 77>과 같다.

그림 77 재보험 형식의 ILW

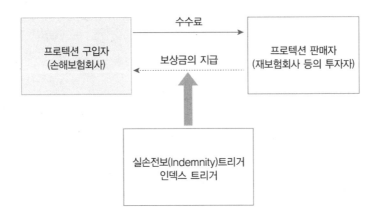

(출처) 각종 자료를 참고하여 작성

ILW의 트리거는 두 개의 트리거가 설정된다. 예를 들어, ILW를 구입한 손해보험회사의 지급보험금이 일정액을 넘고, 참조 인덱스도 일정값을 넘는 것이 ILW의 트리거 발동 조건이 된다. ILW에서 가장 자주 사용되는 참조 인덱스는 미국의 PCS(Property Claims Service)에 의해 계산되는 보험업계 전체의 손해지수이다. 여기서, 실손전보 트리거는 ILW의 구입자가 트리거에 이르기 전까지는 손해를 부담하는 것을 의미하며, 그것은 ILW의 구입자가 손해의 가능성인 피보험이익을 가지고 있기 때문에, 미국 등에서 그 부분은 재보험계약으로 분류된다. ILW가 재보험계약으로 분류되면 보험회사가 매입자인 경우 준비금 적립 의무 등이 면제된다.

또한 스왑 형식의 보험파생상품은 CDS를 모방한 점두 거래상품이며 사건손실 스왑(Event Loss Swap)이라고도 불린다.

스왑 형식의 ILW의 구조는 <그림 78>과 같다.

그림 78 스왑 형식의 ILW

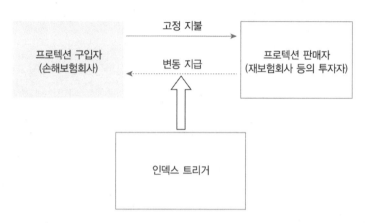

(출처) 각종 자료를 참고하여 작성

프로텍션 구입자는 프로텍션 판매자에게 수수료 등의 형태로 고정적인 지불을 하고, 프로텍션 판매자는 인덱스 트리거가 저촉했을 경우에 그 트리거에 따라 보상금 등의 형태의 변동을 지불한다.

많은 거래소(EUREX, CME, IFEX)에는 파라메트릭 또는 손해보험업계 전체의 손해지수에 링크된 선물계약이 상장되어 있다. 그 중에 보험선물거래소(IFEX)에 상장되어 있는 사건연계선물(ELF)이 있다.

ILW는 미국의 보험업계의 통계기관(PCS: Property Claim Service) 등의 제3자 기관이 공표하는 보험업계 전체의 손해액을 지급의 지표(트리거)로 하기 때문에 손해확정구조가 재보험보다 단순하지만, 구입보험회사의 보험금 지급 실적을 트리거로 추가해 복수의 트리거로 하는 경우도 있다. 이 경우, ILW를 구입한 보험회사의 손해액과 보험업계 전체의 손해지수(인더스트리 인덱스)가 동시에 일정한 값을 넘는 것이 지급 조건이 된다. 그러나 ILW를 구입한 보험회사는 자사의 손해액은 트리거에 저촉되고 있지만, 업계의 트리거를 충족시키지 못할 위험이 있다. 이와 같이 보험업계 전체의 손해지수와 ILW의 구입보험회사의 손해지수가 다를 수 있기 때문에 구입보험회사에는 손해액과 지급의 수령액이 서로 다른 베이시스리스크의 가능성이 있다.

손해보험업계의 손해지수는 매우 투명하기 때문에 인수절차는 간단히 실시할 수 있다. 통상적으로 개개의 거래를 위해서 커스터마이즈되어 있지 않지만, ILW에는 표준화된 계약서가 있다. 표준화된 계약은 유통시장에서 보다 용이하게 거래되며 결제금의 청구가 용이해진다. ILW는 용어가 표준화되고 가격 설정이 투명하기 때문에 가장 유동성이 높은 ILS인 것으로 여겨진다.

ILW는 결제금이 구입자가 보고하는 손해가 아니라, 독립된 제삼자의 지표에 근거해 산출되므로, 도덕적 해이의 문제를 일으킬 가능성은 낮다. 예를 들어, 개별 보험회사의 손해지수는 보험회사가 자사의 손해에 영향을 줄 가능성이 있기 때문에 도덕적 해이의 가능성이 있다. 또한 ILW는 그 지불이 넓게 이용 가능한 정보에 근거하고 있어 악용되는 정보의 비대칭성이 거의 없기 때문에, 역선택의 가능성도 적다.

거래소에서 거래되는 ILW의 중요한 또 하나의 특징은 카운터파티리스크가 없다는 점이다. ILW에서는 거래소가 증거금과 결제기관의 보증을 통해 신용리스크를 해소하고 있다. 파생상품은 담보를 제공하기 위해 제3자 보관기관이 보유한 현금, 유가증권, 신용장 등을 사용하고 있다.

4. 담보부재보험

재보험시장에서 보험회사 또는 재보험회사가 원수보험회사로부터 인수받은 리스크의 일부 또는 전부를 다시 보험으로 이전하는 것을 반복하여 보험업계 전체에 리스크가 분산된다. 재보험시장에 자본시장의 투자자가 참가할 수 있도록 개발된 것이 담보부재보험 또는 담보부재재보험이다.

담보부재보험(Collateralized Reinsurance)의 구조는 <그림 79>와 같다.

그림 79 담보부재보험의 구조

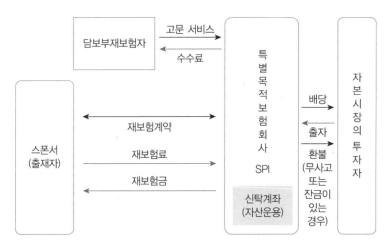

(출처) 각종 자료를 참고하여 작성

보험회사 등의 스폰서가 SPI에 재보험료를 지불하고, 리스크를 이전한다. 보험회사 등의 스폰서로부터 보험료는 신탁계좌에 예치된다. 투자자는 SPI에 우선주 등 주식 또는 채권을 매입해 투자하고, 그 자금이 보험금 지급의 재원으로 재보험료와 함께 신탁계좌에 예치된다. 이 신탁계좌는 미국 국채 등의 안전자산으로 운용되어 평상시의 투자자에 대한 원리금의 상환 자금이 되고, 손해발생 시에는 보험금 지급의 담보(Collateral)가 된다.

또한 담보부재보험자(Collateralized Reinsurer)는 담보부재보험에서 구조의 설계나 재보험·신탁계약의 교섭 등 중요한 역할을 하고 있다. 담보부재보험자는 수수료를 대가로 SPI를 설치하여 제공·관리하는 주체이지만, 반드시 전통적인 재보험회사가 아닌 ILS 펀드나 담보부재보험의 거래사무나 고문업무(Advisory Service)를 실시하는 전문회사 등이다. 담보부재보험자는 언더라이팅이나 교섭 서비스를 제공하지만, 리스크이전은 인수하지 않는다. 담보부재보험자에게는 리스크평가 및 모델링에 대한 전문적인 지식과 재보험 거래의 복잡한 계약 문구에 대한 이해가 필요하다.

담보부재보험은 최근의 ILS시장에서 가장 성장하는 거래 형태이며, 그 확대의 배경은 다음과 같다. 보상 구매자에게 담보부재보험은 전통적 재보험과 다르지 않은 구조로 캣본드와 비교하여, 보다 넓은 커버 범위가 보다 저렴한 비용으로 제공된다는 것이다. 그러나 실제 리스크 인수자가 등급이 없는 자본기반의 취약한 특별목적보험회사(SPI)이며, 제공되는 담보자산의 확실성은 그 뒷받침이 되는 신탁계약에 의한다는 문제가 지적된다.

제14장
파생상품과 보험파생상품

보험파생상품은 파생상품 구조를 보험리스크에 적용하여 만들어졌다. 본 장에서는 파생상품과 보험파생상품의 구조에 대해 개설한다.

1. 파생상품

(1) 파생상품의 개요

파생상품(Derivatives)이란 원자산(Underlying Asset)이라고 불리는 주식·채권·환·예금·대출 등 기존 금융상품에서 파생되어 이루어지는 거래의 총칭이며, 정식적으로는 금융파생상품(Financial Derivative Products)이라 말한다. 여기서의 파생상품(Derivative)은 영어로는 「파생적인」과 「부차적인」이라는 뜻이다.

파생상품의 역사는 기원전까지 거슬러 올라간다고 하지만 일본의 파생상품 기원은 선물거래의 원형으로서 18세기 일본 에도시대 오사카 도시마에서 미곡 상인들 사이에서 수확 전에 쌀 매매가격을 미리 정해놓는 「장부쌀(米) 거래」라고 알려져 있다. 쌀 가격은 기상·천재 등에 의해서 항상 변동하기 때문에 미곡 상인들은 그 가격을 안정시키는 것을 목적으로, 수확 전에 쌀의 매매가격을 결정해 둠으로써 쌀의 가격변동에 의한 손해의 가능성을 제거하고 있었다. 또한 그것을 이용해서 쌀의 가격 상승을 예측해 매입해 두는 사람과 가격 인하를 예측해 매각해 두는 사람이 나타났다. 그러나 현대적인 의미에서 파생상품 이용은 1980년대 중반 무렵의 외환파생상품에서 비롯되었다고 한다. 1990년대에는 금리파생상품이 이용되기 시작했다.

파생상품의 거래 대상이 되는 자산에는 개별 주식(Equities), 통화(Currencies), 시황상품(Commodities) 등 다양한 것이 있으며 이들은 원자산(Underlying Assets) 또는 원증권(Underlying Securiesties)으로 불린다. 금융파생상품은 일반적으로 원자산의 가격을 지표화하고 그 가치의 손익을 장래에 교환하는 거래가 되고 있다. 시장에서 거래되는 파생상품에는 「표준품」과 「지수」가 있다.

이 금융파생상품에는 선물거래, 옵션거래, 스왑거래가 있다.

금융파생상품(Derivatives)의 종류는 <표 27>과 같다.

표 27 금융파생상품(Derivatives)의 종류

원자산 ＼ 종류	선물	옵션	스왑
주식	주가지수선물	개별주옵션 주가지수선물옵션	–
금리	금리선물 채권선물	금리선물옵션 채권선물 · 현물옵션 캡 등	금리스왑
통화	통화선물 환 예약	통화옵션	통화스왑

(출처) 각종 자료를 참고하여 작성

파생상품의 특징은 다음과 같다. 첫째, 파생상품은 오프밸런스(Off-balance)이기 때문에 대차대조표(Balance Sheet)에 게재되지 않는다. 계약 시점에서 파생상품의 가치는 제로다. 둘째, 파생상품은 레버리지(Leverage) 거래이며 소액의 증거금으로 큰 금액을 거래할 수 있다. 파생상품은 예약거래이기 때문에 거래 시에 거액의 자금은 필요 없고 결제는 차액부분만을 주고받게 된다. 셋째, 파생상품은 위험 거래이기 때문에 미래의 가격변동 등의 불확실성에 의해 손익이 변동된다.

파생상품의 이용목적은 다음 3종류로 분류된다. 첫째, 리스크 헤지(Risk Hedge)이며, 헤지 대상 손익의 상쇄를 위해 이루어진다. 둘째, 투기(Speculation)이며, 소액 투자로 고액의 이익 획득을 위해서 행해진다. 셋째, 재정거래(Arbitrage)이며, 시장가치와 비교해 비교적 비싸거나 또는 비교적 저렴한 금융상품의 매매를 통한 이익 획득을 목적으로 한다.

파생상품의 이용목적은 <그림 80>과 같이 분류할 수 있다.

그림 80 파생상품의 이용목적

리스크 헤지: 손익 상쇄 거래 (Risk Hedge)	헤지 대상의 손익 상쇄
투기거래 (Speculation)	소규모의 투자를 바탕으로 이익을 크게 얻는 것
재정거래 (Arbitrage)	시장가치와 비교하여 비교적 비싸거나 싼 금융상품을 사고팔아서 이익을 얻는 것

(출처) 각종 자료를 참고하여 작성

헤지는 주식·채권 등의 가격변동리스크, 예금금리·채권금리 등의 금리변동리스크, 환율변동리스크에 대한 것이 있다. 헤지는 「보험연계」 또는 「연결」이라고도 하며, 「매각해 두는 것」과 「매입해 두는 것」이 있다. 예를 들어, 실제로 금융상품 등을 소유했을 경우, 그 후의 금융상품 가격 하락에 따른 손해를 입을 리스크를 선물거래를 이용해 이전하는 경우 등이다. 현물 포지션이 있는 경우 선물거래로 동수량을 판매 예약해 두면, 이 선물의 가격이 하락했을 경우는 이익이 발생하기 때문에, 현물의 가격 하락의 리스크를 선물의 매각예약인 건옥의 양자 간 청산거래에 의한 이익금으로 보충하는 경우 등이 그 사례다.

건옥(Position/Open Interest)이란 신용거래나 선물거래 등에서 거래약정 후에 반대매매되지 않고 남아있는 미결제분, 또는 미결제로 되어있는 계약총수를 말한다. 매수의 미결제분을 매수건옥(Long Position), 매각의 미결제분을 매각건옥(Short Position)이라고 한다.

투기(Speculation)란 순수하게 파생상품의 가격 상승 또는 하락을 전망해 거래를 행하고, 거기에 따른 이익을 얻으려고 하는 거래이다. 재정거래(Arbitrage)란 상품 간 또는 시장 간의 금리차이나 가격차를 이용한 거래를 실시해서 이익금을 획득하는 거래이다.

파생상품 거래시장은 다음과 같은 특징이 있다. ①원자산의 종류에 따라 그 파생상품이 거래되는 시장이 다르다. ②일본의 선물거래는 오사카증권거래소, 도쿄금융선물거래소에 상장되어 있다. ③스왑은 교환이라고 하는 그 거래의 성질상, 장외(점두)에서 양자 간에 거래된다. ④통화옵션은 대부분 장외거래이지만 금리와 주식파생상품은 거래소에서 거래되고 있다.

파생상품 거래시장은 <표 28>과 같다.

표 28 파생상품의 거래시장

구분	선물	스왑	옵션
환	상장	장외	장외
금리	상장	장외	상장
주식	상장	–	상장

(출처) 각종 자료를 참고하여 작성

(2) 선물

선물(Futures)이란 특정 금융상품에 대해서 현시점에서의 가격·수량·매매 기일 등을 약정하고, 약정 기일이 도래한 시점에서 매매를 하는 거래이다. 선물은 거래소의 정형상품의 예약거래이며, 당초의 매입예약 또는 판매예약에 대해 그 기한(상품결제기한) 내에 반대매매를 하고, 그 손익만을 차금결제하는 거래이다. 선물에 대한 반대의 개념은 현물거래이다. 선물거래는 미리 약정 기일이 도래한 시점에서 매매가격을 미리 결정해 두기 위하여 가격이 변동하는 상품의 가격변동리스크 헤지에 이용된다.

선물거래의 특징은 다음과 같다.

① 거래소 거래
선물은 거래소에서 거래된다.

② 정형화

정형화된 상품은 「표준물」이라고 불리며, 예약의 대상이 되는 환율·국채 등의 매매 단위나 결제기일 등의 거래 조건이 정해져 있다.

③ 증거금 제도

선물예약 시에는 증거금만 필요한데 이 증거금은 예약금액의 3% 안팎이기 때문에 소액 증거금으로 큰 금액을 거래할 수 있는 레버리지(지렛대) 효과가 있다.

④ 차금결제

차금(차액)결제(Netting or Offsetting)란 선물거래에서 만기 전에 당초의 예약 거래와의 반대매매로 거래 손익을 청산하는 것이다. 이는 거래소의 선물거래에 있어서 특유의 제도이다. 예를 들면, 당초 선물을 구입했을 경우는 그 선물을 매각해서, 그 차액에 의해서 거래의 손익을 청산한다. 구체적으로, 선물을 150엔으로 구입해 그 가격이 200엔으로 오른 경우에는 그 선물의 반대매매 즉, 200엔으로의 매각을 하면 50엔의 이익이 발생하는데 매입가격과 매출가격의 차액만을 수수하는 차금(차액)결제에 의해서 당초의 거래와 반대매매의 각각의 거래의 상품과 대금의 교환이 필요 없게 된다.

선물거래는 거래소에서 거래되어 거래단위나 결제기일이 규격화되어 있는 것이 특징이다. 매도자와 매수자가 양자 간에 기일이나 금액 등의 거래조건을 자유롭게 교섭하는 경우 장래의 정산을 전제로 하는 경우에도 선물이라 부르지 않고 선도(Forward)가 된다. 환율예약이 포워드의 전형으로 선물환이라고 불리는 경우도 있지만, 정식적으로는 선도거래이다.

환의 선물은 거래소 거래다. 환의 선물은 불특정 다수가 참가해 특정 통화를 장래의 특정 날짜에 특정 금액으로 예약하는 거래이며, 거래단위나 결제기일 등의 거래 조건은 규격화·표준화되고 있다.

선물거래는 헤지의 수단으로도 이용된다. 향후 특정 시점에서 그 가격이 올랐을 경우라도 선물거래로 예약한 가격으로 구입할 수 있기 때문이다. 예를 들면, 장래 상품 구입계획이 있고, 그 가격의 값이 오를 것으로 예상되는 경우 현시점에서 그 가격을 결정해 장래의 일정기일에 그것을 구입하는 예약을 하는 경우 등이다. 선물거래에 의해 장래의 일정기일에 상품의 매입가격을 사전에 확정하고, 그 가격

상승위험을 회피하는 것은 매입헤지라고 한다. 또한, 장래에 상품의 매각예정이 있고, 그 가격의 하락 가능성이 있는 경우 선물거래에 의해 현시점에서 상품의 매각가격을 결정하고, 가격 하락의 리스크를 회피하는 것은 매각헤지라고 한다. 이 헤지에 대해 가격변동을 이용해 이익을 추구하는 것은 투기(Speculation)라고 한다.

한편, 현선거래(Repurchase Agreement)란 채권 등을 일정기간 후에 일정한 가격으로 되사기(되팔기)할 것을 사전에 약속해 매매하는 거래이다. 매도자와 매수자가 합의해서 일정기간의 이율을 시중 금리의 변동과 관계없이 미리 확정하는 거래이다. 채권 판매자의 입장에서 「매각현선」라고 불리는 단기의 자금조달이 되며, 구매자의 입장에서는 「매입현선」이라고 불리는 단기의 자금 운용이 된다.

(3) 옵션

① 개념

옵션(Option)은 선택권이라는 의미대로 환·주식·채권 등을 장래의 일정일 혹은 일정기간 내에 특정 가격으로 사거나 또는 팔 수 있는 선택권의 매매이다. 옵션에는 원자산(주식, 금리, 통화)을 살 권리인 콜옵션(Call Option)과 원자산을 팔 권리인 풋옵션(Put Option) 두 종류가 있다.

미리 정해 두는 옵션 대상 상품인 원자산(Underlying Asset)의 매매 예정 가격이 행사가격 또는 권리행사가격(Strike Price, Exercise Price)이며, 이 가격으로 옵션의 권리를 행사할 수 있다. 실제 옵션거래에서 원자산이 외환의 경우를 통화옵션이라 칭하고, 본드(채권)의 경우를 본드(채권)옵션, 금리의 경우를 금리옵션, 주가지수의 경우를 주가지수옵션이라 칭한다. 또한 옵션가격을 옵션프리미엄(Option Premium) 또는 옵션료(Option Price)라고 말한다.

옵션 구매자는 그 권리를 획득하기 위해 옵션 판매자(설정자)에게 옵션료 또는 옵션프리미엄(Option Premium)이라 불리는 대가를 지불하고 콜 혹은 풋을 취득한다. 옵션은 장래의 가격변동리스크를 그 구매자가 판매자에게 전가하고 있는 것이다.

콜옵션의 구매자는 원자산이 가격상승할 가능성이 있다고 예측하고 있기 때문에 그 리스크를 판매자에게 프리미엄을 지불하고 이전하였으며, 판매자는 가격이 하락하거나 가격이 상승하지 않는다고 예측하고 있기 때문에, 프리미엄을 받고 비교적 안전하다고 판단한 리스크를 인수하는 것을 의미한다. 또한 풋옵션의 구매자는 원자산이 가격하락할 가능성이 있다고 예측하고 있기 때문에 그 리스크를 판매자에게 프리미엄을 지불하고 이전하였으며, 판매자는 가격이 상승하거나 가격이 하락하지 않는다고 예측하고 있기 때문에 프리미엄을 받고 비교적 안전하다고 판단한 리스크를 인수하는 것을 의미한다.

프리미엄은 리스크 전가의 대가라는 측면에서 보험에서의 보험료와 유사하며, 옵션 원자산의 가격인 가격변동성(Volatility), 만기까지의 기간 등에 따라 변동한다. 가격변동성이란 원자산의 가격변동의 가능성 즉, 가격변동리스크인데 가격변동성이 큰 원자산의 옵션프리미엄은 높아지며 가격변동성이 작은 원자산의 옵션프리미엄은 싸진다.

옵션 구매자는 자신의 형편이 좋을 때에만 그 권리를 행사할 수 있다. 즉, 콜의 구매자는 자신에게 유리한 상황에서 선택적으로 권리를 행사함으로써 그 대상 상품을 행사가격으로 구입할 수 있고, 풋의 구매자는 자신에게 유리한 상황에서 선택적으로 권리를 행사함으로써 그 대상 상품을 행사가격으로 매각할 수 있다. 옵션의 판매자는 구매자로부터 프리미엄을 받는 대가로 구매자가 옵션을 행사하는 경우에는 행사가격으로 매매에 응할 의무를 진다. 만기일(Maturity Date)에만 권리행사를 할 수 있는 옵션은 유럽형(European Type)이라 하며, 만기일까지는 언제든지 권리행사를 할 수 있는 옵션을 미국형(American Type)이라 불린다.

옵션거래는 장래의 매매거래의 예약이라고 하는 점에서 선물거래와 유사하다. 그러나, 선물 구매자는 전술한 대로 옵션거래와 같은 선택권은 없고 반드시 장래 매매하는「약속」을 실행하거나 반대매매를 통해서 차금결제를 할 의무가 있어, 선물가격의 변동에 의한 이익과 손실의 양쪽 모두의 가능성이 있다. 반면, 옵션의 구매자는 이익이 되는 경우에만 권리 행사를 선택해서 손실될 경우에는 권리 행사를 포기할 수 있다.

② 콜옵션의 손익

콜옵션은 실제 그 상품의 구입 시 시장가격이 행사가격보다 높아졌을 경우 그 권리를 행사함으로써 구입자는 시장가격보다 싼 행사가격으로 구입할 수 있으며 실제 상품구입 시 시장가격이 행사가격보다 낮아질 경우 구입자는 시장에서 행사가격보다 싼 가격에 살 수 있기 때문에 권리를 포기할 수도 있다. 이 콜옵션의 손익은 <그림 81>과 같다.

그림 81 콜옵션의 손익(행사가격 1,000엔, 프리미엄 100엔의 예)

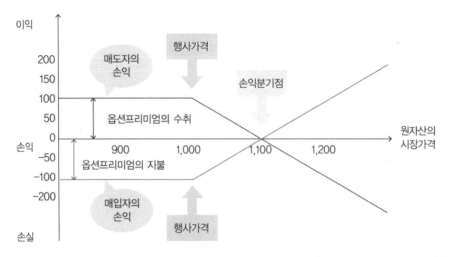

(출처) 각종 자료를 참고하여 작성

<그림 81>에서 제시한 대로 콜옵션 매입자는 손실은 옵션프리미엄의 지불액이 한도가 되지만 이익은 가격이 오르면서 제한 없이 증가한다. 반면 콜옵션 매각자의 이익은 옵션프리미엄의 수취액이 한도가 되지만 손실은 가격이 오르면서 제한 없이 증가한다.

③ 풋옵션의 손익

풋옵션은 매입자가 실제 상품 매각 시 시장가격이 행사가격보다 낮아진 경우 그 권리를 행사함으로써 시장가격보다 높은 행사가격에 팔 수 있으며, 실제 상품 매각 시 시장가격이 행사가격보다 높아졌을 경우 매입자는 시장에서 행사가격보다 높은 가격에 팔 수 있기 때문에 권리를 포기할 수 있다. 풋옵션의 손익은 <그림 82>와 같다.

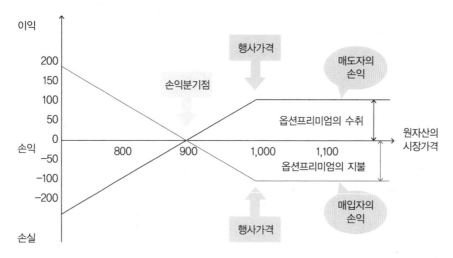

그림 82 풋옵션의 손익(행사가격 1,000엔, 프리미엄 100엔의 예)

<그림 82>에서 제시한 바와 같이, 풋옵션 매입자의 손실은 옵션프리미엄의 지불액이 한도가 되지만 이익은 가격이 하락함에 따라 그 가격이 0이 될 때까지 증가한다. 한편, 풋옵션 매각자의 이익은 옵션프리미엄의 수취액이 한도가 되지만, 손실은 가격이 낮아지면 그 가격이 0이 될 때까지 증가한다.

④ 옵션거래의 반대매매

옵션거래는 반대매매(Offsetting Transaction/Reversing Trade)에 의해서 프리미엄의 매입가와 판매가의 차액을 주고받고, 그 시점에서 옵션계약은 소멸된다. 이 반대매매를 이용해 옵션프리미엄의 변동에 따른 이익 획득을 위한 거래를 할 수도 있다. 옵션을 매입하고 그 후에 프리미엄이 상승한 시점에서 매각하면 그 차액이 이익이 되기 때문이다. 반대로, 옵션을 매각해 두고 나중에 싸게 되사도 이익을 얻을 수 있다. 예를 들면, 콜옵션의 프리미엄이 100엔일 때 매입하고, 그 후 150엔으로 올랐을 때 매각하는 반대매매를 하면 차액 50엔이 이익이 된다. 그 반대매매를 하면, 당초 산 콜옵션 계약은 소멸된다. 이처럼 원자산의 상승 가능성이 있을 경우 콜옵션을 사고 시장가격 상승 시 이익을 얻을 수 있다. 그러나 예상과 달리 콜옵션 가격이 낮아졌더라도 그 권리 행사를 포기하면 되므로 손해는 지불한 프리미엄에 한정된다.

⑤ 캡(Cap)부대론

캡(Cap)부대론은 금리의 상한(캡)이 붙어 있는 변동금리형 금리론이다. 캡부대론에는 금리의 콜옵션이 포함되어 있기 때문에 금리수준이 일정수준을 상회하면 그만큼 이자를 옵션의 매각자로부터 수취해서 그 금액으로 일정수준을 상회한 금리를 보충하기 때문에 그 금리수준이 실질적인 금리부담의 상한선이 된다. 캡부대론에서 소비자가 부담하는 금리는 통상의 변동금리형과 비교해서 옵션프리미엄의 지불 분 정도로 높아지지만, 금리상승리스크를 헤지할 수 있다.

캡(Cap)부대론 사례는 다음과 같다. 사업회사가 은행에서 6개월 엔 LIBOR＋론 스프레드의 조건으로 차입을 하는 경우, LIBOR가 낮은 기간은 저금리 이점을 누릴 수 있는 반면, LIBOR가 상승했을 경우에는 조달비용이 제한 없이 증대할 리스크를 안고 있다. 기간 5년 상한금리＝1.5%의 캡을 구입하면 프리미엄분은 부담이 증가하지만, 향후 5년간의 조달비용은 최대한으로 「1.5%＋론·스프레드」로 한정할 수 있고 동시에 저금리 메리트도 취할 수 있다. 프리미엄의 지불은 계약 시에 일괄적으로 지불하는 것도 계약기간 중에 걸쳐 분할해서 지불하는 것도 가능하며, 자금 상황에 맞춘 운영이 가능하다.

캡(Cap)부대론의 구조는 <그림 83>과 같다.

그림 83 캡(Cap)부대론의 구조

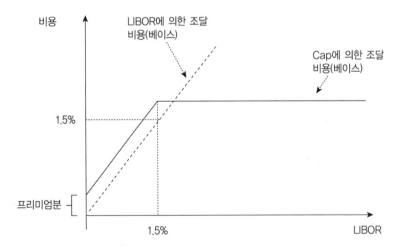

(출처) 각종 자료를 참고하여 작성

(4) 스왑

스왑(Swap)은 교환이라는 의미를 갖고 있으며, 등가의 캐시플로우를 교환하는 거래의 총칭이다. 스왑거래는 판매자 1명과 구매자 1명의 양자 간 거래로 양자 간에 같은 가치를 가지는 「장래 일련의 현금흐름」을 교환하는 거래이다. 스왑계약에서는 교환의 시기, 교환 금액의 계산방법 등이 정해진다.

스왑거래에는 금리스왑과 통화스왑이 있다.

① 금리스왑

금리스왑(Interest Rate Swap)은 동일한 통화 간에 서로 다른 종류의 금리를 교환하는 거래이다. 금리스왑거래는 1980년대 초 개발된 거래이지만, 1980년대 중반부터 대형 사업회사가 금리리스크관리를 위해 이용하기 시작하여, 1990년대에는 중소기업도 활발하게 이용하게 되었다.

금리스왑에서 통상적으로 원금은 교환하지 않지만 금리계산을 위한 명목상의 상정원금을 결정한다. 구체적으로 양자 간에 일정한 상정원금, 기간, 이자교환일 등을 결정하고 고정금리와 변동금리, 변동금리와 이종 변동금리 등을 교환한다. 고정금리와 변동금리의 LIBOR 교환이 가장 많이 사용되고 있다.

교환되는 변동금리는 LIBOR 외에 TIBOR, 장기 프라임 이율, 단기 프라임 이율 등이 있으며, 사업회사가 가진 조달이나 운용의 금리종별에 따라 구분되어 있다. LIBOR(London Inter Bank Offered Rate)는 런던시장에서 자금을 제공하는 은행이 제시하는 런던 은행 간 대출금리로 국제금융거래를 할 수 있는 기준금리로 사용된다. 영국은행협회(BBA: The British Banker's Association)는 런던시간 오전 11시에 각 은행의 매각자가 제시하는 레이트인 Offered Rate를 집계하여 그 평균치를 공표하고 있다. 이에 대하여 매수자가 제시하는 레이트를 비드레이트(Bid Rate)라고 한다. TIBOR(Tokyo Inter Bank Offered Rate)는 도쿄시장에서 자금을 대출해 주는 은행이 제시하는 동경역외금융시장의 은행 간 대출금리로 금융기관 간 금융거래 시에 기준금리로 사용되고 있다. 전국은행협회는 일본 시간으로 오전 11시에 각 특정 은행의 오퍼레이트를 집계해 그 평균치를 공표하고 있다.

예를 들면, 우량대기업 A사와 중견기업 B사의 자금조달 비용은 <표 29>와 같다고 가정한다.

표 29 A사와 B사의 자금조달비용

구분	단기자금	장기자금
A사	TIBOR+0.25%	3%
B사	TIBOR+0.5%	3.75%
비용차이	0.25%	0.75%

(출처) 각종 자료를 참고하여 작성

　　조달비용은 장단기 양쪽에서 우량대기업인 A사가 유리하지만, 장기자금조달비용의 차이는 0.75%로, 단기자금의 차이는 0.25%에 비해 0.5%포인트 크다. 여기서 B사는 본래 장기자금이 필요하지만 자사는 단기자금조달을 결정하여 보다 자금조달비용차가 큰 장기자금조달을 A사에 의뢰하여 양사는 금리지불채무를 교환하는 금리스왑을 실시하기로 했다.

　　A사는 장기자금을 고정금리 3%로 조달하고 금융기관을 통해 B사에 3.25%로 제공함으로써 0.25%의 시세차익을 확보했다. 이에 대해 B사는 변동금리의 단기자금을 TIBOR+0.5%로 조달해 A사에 TIBOR+0.25%로 제공한다. 이 스왑의 자금흐름은 <그림 84>와 같다.

그림 84 금리스왑의 구조

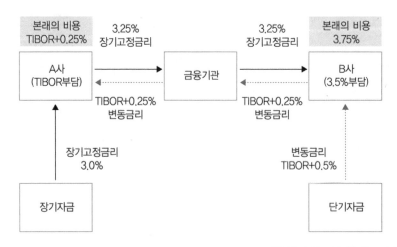

(출처) 각종 자료를 참고하여 작성

이 스왑에 따라 A사는 B사에 지불하는 변동금리 TIBOR+0.25%(변동금리)에서 B사와 장기고정금리 교환에 따른 차익분 0.25%(3.25%−3.0%)를 빼면 실질 TIBOR인 3%를 부담하게 된다. 한편 B사의 그 실제 자금조달 비용은 A사에 지불하는 3.25%(장기고정금리)에 변동금리교환에 따른 부족분 0.25%를 가산한 3.5%가 된다. B사는 단기자금에 대해 TIBOR+0.5%의 변동금리를 지급하지만 A사에서 받는 금리는 TIBOR+0.25%로 0.25%가 부족하기 때문이다.

스왑거래에 의해서, A사는 단독의 단기자금조달비용이 TIBOR+0.25% (3.25%)였지만, TIBOR 그 자체인 3%로 조달할 수 있게 되었고, B사는 단독의 장기자금조달비용이 3.75%였지만, 고정금리 3.5%로 조달할 수 있었다.

그 결과 A사와 B사는 각각 단독으로 자금을 조달할 때에 비하여, 각각 0.25%씩 그 비용이 낮아졌다.

② 통화스왑

통화스왑(Currency Swap)은 두 당사자가 다른 통화 간에 다른 종류의 금리를 교환하는 거래로 원금을 교환한다. 예를 들어, 달러화 회사채를 발행하고 통화스왑에 의해 그 지불을 엔으로 교환하면 장래의 이자지불과 원금상환은 엔이 된다. 통화스왑에서는 일반적으로 금리의 교환에 덧붙여 거래의 개시 시와 종료 시의 원금교환도 행해지지만 원본을 교환하지 않고 금리만 교환하는 통화스왑도 이루어진다. 이를 「쿠폰스왑(Coupon Swap)」이라 부른다. 또한 통화스왑은 금리스왑과 마찬가지로 장외거래(상대거래)에 의해서 행해지며, 그 기간 등의 조건은 당사자 사이의 교섭을 통해서 결정한다.

통화스왑은 개시일과 만기일에 원본을 교환하기 때문에 금리스왑에서 정한 「가상원금(Notional Principal Amount)」이 설정되지 않고, 단순히 「원금(Principal Amount)」이라는 용어가 사용된다. 한편, 「통화스왑협정」은 파생상품 통화스왑과 달리 각국 중앙은행 간의 협정이다. 그 내용은 자국의 통화 위기 시, 자국 통화의 예입과 교환으로 사전에 정한 환율로 협정 상대국의 통화를 교환하는 것을 정하는 것이다.

통화스왑의 예를 들면, 달러의 원금 1억 달러를 현재의 환율인 1달러 당 100엔의 조건으로 엔으로 교환하고, 매년 이자도 달러의 금리 4%를 엔의 금리 3% 등으로 교환한 3억 엔으로 하며, 상환일도 원금 1억 달러에 대한 100억 엔의 상환으로 하는 조건의 교환이 이루어지는 것이다.

2. 보험파생상품

보험파생상품(Insurance Derivatives)이라는 용어는 실정법상 사용되지 않은 개념으로 그 정의가 확립되어 있지 않지만, 전통적으로 보험이 보장해 온 리스크를 대상으로 한 파생상품이다. 보험파생상품은 날씨파생상품, 지진파생상품, 신용파생상품 등을 총칭한다. 보험파생상품은 보험이 아닌 파생상품의 일종으로 취급되고 있으며, 보험회사나 은행에 의해 판매되고 있다.

보험파생상품을 이용하여 보험리스크를 금융시장에 이전할 수 있다면 보험시장의 인수능력이 보완되고 리스크 인수능력이 비약적으로 증대된다. 보험파생상품은 그 지급의 발동 조건으로서 지진의 규모 또는 진도, 기온이나 강수량 등의 관측 수치가 사용되고 있다. 이 경우, 발동조건으로 정한 일정한 수치가 관측되면, 실제 손해의 발생과는 관계없이 미리 결정된 조건에 따라서 지불이 행해진다. 따라서 그 경우에 지급하는 금액이 실제 손해액을 초과할 가능성은 있지만, 지급이 발동 조건에서 정한 일정한 수치에 의해서 자동적으로 실행되므로, 사고 이벤트의 발생으로부터 지급까지의 기간이 지극히 단기간이 된다.

보험파생상품에 이용되는 파생상품 기술은 옵션과 스왑 두 가지이다. 즉, 파생상품에서 가격변동리스크를 타자에게 이전과 타자와의 교환의 기능을 보험리스크의 이전과 교환에 응용한 것이다. 옵션거래형은 기상관측 수치 등을 기준으로 사전에 약정한 수치와 미래의 일정 시기에 실제 수치와의 차이에 의해 산출되는 금액의 지불을 약정하는 것이다. 일정한 기준치(행사가격)를 넘거나 밑도는 경우에 권리를 행사하는 것이다.

또한 스왑거래형은 사업회사 상호가 서로 다른 리스크를 교환하여 그 리스크발생에 대하여 상호 보상금을 지급하는 것이다. 스왑거래형으로 신용부도스왑(CDS)이 있다. 신용파생상품은 채권 등의 신용위험을 스왑 또는 옵션 형식으로 한 것이다. 신용파생상품은 채무자인 발행체 등의 신용력을 지표로 하여 미래에 교환하는 파생상품인데 다른 파생상품들이 가격변동의 시장리스크를 대상으로 하고 있는 데 반해 이것은 신용리스크를 대상으로 하고 있다.

보험파생상품은 보험이 아닌 파생상품의 일종으로 이해되지만, 통상적인 파생상품과는 다르다. 보험파생상품과 통상적인 파생상품의 차이점은 다음과 같다. ① 대상으로 하는 리스크가 다르다. 파생상품은 주로 시장리스크를 대상으로 하고 있으며, 보험파생상품은 보험리스크(순수리스크)를 대상으로 하고 있다. ②원자산의 유무가 다르다. 보험파생상품은 원자산이 되는 금융상품이 없고, 보험리스크를 기준으로 하는 지표의 변동 등이 대상이 되고 있다. 따라서 파생상품 매각에 의해 원자산인 보유금융자산리스크를 헤지할 수 있으나 보험파생상품매각자에 의해 원자산의 위험을 헤지할 수는 없다. 즉, 보험파생금융매각자는 원자산이 없기 때문에 보험파생금융을 헤지의 수단으로 사용할 수 없다. 그 결과, 보험파생금융매각자는 기후리스크 등의 리스크를 부담한 상태가 되고 그 부분을 날씨파생상품 가격에 리스크 프리미엄으로 추가하게 된다.

보험파생상품과 보험은 다음의 점이 다르다. ①보험파생상품은 보험상품이 아닌 파생상품의 일종이다. ②보험파생상품은 객관적인 지표(Index Base) 등에 의해 결제금이 지급되고, 실손전보(Indemnity Base)를 원칙으로 하지 않으며, 「실손」이 발생하고 있는 것을 요건으로 하고 있지 않기 때문에 보험금 지급에 필요한 손해조사도 이루어지지 않는다. 따라서 실제 손해액과 지불금액에 차이가 날 가능성인 베이시스리스크(Basis Risk)가 존재한다. ③피보험이익 개념도 없기 때문에 일부보험, 전부보험, 초과보험 개념이 없다. 따라서 이득금지의 원칙도 없다. ④보험료율은 대수의 법칙에 근거한 통계적인 기법에 의해서 산출되지만, 보험파생상품의 프리미엄은 금융공학적인 기법에 의해서 산출된다.

한편, 형법은 단순히 「도박을 한 자」로 규정되어 있을 뿐(제185조·제186조), 「도박」은 정의되어 있지 않지만, 일반적으로 도박이란 「우연의 승패에 의해 재물기타 재산상의 이익에 대한 득실을 다투는 것」으로 정의한다. 도박은 법령상의 정당행위가 아닌 한 형법 제185조[15]에 의해 원칙적으로 금지되어 있고, 도박을 행한 자는 3년 이하의 징역에 처해진다.[16] 여기서 우연한 현상에 의해 재물을 주고받는

---

15 형법 제185조(도박)
    도박을 한 자는 50만 엔 이하의 벌금 또는 과태료에 처한다. 단, 한때 오락을 제공하는 물건을 걸었을 때는 예외로 한다.
16 형법 제186조(상습도박 및 도박장 개장 등 이익수취)
    ① 상습도박을 한 자는 3년 이하의 징역에 처한다.

점에서 보험파생상품과 도박은 유사하다. 이에 대응하기 위하여, 1998년 12월 시행된 금융시스템개혁법 관련 법령의 개정으로 「파생상품거래」가 보험업법상의 부수업무로서 규정되었다(보험업법 제98조[17]). 신용파생상품은 은행과 보험회사의 부수 업무인 「금융 등 파생상품거래」로 되어 있다.[18] 보험파생상품은 이렇게 도박과 구분된다.

또한 보험파생금융을 판매하고 있는 손해보험회사는 투기 목적의 계약에 응하지 않고 있으며, 증권거래 등 감시위원회의 검사 매뉴얼에도 날씨파생상품을 투기 목적으로 사용하는 것은 적합성상 문제가 있다고 보고 있기 때문에 보험파생상품의 투기 또는 투자를 목적으로 한 계약에 제한을 두고 있다.

---

② 도박장을 개장하거나 박도(노름꾼)를 결합해 이익을 도모한 자는 3월 이상 5년 이하의 징역에 처한다.

17 제98조 보험회사는 제97조의 규정에 의하여 실시하는 업무 외에 당해 업무에 부수되는 다음에 제시하는 업무, 그 밖의 기타업무를 수행할 수 있다.

　⋮

　6. 파생상품거래(자산의 운용을 위해서 행하는 것 및 유가증권 관련 파생상품거래에 해당하는 것은 제외한다. 다음 호와 동일)로서 내각부령으로 정하는 것(제4호에 열거된 업무에 해당하는 것을 제외).

18 은행법 제10조 제2항 제14호, 동법 시행규칙 제13조의 2 제6호, 보험업법 제98조 제1항 제8호, 동법 시행규칙 제52조의 3 제6호.

제15장
날씨파생상품

> 많은 사업회사는 날씨리스크에 의해 실적이 좌우된다. 본 장에서는 보험파생상품의 대표적인 예인 날씨파생상품에 대해 개설한다.

1. 날씨리스크와 기업

일기, 날씨, 기후는 특정 지역의 맑음과 비, 기온, 온도, 바람 등의 기상상황을 말한다. 이러한 구분은 기간에 의해 이루어진다. 일기는 수시간부터 수일간의 기상상태이며, 날씨는 일기보다 긴 일주일이나 한 달 등의 기상상태를 나타낸다. 기후는 한 달 이상 장기간의 기상상태이다. 또한 기상이란 대기의 상태변화를 물리적 현상으로 나타내는 용어이다.

최근 태풍과 홍수 등이 빈발하고 있어 많은 기업의 수익 또는 판매량은 그 이상기후의 영향을 받고 있다. 여기서 이상기후란 과거의 평균적 기상현상을 크게 벗어난 것으로 드물게 발생하는 기상현상을 일컫는다. 이상기후는 단시간의 격렬한 큰 비나 강풍 등 장기간의 가뭄, 극단적인 냉하·난동 등이 있다. 기상청에 의한 이상기후는 원칙적으로 「어느 장소(지역)·어느 시기(주·월·계절)에서 30년간 1회 이하의 빈도로 발생하는 현상」을 기준으로 판단한다. 또한 세계 기상기관에서는 「평균기온이나 강수량의 편차가 25년 이상에 1회밖에 일어나지 않는 정도의 크기 현상」을 이상기후로 정의하고 있다.

엘니뇨(El Nino) 또는 라니냐(Ra Nina)는 수년을 주기로 발생하는 것으로 그 자체가 기상이변으로 판단되지는 않는다. 엘니뇨 현상은 냉수해역인 남미 페루바다의 해역에 해면수온이 평년보다 높은 상태가 1년 정도 지속되는 현상을 말한다. 또한 라니냐 현상은 엘니뇨 현상의 반대로, 동태평양 적도 부근의 해면온도가 평년보다 낮은 상태가 장기간 계속되는 현상을 말한다. 엘니뇨가 발생할 경우, 일본 부근은 여름에 기온이 낮고 일조시간이 적어지는 경향이 있기 때문에, 냉하가 되지만 겨울에는 난동이 된다. 라니냐 현상이 발생할 경우, 일본 부근은 여름에는 기온이 높아지는 경향이 있기 때문에 더운 여름이 되지만, 겨울에는 한동이 된다.

기업의 수익은 이 같은 기상이변으로 인해 큰 영향을 받고 있다. 날씨와 기업이익 관계에 관한 과거 일본신문기사의 내용을 발췌한 몇 가지를 제시하면 다음과 같다.

① 1월 석유 히터의 국내 출하 대수가 전년 동월의 5배로 급성장했다. 관동 각지에서 폭설이 내리는 등 혹한이 계속되고 있기 때문이며, 각(유명 또는 대형) 제조업체는 「한파가 도래한 덕분」이라고 특수에 기뻐하고 있다(2001.2.9 일본 마이니치신문).

② 자스코(JUSCO)는 10일부터 3일간 대설 등의 기후 이상에 의한 흉작으로 가격이 상승하고 있는 야채를 저가판매 한다. 계약 농가로부터 대량으로 구매하여, 무나 국산 양배추 등 현재의 매장가격의 30~50%의 할인가격으로 판매한다(2001.2.9 일본 일본경제신문).

③ 기록적인 폭설의 영향으로 도호쿠 지방의 스키장 이용이 큰 폭으로 침체되어 있다. 2000년도 리프트 여객수입은 두 자릿수 감소가 되었다. 지난 시즌의 적설량 부족과는 정반대로 폭설로 인한 악천후로 인해 손님이 줄어든 것이 원인이었다(2001.4.28 일본 일본경제신문).

④ 연일의 폭염으로 여름상품의 판매가 호조를 보이고 있다. 에어컨이나 음료, 냉과, 일용 잡화 등의 판매가 전년도 보다 큰 폭으로 상회하고 있다. 용기 등의 자재에도 폭염효과가 파급되어 추가 생산 태세를 취하는 기업이 많아졌다. 무더위가 개인 소비를 자극해 경기를 지탱하고 있다(2001.7.25 일본 일본경제신문).

⑤ 센다이시 중심부에 있는 빌딩의 옥상 비어가든은 7월 폭염이 계속되어, 연일 붐볐으나, 8월의 손님 수는 작년의 반 정도였다. 센다이관구 기상대에 의하면, 센다이의 7월의 평균기온은 24.7°C로 평년에 비해 2.6°C나 높았지

만, 8월 상순은 21.0°C와 평년을 3.5°C나 밑도는 기온이었다(2001. 8.15 일본 일본경제신문).

기업의 손익에 영향을 미치는 날씨리스크는 <표 30>과 같다.

표 30 수익이 감소하는 날씨리스크와 업종

날씨리스크(수익감소)	업종
냉하(冷夏)	전력회사, 음료, 에어컨 제조사, 수영장, 바다의 집, 수영복 제조사, 비어가든
다우(多雨)	놀이공원, 외식산업, 신선식료품판매, 골프장, 백화점, 생과자제조판매, 건설업체
태풍	이벤트업자, 운송운수관계(선박, 항공), 농업 관련, 지방자치단체의 수영장, 바다의 집, 테마파크
난동(暖冬)	가스회사, 등유판매, 난방기기제조, 겨울옷제조, 스키장(소량의 눈)

(출처) 각종 자료를 참고하여 작성

날씨에 따라 손익의 영향을 받는 기업은 전체의 4분의 3이라고 한다. 이러한 날씨리스크는 장기적인 기후변동으로 경영전략에 의거하여 제품구성의 변경이나 투입시장의 변경 등으로 대응할 필요가 있다. 그러나, 일시적으로 평균으로부터 벗어나는 기후변동 등의 리스크에 대해서는 본 장에서 설명하는 날씨파생상품 등 리스크파이낸싱에 의해서 대응하는 것이 유효하다.

날씨리스크에 대처하기 위한 최초의 날씨파생상품(Weather Derivative) 거래는 1997년 9월, 종합에너지회사인 ENRON사와 Koch사에 의한 위스콘신주 지역의 1997년부터 1998년까지 겨울의 기온을 대상으로 한 것으로 알려져 있다. 텍사스주 휴스턴에 본사를 둔 ENRON사는 냉하의 경우 냉방수요가 감소함에 따라 전력사용량이 줄어 수익이 감소했다. 한편 난방에 사용되는 가스는 따뜻한 겨울일 경우에 수요가 감소한다. 여기에서 ENRON사는 따뜻한 겨울인 경우에 수익이 감소하는 북부의 에너지회사인 Koch사와 파생상품계약을 이용해서 쌍방의 리스크를 헤지하기 시작했다. 미국에서 전력의 자유화가 진행되고 있어 냉하로 수익이 감소했을 경우, 그 감소분을 전력 요금에 전가하는 것이 어려웠고, 이는 날씨파생상품거래를 탄생시킨 원인이 되었다.

2. 날씨파생상품

(1) 날씨파생상품의 특징

날씨파생상품은 일정기간의 평균적인 기상데이터를 기준으로 하여 그 기간의 실제 기상데이터와 그 기준과의 차이를 바탕으로 결제금이 결정되는 거래이다. 이상기후 현상에 의해 실적에 영향을 받는 기업은 날씨파생상품에 의해 그 리스크를 회피할 수 있다. 날씨파생상품은 기온·습도·강우량·강설량·서리·풍속·태풍 등의 기상현상을 기준으로 기준조건을 정하고, 이 조건과 실제 수치의 차이를 토대로 산출된 금액이 지급되는 권리를 약정하는 거래이다. 매입자는 옵션료를 내고 기상 결과에 따라 매각자로부터 매입자에게 보상금을 지급한다.

날씨파생상품(Weather Derivatives)의 특징은 다음과 같다. ①기준이 되는 기상데이터는 기온·바람·강수량·적설량 등 다양한 기후데이터이지만, 통상적으로 단일 데이터가 아닌 몇 개의 기상현상을 조합한 기상데이터가 사용되고 있다. ②날씨파생상품은 지진 등 발생확률이 낮지만 손해액이 큰 대손해가 아니라 냉하 등과 같이 발생확률이 높지만 손해액이 적은 날씨리스크를 대상으로 한다. ③날씨파생상품은 실제로 계약자가 입은 손해액과 관계없이 실현된 기상상황만으로 지급이 결정된다. 지급의 판정 기준을 트리거 이벤트라고 부르는데, 날씨파생상품에서는 기온 등의 지표가 사전에 정해진 기준에 달했을 경우에 지급이 이루어진다. ④실제 손해의 발생 유무와 관계없이 지급이 행해지기 때문에, 계약자의 수취와 실제 손해액에 차이가 발생하는 베이시스리스크(Basis Risk)가 발생할 가능성이 있어, 손해액보다 지급액이 적기도 한다. ⑤지표가 되는 데이터는 기상청을 비롯한 중립적인 제3자가 공표하는 객관적인 기상데이터가 대상이 된다. 일본의 기상청 아메다스(일본 기상청의 지역기상관측 시스템: Automated Meteorological Data Acquisition System)데이터는 전국 약 1,300개소로 1976년부터 관측한 데이터이다. 최근에는 NASA 등 위성관측데이터를 이용해 해외진출 기업을 대상으로 한 날씨파생상품 판매 사례도 볼 수 있다.[19]

---

19 미츠이스미토모해상화재보험은 2016년 12월, 다우에 의한 광산 개발의 지연, 해수온의 상승에 의한 양식 사업 등의 리스크를 보상하기 위해 NASA 등의 위성관측데이터를 이용한 날씨파생금융을 발매했다.

날씨파생상품의 결정 조건은 다음과 같다.

① 대상리스크

대상리스크는 각 기업의 수익에 영향을 주는 기상현상이다. 대상리스크는 최고기온, 최저기온, 평균기온, 강수량, 강설량, 적설깊이, 풍속, 일조시간이 있으며, 이들을 조합하는 경우도 있다.

② 관측지점

관측지점은 일반적으로 기상변동의 영향을 가장 크게 받는 지점을 선택한다.

③ 행사가격(스트라이크)

행사가격은 지급이 개시되는 수치인데, 이 행사가격을 결정한다.

④ 지급기간

대상기상에 따른 지급기간은 수주일에서 수개월이 일반적이다.

⑤ 지급방법

행사가격을 기준으로 하여, 그것을 상(하)회할 경우 1일에 대해 ○○○엔이라고 하는 것처럼 지급액의 산출방법을 결정한다.

⑥ 최대 지급액

한 계약당 지급한도액을 설정한다.

(2) 날씨파생상품의 형태

날씨파생상품은 옵션형과 스왑형 두 가지 형태가 있다. 옵션형은 사업회사 등이 보험회사 등에 사전에 프리미엄을 지불하고, 일정기간 내에 기온 등 기상현상이 일정 수준을 넘거나 밑돌면 일정한 보상금을 수취할 수 있는 형태이다. 이 옵션거래에는 지표가 커질수록 계약자의 수취금액이 커지는 「콜옵션거래」와 지표가 작아질수록 계약자의 수취금액이 커지는 「풋옵션거래」 두 종류가 있다.

날씨파생상품을 포함한 보험파생상품은 원자산이 없기 때문에 원자산의 거래는 불가능하지만, 원자산이 있는 옵션의 자금수수 곡선의 형태를 기준으로 하여 콜옵션과 풋옵션을 구분하고 있다. 즉, 스트라이크값을 넘어서 지수가 늘어나면 수취금액이 증가하는 것을 콜옵션이라 칭하고, 스트라이크값을 밑돌아 지수가 줄면 수취금액이 증가하는 것을 풋옵션이라 칭한다. 어떠한 거래도 옵션의 구매자인 계약자의 자금 부담은 계약 시에 판매자에게 지불하는 프리미엄으로 한정된다.

날씨파생상품의 콜옵션거래 손익은 <그림 85>와 같다.

그림 85 날씨파생상품의 콜옵션거래 손익

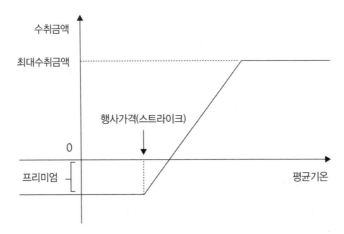

(출처) 각종 자료를 참고하여 작성

날씨파생상품의 풋옵션거래 손익은 <그림 86>과 같다.

그림 86 날씨파생상품의 풋옵션거래 손익

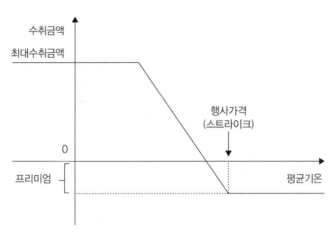

또한 스왑형은 사업회사 간의 각각 다른 날씨리스크를 교환하는 방법이다. 스왑형 거래는 계약하는 사업회사 간 사전에 프리미엄을 지불할 필요가 없고, 일정 기간 중 기상조건이 자사의 수익이 증가되는 조건이면 자금을 지불하게 되며, 기상조건이 자사 수익의 감소가 되는 조건이라면 자금을 받게 된다.

날씨파생상품의 스왑거래 구조는 <그림 87>과 같다.

그림 87 날씨파생상품의 스왑거래 손익

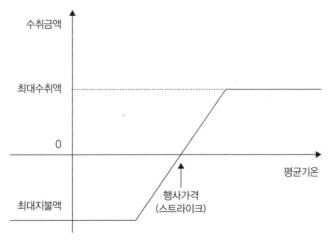

스왑형의 변형으로 칼라(Collar)라고 불리는 것이 있다. 칼라거래에서 관측기간 중 기상조건이 평균기온의 ±1도처럼 일정 범위 안에 있으면 서로 자금을 주고받지 않고 그 일정 범위를 넘었을 경우 자금을 수수한다. 이 거래형태의 자금수수를 나타내는 곡선이 깃(Collar)과 흡사해 칼라거래로 불린다.

날씨파생상품의 칼라(Collar)거래 구조는 <그림 88>과 같다.

그림 88 날씨파생상품의 칼라(Collar)거래의 손익

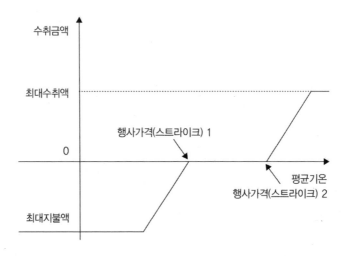

(출처) 각종 자료를 참고하여 작성

(3) 날씨파생상품의 효과

날씨파생상품의 구입 효과는 다음과 같다. 첫째, 날씨리스크의 대책으로 경영이 안정화된다. 날씨리스크에 대한 리스크관리의 수단이 되며, 이상기후로 인해 기업의 수익이 감소(매출감소·비용증가)하는 것에 대한 대책이 된다. 둘째, 기업의 투자유지활동(IR: Investor Relations)에 효과가 있다. 즉, 기업의 적극적인 리스크관리를 거래처나 투자자에게 설명할 수 있다. 셋째, 이상기후가 발생한 경우 날씨파생상품의 지불을 이용한 캐시백 등을 실시하여 서비스 또는 제품의 판매촉진 수단으로 사용할 수 있다.

날씨파생상품 활용 사례는 다음과 같다. ①축구팀을 운영하는 A사는 당일권 판매가 많은데 경기 당일 강우로 인한 입장객 수의 감소 위험에 대한 대책으로 경

기 개최일자를 대상으로 한 날씨파생상품을 구매했다. ②홋카이도 몬베쓰시의 유빙 쇄빙선(관광선)을 운항하고 있는 B사는 풍향·바람의 세기로 인해 유빙 쇄빙선의 접안이 지연되거나 이안이 빨라지거나 함으로써 승객수가 감소하는 리스크에 대응하기 위해, 날씨파생상품을 구입했다. ③절인채소(쯔케모노)를 제조하는 C사는 일조부족으로 인해 원료인 야채의 가격이 급등하는 리스크에 대응하기 위해 날씨파생상품을 구입했다.

날씨파생상품 서비스에 대한 부가가치(구입효과)는 <표 31>과 같다.

표 31 날씨파생상품 서비스의 부가가치(구입효과)

업종	활용방법
에어컨	냉하 시 에어컨 구매고객에게 현금환원(cash back)
골프장	폭염일에 플레이한 계약자에게 경기대금의 일부를 현금환원
리스업	폭염의 경우에 낫도(된장처럼 생긴 발효식품) 제조 장치를 리스한 계약자에게 리스대금 중 일부를 현금환원
자동차 용품 판매	강설량이 적은 경우에 미끄럼 방지 타이어 구입자에게 현금환원
난방 기구 판매	난동인 경우에 난방 기구 구입자에게 현금환원
여관	비 오는 날 투숙객에게 전복 제공
결혼식장	강우일에 피로연 개최 커플 숙박권 제공

(출처) 각종 자료를 참고하여 작성

한편, 부당경품류 및 부당표시방지법(경품표시법)에 의해서 현금환원(Cash back) 등을 실시할 때에는 현금환원(Cash back)의 금액을 매출예정총액의 2% 이내, 현금환원의 금액을 10만 엔 이내로 제한하고 있다.

3. 날씨파생상품거래

(1) CDD와 HDD

CDD와 HDD는 미국의 날씨파생상품 인덱스로서 장외거래(OTC: Over The

Counter) 때부터 전통적으로 사용되고 있으며, 상장된 날씨파생상품으로도 많이 사용되고 있다. 이것은 기온이 화씨 65도(18.315℃)[20]가 되면 난로를 점화해왔기 때문에 이 화씨 65도를 밑돌면 일반 가정에서 난방기구를 사용하기 시작하고, 화씨 65도를 웃돌면 냉방기구를 사용하기 시작할 것으로 가정하여 편의상 이것을 날씨파생상품 계산에 사용하게 되었다. 화씨 65도에서 멀어질수록 한란(寒暖)의 에너지 소비량이 늘어난다.

화씨 65도를 기준으로 겨울에는 그 숫자를 밑도는 도수를 계산한 것이 Heating Degree Days(HDD)이고, 여름에 이 숫자를 웃도는 도수를 계산한 것이 Cooling Degree Days(CDD)이다. Degree Day는 0시부터 24시 사이 최고기온과 최저기온의 합계를 2로 나눈 값인 하루 평균기온과 화씨 65도(섭씨 18.33도)의 차이를 뜻한다. 미국의 국립날씨데이터센터(NCDC: National Climate Data Center)는 미국 각지의 HDD와 CDD를 발표하고 있다.

하루 HDD를 산식으로 나타내면, 다음과 같다.

$$하루\ HDD = Max(0,\ 또는\ 화씨\ 65도 - 하루평균기온)$$

매일 평균기온이 화씨 40도의 경우 65 − 40 = 25이기 때문에 매일 HDD는 25이다. 하루의 평균기온이 화씨 67도이면, 65 − 67 = − 2로써 제로 이하이기 때문에, 매일의 HDD는 제로다. CME의 HDD지수는 한 달(달력)동안에 매일 HDD의 집적이며, 1 HDD에 대해 100달러로 최종현금결제가 이루어진다. 예를 들어, 어느 도시 11월의 매일 평균 HDD가 25(화씨 65도 − 화씨 40도)이라고 하면, 11월은 30일이 있기 때문에 HDD지수는 750이다(매일 HDD25×30일). 11월의 HDD 지수가 750이라고 하면, 그 도시의 선물시장의 명목가격은 75,000달러이다(HDD 지수 750× 100달러).

하루 CDD를 산식으로 나타내면, 다음과 같다. 하루 CDD = Max(0, 하루 평균

---

20 ℉(Fahrenheit: 화씨) & ℃(Celsius: 섭씨)의 관계는 다음과 같다. 화씨를 섭씨로 변환하는 산식은 「(화씨˚F−32)×0.555=˚C」이다. 한편 섭씨를 화씨로 변환하는 식은 「1.8×섭씨˚C +32=˚F」이다. 섭씨는 물의 응고점을 0도, 비등점을 100도로 한 온도의 단위이다. 이에 대하여 화씨는 물의 융점을 32도, 비등점을 212도로 하여 그 사이를 180도로 나눈 온도의 단위이다.

기온−또는 화씨 65도)하여 계산된다. 여름 어느 날의 평균기온이 화씨 85도의 경우, 85−65＝20이므로, CDD는 20이 된다. 62도라면, 62−65＝−3이기 때문에 CDD는 0이 된다. HDD지수와 마찬가지로, CDD지수는 1(달력)달에 있어서 매일의 CDD 집적이며, 1 HDD에 대해 100달러로 최종현금결제가 이루어진다. 예를 들면, 어느 도시의 6월 매일의 평균 CDD가 10(화씨 75도−화씨 65도)이라고 하면 6월은 30일이 있기 때문에, CDD지수는 300이다(매일의 CDD10×30일). 6월의 CDD지수가 300이라면, 그 도시의 선물시장의 명목가격은 30,000달러(CDD지수 300×100)가 된다.

(2) 날씨파생상품의 상장

날씨파생상품은 1992년 허리케인 앤드루(Hurricane Andrew) 강타 후 시카고 상품거래소(CBOT: Chicago Board of Trade)에 상장되어, ISO(Insurance Services Office)가 제공하는 인덱스에 연계된 이상재해 선물거래가 개시된 것을 시작으로 옵션거래(put, call 양쪽)가 행해졌다. 그 후, ISO가 1995년에 발생한 캘리포니아 노스리지 지진에 의한 손해를 충분히 반영할 수 없었기 때문에 동 선물옵션의 인덱스는 PCS(Property Claims Service)로 변경되었지만, 거래량이 적기 때문에 2000년에 상장폐지되었다. CBOT는 2007년 CME 그룹에 매수되었다.

게다가 1996년에 설립된 버뮤다상품거래소(Bermuda Commodities Exchange)에는 옵션이 상장되어 미국 국내의 이상기후로 인한 개인 재산손해를 대상으로 하여 특정 보험회사(총 40개 회사 전후)의 보험금 지급액과 수입보험료를 기준으로 산출되는 GCCI(Guy Carpenter Catastrophe Index)에 의한 인덱스가 사용되었다. 하지만 이것도 거래량이 적기 때문에 2년 만에 거래가 중지되었다.[21] 이러한 상장상품으로서 보험파생상품거래가 충분히 늘지 않았던 이유는 거래량이 적었던 것과 보험회사와 재보험회사 사이의 재보험 거래의 중시도 지적되었지만, 베이시스리스크의 존재도 그 중 하나의 이유로 보인다.

북미 최대의 금융과 상품의 파생상품거래소인 시카고마칸타일거래소(CME: Chicago Mercantile Exchange)는 미국의 전력자유화와 1997년 발생한 엘니뇨 현

---

21 多田 修, 「活況を呈し始めた保険リンク証券への期待− キャット・ボンドを中心とした 動向」, 『損保ジャパン日本興亜総合研究所レポート』, Vol.61, 2012.9.28.

상에 따른 기록적인 난동(따뜻한 겨울)에 따른 날씨파생상품의 장외거래(OTC: Over The Counter) 급증을 배경으로 1999년 9월 22일 세계 최초로 HDD를 대상으로 한 날씨파생상품 선물, 선물옵션 및 스왑이 상장되었다. 상장 초기에 미국의 4개 도시(애틀랜타, 시카고, 신시내티, 뉴욕)를 대상으로 한 것이었지만, 이후에 기타지역도 추가되었고 CDD도 대상 지수로서 추가되었다. 그러나 이 날씨파생상품은 거래 침체 등으로 인해 2000년 상장 폐지됐다.

시카고마칸타일거래소(CME)의 날씨파생상품은 매월 CDD 또는 HDD의 누적 Index에 의한 기간 중의 기온 선물 및 옵션거래이다. 상장된 날씨파생상품은 5월부터 9월까지 5개월간(하기)은 CDD를 대상으로 하고 10월부터 3월까지 5개월간(동계)은 HDD를 대상으로 한다.

CME에 상장된 날씨파생상품의 특징은 다음과 같다. ①거래소 거래이기 때문에 거래 상대편의 신용리스크가 없다. 장외거래(Over-The-Counter)의 경우, 거래상대의 채무불이행이 되는 신용리스크가 존재한다. 그러나 거래소의 거래에서는 시장참가자의 자금결제는 거래소의 정산소(The Exchange Clearing House)가 실시한다. ②거래참가자는 일정한 증거금을 예치할 필요가 있다. ③거래를 정형·소액화 했다. Index가 CDD/HDD로 획일화되어, 한 단위가 100달러이기 때문에, 큰 금액의 거래뿐만 아니라 소액 거래도 이루어지게 되었다. ④CME에서 전용 전자거래시스템에 의한 24시간의 거래가 가능하다. 거래소 경유의 거래에서는 시장가격이 형성된다.

더욱이 CME에서는 2005년 미국을 덮쳤던 KRW(Katrina, Rita, and Wilma)라고 총칭되는 3가지 거대 허리케인을 계기로 2007년 미국의 허리케인 리스크 선물거래와 옵션거래가 상장되었다. CME의 거래는 미국 기상국의 국립허리케인센터의 데이터를 기준으로 허리케인에 기인하는 잠재적 손해액을 측정하는 CHI (CME Hurricane Index)라는 인덱스가 사용되고 있다.

4. 일본의 날씨파생상품

일본에서는 1998년 12월에 시행된 보험업법으로 날씨파생상품의 판매가 인정되었지만, 상장된 것은 없으며, 점두거래(장외거래)(OTC: Over The Counter)로 판매되고 있다. 1999년 6월 25일, 미츠이해상(현 미츠이스미토모해상화재보험)과 주식회사 히말라야(스키·스노보드를 중심으로 한 종합 스포츠 전문 대형판매점) 사이에 강설량이 적은 리스크를 대상으로 프리미엄료 1,000만 엔으로 최초의 날씨파생상품거래가 이루어졌다(옵션거래). 결국 눈이 내리는 바람에 ㈜히말라야에 결제액이 지급되지 않았다.

일본에서 거래되는 날씨파생상품의 특징은 다음과 같다.

첫째, 미국의 날씨파생상품 구매자는 주로 에너지회사이기 때문에 앞에서 서술한 것처럼 HDD와 CDD를 지수로 하여 기온을 대상리스크[22]로 하는 것이 많다. 그러나, 일본의 날씨파생상품 구매자는 에너지회사와 더불어 백화점·상사·음식업·건설회사·소매회사·여행업·어패럴업계 등과 같이 다양하다.

둘째, 일본의 날씨파생상품의 구매자가 다양하기 때문에 대상리스크도 기온·습도·강우량·강설량·서리·풍속·태풍 등 다양한 기상현상을 다루고 있다. 현재는 기온·강우량·강설량·태풍을 대상리스크로 하는 것이 많은 것으로 보인다. 그러나 풍력이나 태양열 발전 등 재생 가능한 에너지의 생산이 증가할 것으로 예측되기 때문에 일조시간과 풍력을 지수로 하는 날씨파생상품도 증가할 것으로 보인다.

셋째, 미국의 날씨파생상품이 거래소에 상장되어 있다는 것은 앞에서 서술한 바와 같다. 그러나, 일본의 날씨파생상품은 상장된 사례는 없고, 장외거래에 의해서 거래되고 있다.

넷째, 일본의 날씨파생상품 개발 및 리스크 인수는 주로 손해보험회사와 대형은행에 의해 이루어지고 있다. 손해보험회사와 대형은행은 직접판매도 하고 있고, 지방은행과 신용금고 등이 그 대리점으로 추가되었다. 또한 대형은행은 인수리스크의 일부를 손해보험회사에 헤지하고 있다. 종래 보험회사에 의해 풍수해 등 자연재해리스크를 인수해오고 있으며, 거래시장이 정비되어 있지 않고, 프리미엄의 산출은 보험료 산출을 위한 통계적 방법을 이용하고 있는 보험회사의 특수한 분야이기 때문이다.

다섯째, 전력회사와 가스회사의 에너지 관련 회사는 날씨리스크의 수익에 대한 영향이 크다. 에너지관련 회사들은 에너지업체 간 스왑을 통한 리스크 교환을 선호하는 경향이 있다.

---

22 날씨파생상품에서 대상리스크를 원자산이라고 부르는 경우도 있다.

일본의 날씨파생상품 판매 경로는 <그림 89>와 같다.

그림 89 일본의 날씨파생상품 판매경로

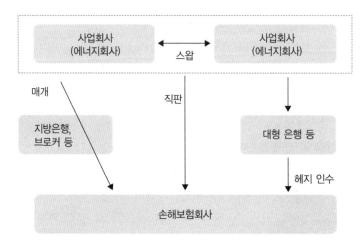

(출처) 각종 자료를 참고하여 작성

5. 날씨파생상품 사례

(1) 리스크 교환거래

일본의 주고쿠전력주식회사와 히로시마가스주식회사는 2003년 여름의 기온변동리스크를 교환하는 계약을 체결했다. (주)주고쿠전력과 (주)히로시마가스 사이에는, 여름의 기온과 이익에 반대의 상관관계가 있다. 즉, (주)주고쿠전력은 냉방 수요가 증가하는 폭염 시에는 이익이 증가하고, 냉하 시에는 이익이 감소한다. 그러나 (주)히로시마가스는 가정용의 급탕 수요가 줄어드는 폭염 시에는 이익이 감소하고, 반대로 냉하 시에는 이익이 증가한다. 교환의 내용은 폭염 시에는 (주)주고쿠전력이 수익증가의 일부를 (주)히로시마가스에 지불하고, 냉하 시에는 (주)히로시마가스가 수익증가의 일부를 (주)주고쿠전력에 지불한다는 것이다. 리스크 교환거래의 조건 등은 다음과 같다.

① 대상기간: 2003년 7월 1일부터 9월 30일(92일간)

② 거래 지표: 히로시마 지방 기상대 관측지점으로 하는 대상기간의 평균기온

③ 기준기온: 양사가 합의한 기온. 과거 동시기의 기온을 바탕으로, 양사의 거래가 대등해지도록 설정

④ 거래내용: 대상기간의 실적평균기온이 기준기온 +0.8도를 웃도는 폭염 시에는 주고쿠전력이 히로시마가스에 대해서 상회한 기온에 따라 사전에 정한 금액을 지불한다. 대상기간의 실적평균기온이 기준기온 −0.8℃를 밑도는 냉하 시에는 히로시마가스가 주고쿠전력에 대해서 밑돌았던 기온에 따라 사전에 정한 금액을 지불한다. 단, 금전수수액의 한도는 기준기온 ±2.0℃ 차이가 난 경우의 약 5,000만 엔으로 한다.

주고쿠전력주식회사와 히로시마가스주식회사의 날씨리스크 교환의 개요는 <그림 90>과 같다.

그림 90 주고쿠전력주식회사와 히로시마가스주식회사의 날씨리스크 교환의 개요

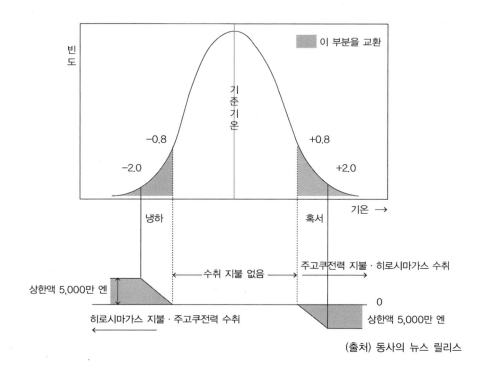

(출처) 동사의 뉴스 릴리스

(2) 손해보험회사의 상품

　지구온난화 등이 원인인 이상기후의 발생이 증가함에 따라 손해보험회사의 날씨파생상품의 판매액은 매년 증가하고 있다고 제시되고 있다. 업계별 날씨리스크는 <표 32>와 같다.

표 32　업계별 날씨리스크

업계	날씨리스크
레저(테마파크, 골프장, 스키장, 호텔, 여행관)	강우, 태풍, 지진, 강설, 소설 등으로 인한 입장객 감소
소매 · 음식	강우, 태풍, 강설 등에 의해 내점객이 감소하는 리스크를 헤지
음료, 어패럴, 냉난방기, 등유, LP가스	냉하와 난동 등으로 매출 감소
에너지(전력, 가스, 석유)	냉하와 난동 등으로 매출이 감소할 리스크
건설, 운수	강우, 태풍, 강설 등에 의한 작업 지연

(출처) 각종 자료를 참고하여 작성

　여름기간 한정으로 영업하는 옥외 맥주 레스토랑 사례를 살펴보면, 관련 리스크는 저온과 강우로 기온이 낮으면 손님 수는 감소한다. 또한 비를 피하는 설비는 있지만 폭우가 내릴 경우, 거의 개점휴업상태가 되기 때문에 저온과 다우의 리스크를 헤지할 필요가 있다.

　날씨파생상품의 계약 사례는 <표 33>과 같다.

표 33　저온 · 다우의 사례

거래형태	저온 or 우천일수 콜옵션(유럽)	대상기간	2002년 7월 1일~8월 10일
관측지	홋카이도 삿포로시	행사값	5일
지급액	하루에 200만 엔	최대지불액	2,000만 엔
인덱스	하루 강수량이 10mm 이상의 일수 또는 최고기온이 22℃ 이하의 합계일수		

(출처) 각종 자료를 참고하여 작성

강우에 대비하는 날씨파생상품 사례이다. 보험료에 상당하는 프리미엄이 1구좌 25만 엔으로 비교적 소액으로 설정하고 있기 때문에, 적은 금액부터 가입구좌수를 선택할 수 있다. 골든위크기간 중 5mm 이상의 비가 일정일수(예를 들어, 도쿄는 3일) 이상 내렸을 경우에 한구좌당 하루 50만 엔, 최고 300만 엔이 지불된다. 장기간의 강우에 대비하고자 하는 사업자 대상의 「만일의 경우 타입」은 1구좌당 25만 엔에서 45만 엔의 프리미엄으로 골든위크기간 중 5mm 이상의 비가 6일 이상 내렸을 경우, 1일당 500만 엔, 최고 1,000만 엔이 지불된다. 「표준형」과 비교해 지불 가능성은 적어지지만, 만일의 경우에는 「표준형」보다 지불 금액이 커진다.

표 34 날씨가 맑았으면 좋겠다 2(구 닛세이도와손해보험)

구분		표준타입	만일의 경우 타입
기상관측지		삿포로, 센다이, 도쿄, 요코하마, 나고야, 교토, 오사카, 고베, 히로시마, 후쿠오카의 10개 지역	
기상관측기간		2002년 4월 27일~5월 6일(10일간)	
지불	조건	관측기간 중 일정량(일강수량이 5mm) 이상의 비가 내린 일수에 따라 면책일수를 초과한 1일에 대해 유형별로 이하의 금액을 지불	
	금액(인구당)	하루에 50만 엔, 300만 엔을 한도	하루에 500만 엔, 1,000만 엔을 한도
	면책일수	삿포로, 도쿄는 2일, 나고야는 4일, 그 밖의 기상 관측지는 3일	모든 기상 관측지에서 5일
프리미엄		모든 기상 관측지에서 1구좌 25만 엔	삿포로와 도쿄는 25만 엔, 나고야는 45만 엔, 그 외의 기상 관측지는 30만 엔

(출처) 동사의 뉴스 릴리스

1. 上田和勇編著『リスク・マネジメントの本質』同文館出版, 2017年4月.

2. 上田和勇『事例で学ぶリスク・マネジメント入門(第2版)』同文館出版, 2014年3月.

3. 同 上『企業倫理リスクのマネジメント』同文館出版, 2014年9月.

4. 同 上『企業価値創造型リスク・マネジメントその概念と事例』白桃書房, 2007年5月.

5. 同 上『現代リスク・マネジメントの基礎理論と事例』法律文化社, 2014年12月.

6. 大谷孝一編著『保険論(第3版)』成文堂, 2012年5月.

7. 金光『米国の保険会社』保険毎日新聞社, 1987年.

8. 可児滋『金融と保険の融合』金融財政事情研究会, 2013年8月.

9. 亀井克之『リスク・マネジメントの基礎理論と事例』関西大学出版部, 2011年4月.

10. 金泉株式会社『企業におけるリスクファイナンス手法』2014年7月25日.

11. 経済産業省 リスクファイナンス研究会「リスクファイナンス研究会報告書～リスクファイナンスの普及に向けて～」平成18年3月.

12. 小林正宏・安田裕美子『サブプライム問題と住宅金融市場』住宅新報社, 2008年10月.

13. 鈴木 久子「Insurance Linked Securities(ILS) がもたらす変化 ─資本市場による保険リスクの引受け─」 損保ジャパン日本興亜総研レポート, 2017年3月.

14. 多田 修「活況を呈し始めた保険リンク証券への期待 ─キャット・ボンドを中心とした動向─」損保ジャパン日本興亜総研レポート, 2012年9月.

15. 中出哲『損害てん補の本質』成文堂, 2016年3月.

16. 内閣府 『事業継続ガイドライン －あらゆる危機的事象を乗り越える ための戦略と対応－』 2013年8月.

17. 日吉信弘『代替的リスク移転(ＡＲＴ)』2001年6月21日.

18. 吉澤卓哉 「保険リスクとしてのタイミング・リスクについて」『保険 学雑誌』第600号, 2008年.

19. Christopher L. Culp, *The ART of Risk Management*, John Wiley & Sons, Inc., 2002.

20. COSO, *Enterprise Risk Management – Integrating with Strategy and Performance*, June 2017.

21. *Doherty, Neil A., Intergrated Risu Management,* 2000.

22. Erick Banks, *Alternative Risk Transfer*, John Wiley & Sons, Ltd, 2004.

23. John C. Hull, *Risk Management and Financial Institutions*, John Wiley & Sons, Inc., 2018.

24. ISO, *International Standard ISO 31010*, 2009.

25. ISO, *International Standard IEC/ISO 31000*, 2018.

26. Morton Lane, *Alternative Risk Strategies*, Risk Waters Group, 2002.

27. Robert R. Moeller, *COSO Enterprise Risk Management – Establishing Effective Governance, Risk and Compliance Processes*－, John Wiley & Sons, Inc., 2007.

28. Robert R. Moeller, *COSO Enterprise Risk Management – Understanding the New Integrated ERM Framework*－, John Wiley & Sons, Inc., 2007.

29. Semir Ben Ammar, Alexander Braun, Martin Eling, *Alternative Risk Transfer and Insurance – Linked Securities: Trends, Challenges and New Market Opportunities*, Institute of Insurance Economics I.VW-HSG, University of St. Gallen, 2015.

찾아보기

지은이 **李洪茂(Hongmu Lee)**

단국대학교 교수를 거쳐 2000년부터 와세다대학 상학학술원 교수이자 동대학 보험연구소장으로 재
직중이다. 전공은 보험론과 리스크관리이다.

현　재 早稻田大学商学学術院 教授
2002년 早稻田大学商学学術院 助教授
2000년 早稻田大学商学学術院 専任講師
1998년 韓国檀国大学校商科大学 助教授
1996년 韓国檀国大学校商科大学 専任講師
1995년 早稻田大学大学院商学術院科 博士後期課程修了

주요 저서
『保険産業と規制緩和』成文堂, 1996(1996年度 日本リスク・マネジメント学会優秀著作賞受
賞) /『保険論』(共著), 成文堂, 2007. /『企業年金が危ない』(共著), 講談社, 2009. /『An International
Comparison Financial Consumer Protection』(共著), Springer, 2018,『リスク・マネジメント論』
成文堂, 2019(2020년 중국어판 간행).

옮긴이 **최아름**

현재 한국환경정책·평가연구원 초빙연구원으로 재직중이다.

2019.02~ 한국환경정책·평가연구원 초빙연구원
2018.04~2019.02 와세다대학 대학원 상학연구과 방문연구원
2013.08~2018.04 성균관대학교 외 4개 대학 시간강사
2011.01~2013.01 한국과학기술기획평가연구원 위촉부연구위원
2011.08 성균관대학교 경제학 박사

주요 저서
『무역 리스크 관리론』, 성균관대학교 출판부, 2017.

감수 **정홍주**

현재 성균관대학교 경영대학 교수이자, 동대학 글로벌보험·연금대학원장으로 재직중이다.

2019.05~2020.05 제31대 한국보험학회 회장
2015.12~ 성균관대학교 글로벌보험·연금대학원 원장
2014.12~2019.12 국제금융소비자학회 이사장
2010.03~2012.02 한국금융소비자학회 회장
2003.08~ 성균관대학교 무역연구소 소장(겸 글로벌보험연금연구센터장)
1990.08 Wharton School, University of Pennsylvania(박사: 리스크관리)

주요 저서
『소비자 중심의 보험 마케팅』, 문영사, 2015. /『무역 리스크 관리론』, 성균관대학교 출판부, 2017.
『글로벌 시대의 경영학 개론』, 오래, 2018. /『An International Comparison Financial Consumer
Protection』(共著), Springer, 2018.

본 번역서의 원저는 『リスク·マネジメント論 ーPrinciples of Risk Managementー』
李 洪茂【著】, 成文堂 (2019.04)임

리스크관리론

- Principles of Risk Management -

초판발행   2020년 8월 30일

지은이   李洪茂(Hongmu Lee)
옮긴이   최아름
감 수   정홍주
펴낸이   안종만·안상준

편 집   조보나
기획/마케팅   정연환
표지디자인   이미연
제 작   우인도·고철민

펴낸곳   (주) 박영사
    서울특별시 종로구 새문안로3길 36, 1601
    등록 1959. 3. 11. 제300-1959-1호(倫)
전 화   02)733-6771
f a x   02)736-4818
e-mail   pys@pybook.co.kr
homepage   www.pybook.co.kr
ISBN   979-11-303-0884-5   93320

정 가   19,000원